Golf

조영복의 실전골프

숏게임 편 조영복 지음

SHORT GAME

by Teaching Pro Young Bok Jo

전원문화사

조영복의 실전골프 SHORT GAME 숏게임편

조 영 복 지음

1판 2쇄 2006. 8. 15.

발행처 / 전원문화사
발행인 / 김철영
등록 / 1977. 5. 23. 제 6-23호
157-033 서울시 강서구 등촌3동 684-1
☎ 6735-2100~2 / Fax 6735-2103

ⓒ 1999, 조영복

이 책의 저작 재산권은 출판사에 있으므로
사전 허락 없이 어떤 형태로든 내용의 일부를
인용하거나 복제하는 것을 금합니다.

Copyright ⓒ 1999, by Young Bok Jo
Printed in Seoul, Korea

정가 20,000원

ISBN 89-333-0140-2 03690

* 잘못된 책은 바꾸어 드립니다.
이 책은 저자와의 협약에 의해 인지를 생략합니다.

크렉 페리(Craig Parry)
호주 출신 선수로서
체격이 작으면서도
좋은 성적을 내는
크렉 페리 프로와 함께

데이비드 레드베터
(David Leadbetter)
박세리 선수를 지도했던
세계에서 가장 유명한 티칭프로,
데이비드 레드베터와 함께

마크 오메라(Mark O'Meara)
조용하면서 점수 관리를
가장 잘하는 '98년 매스터스,
'98년 브리티시 오픈 챔피언
마크 오메라와 함께

세베 바예스테로스(Save Ballesteros) ⋯
유럽을 대표하는 스페인 선수
세베 바예스테로스와 함께

⋯ 잭 니클러스(Jack Nicklaus)
골프의 황제, 잭 니클러스와 함께

⋯ 필 미켈슨(Phil Mickelson)
왼손잡이 선수로 유명한 필 미켈슨과 함께

프레드 커플스(Fred Couples) ⋯
가장 멋있는 스윙의 소유자,
프레드 커플스와 함께

존 데일리 ⋯
(John Daly)
세계적인 장타,
존 데일리와 함께

⋯ 스티브 페잇(Steve Pate)
한때 명성을 날렸던 선수,
스티브 페잇과 함께

이안 우스남(Ian Woosnam) ⋯
역도 선수를 했던 작은 체격의 선수,
이안 우스남과 함께

⋯ 퍼지 젤러(Fuzzy Zoeller)
가장 낭만적인 골퍼,
퍼지 젤러와 함께

◀┅ P.G.C.C. 학교
　　스탭진들과 함께

◀┅ 핑 골프클럽 제조회사 회장
　　칼스틴 솔하임(Karsten solheim)과 함께

P.G.C.C. 골프 대학 졸업식 ┅▶

퍼팅
Putting

1. 그립(Grip)

1) 그립의 3가지 타입

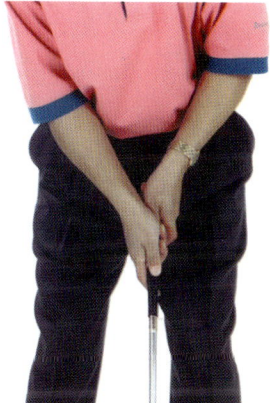

① 오버랩 그립
(Overlap Grip)

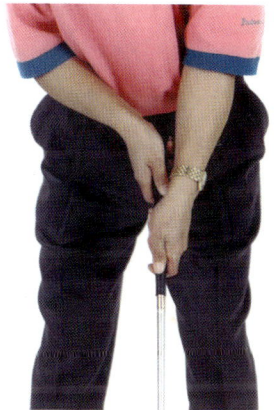

② 크로스 핸드 그립
(Cross Hand Grip)

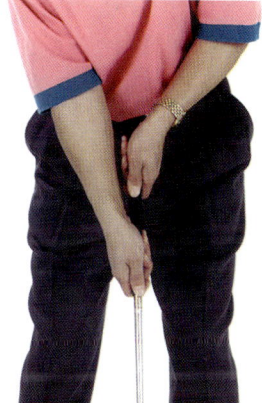

③ 스플리트 핸드 그립
(Split Hand Grip)

2) 그립 잡는 순서

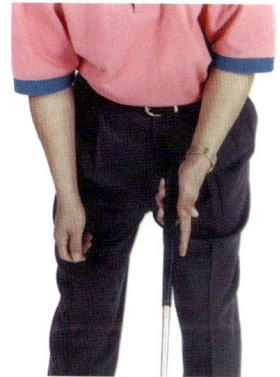

① 왼손의 새끼, 약지, 중지손가락 순으로 그립을 잡아 준다.

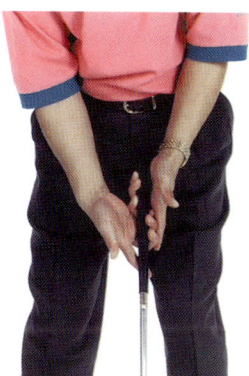

② 오른손의 약지와 중지 손가락으로 가볍게 잡아 준다.

③ 양손을 합장하듯이 덮어 주면서 부드럽게 잡는다.

3) 완성된 그립

왼손의 두 번째 손가락을 오른손의 새끼손가락 위에 가볍게 올려놓는다.

퍼팅 Putting

2. 어드레스(Address)

1) 자세

① 스탠스를 자신의 허리 폭만큼 벌려 준다.

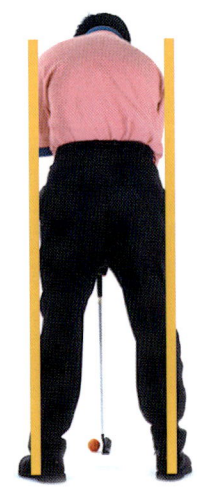

② 상체를 자연스럽게 숙여 주면서 양팔을 늘어뜨린다.

③ 양 무릎을 약간 구부려 탄력을 주면서 그립을 가볍게 잡아 준다.

2) 공의 위치

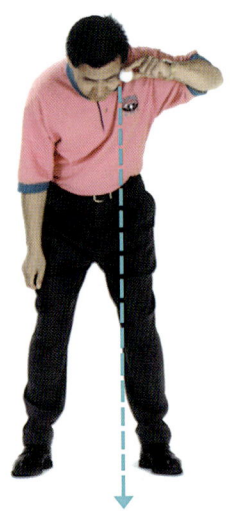

① 어드레스 자세를 취한 후 공을 집어들어 왼쪽 눈에 대고 떨어뜨려 본다.

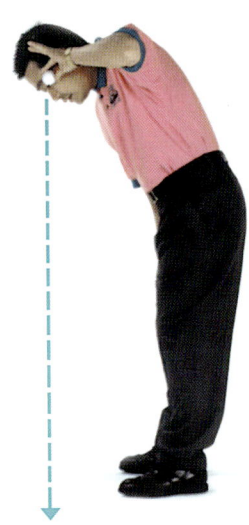

② 공이 떨어진 위치가 가장 이상적인 공의 위치가 된다.

③ 몸의 중앙에서 약간 안쪽 발뒤꿈치에 가깝게 위치하게 된다.

퍼팅
Putting

3. 스윙(Swing)의 요령

1) 자세 몸을 축으로 삼고 양쪽 어깨 부분이 스윙의 연결축이 되어 양팔이 흔들거리게 한다 (시계추가 흔들거리듯 그립의 끝이 상하로 움직이도록 한다).

2)

◆ 왼손은 방향을 잡아 준다.

◆ 오른손은 거리를 컨트롤한다.

◆ 손바닥이 정면으로 밀어 준다.

3)

클럽 페이스(Face)가 목표선에 직각이 되게 놓아 준다.

목표선에 직각을 유지하면서 뒤쪽으로 뽑는다.

클럽 페이스를 직각을 유지해 주면서 목표선으로 반듯하게 밀어 준다.

퍼팅 / Putting

4. 스윙의 연속 동작

- 몸을 중심으로 양 어깨가 스윙의 축이 되어 양팔이 흔들거리듯 스윙을 부드럽게 한다.

③ 백스윙(2)

② 백스윙(1)

① 어드레스

④ 다운스윙(1)

⑧ 피니시

⑦ 폴로스루

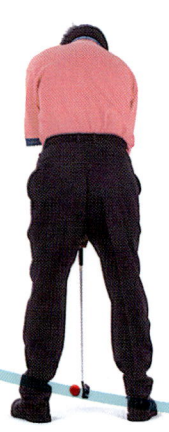
⑥ 임팩트

⑤ 다운스윙(2)

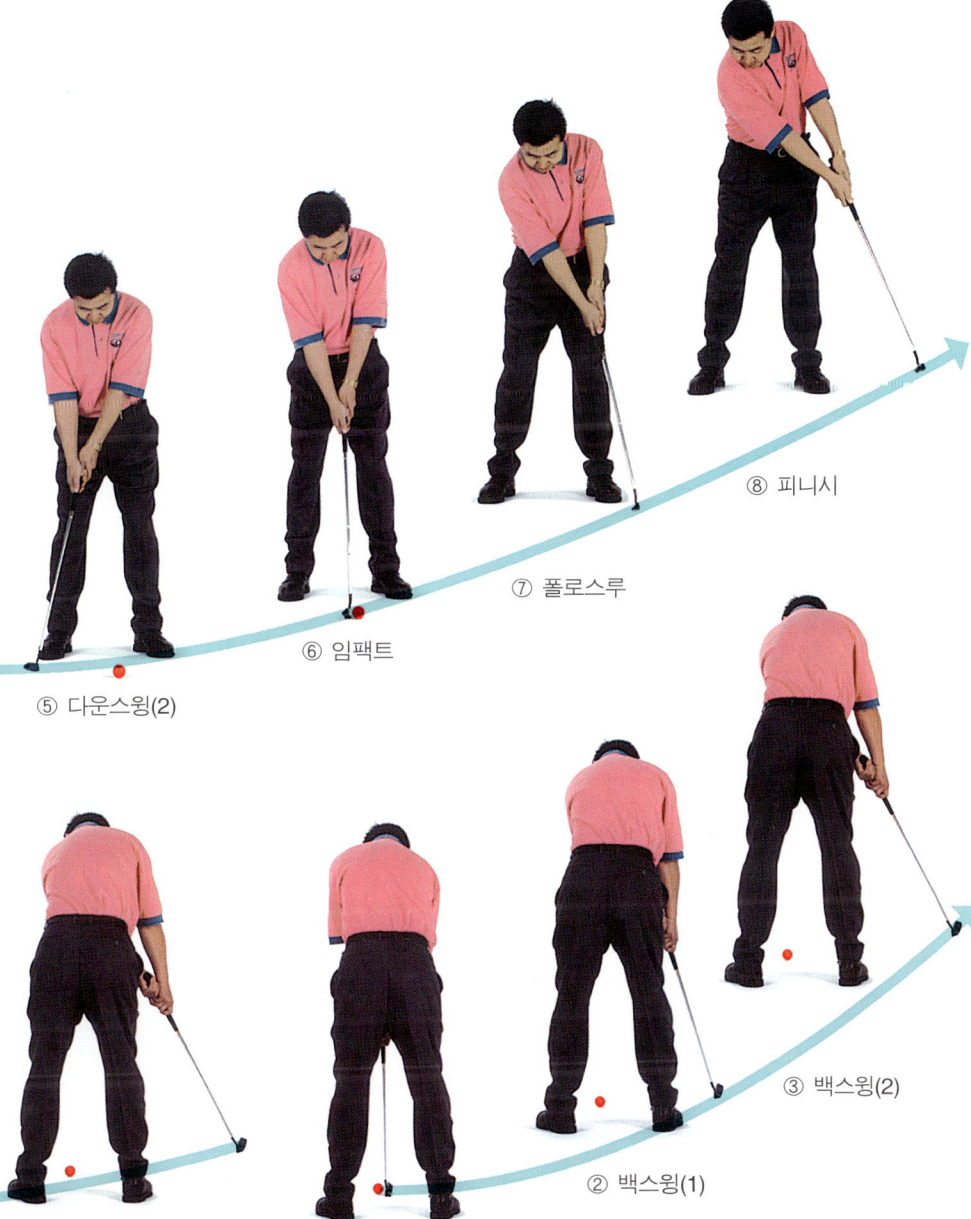

어프로치 샷
Approach Shot

1. 러닝 어프로치 샷(Runing Approach Shot)

1) 자세

① 오픈 스탠스를 취한다.
② 공을 오른발 안쪽에 위치하게 한다.
③ 체중을 왼발에 더 실리게 한다.

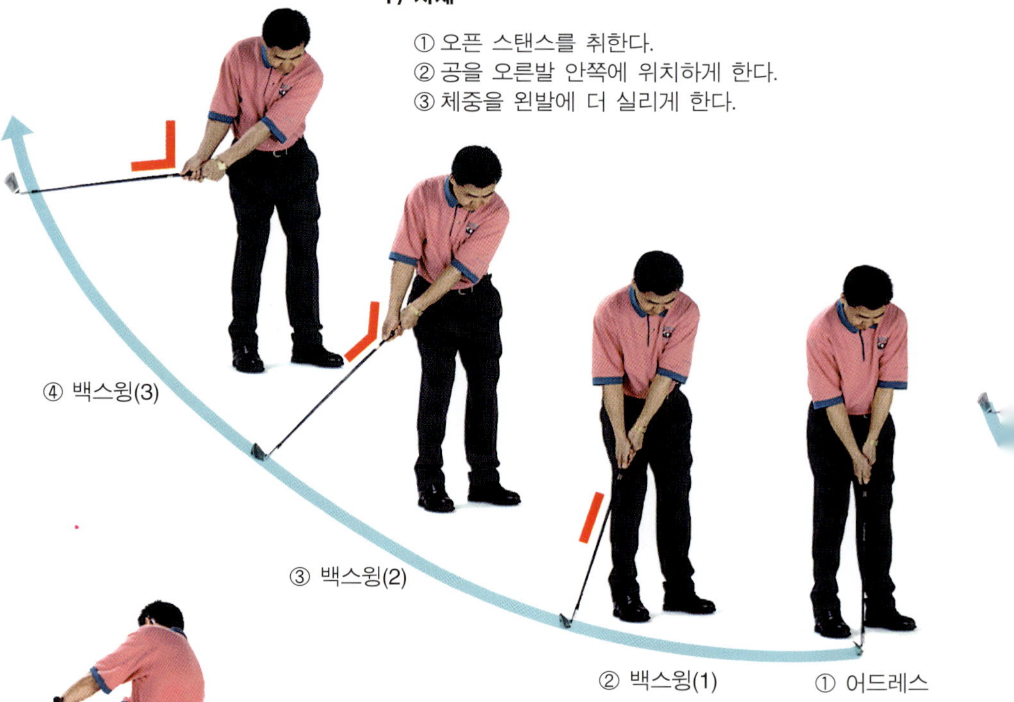

④ 백스윙(3)

③ 백스윙(2)

② 백스윙(1)

① 어드레스

◆ 왼손은 방향을 잡아 준다.
폴로스루시 왼손의 손등이 목표선을 향하도록 해 준다.

⑨ 피니시

⑧ 폴로스루

⑦ 임팩트

⑥ 다운스윙(2)

⑤ 다운스윙(1)

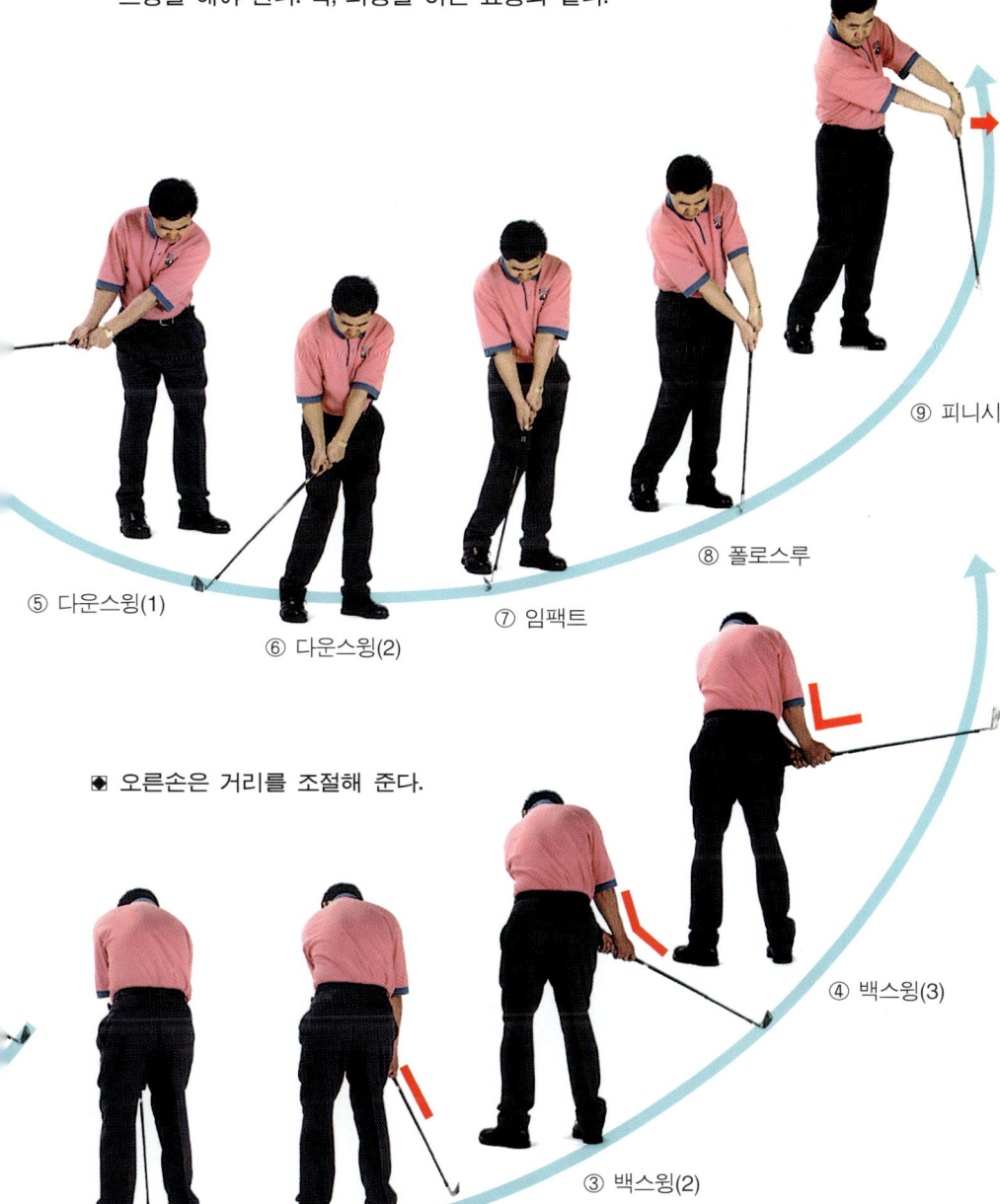

어프로치 샷
Approach Shot

2) 피치 앤드 런(Pitch and Run)

① 스탠스를 오픈 스탠스로 취한다.
② 공의 위치는 몸의 중앙에 오도록 한다.
③ 체중은 양발 균등하게 실어 준다.

④ 백스윙(3)

③ 백스윙(2)

② 백스윙(1)

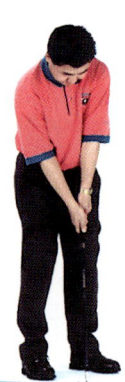
① 어드레스

⑤ 다운스윙(1)

◘ 왼손은 방향을 잡아 준다.
임팩트와 폴로스루까지는 손목의 손등이 목표 방향을 향하도록 해 준다.

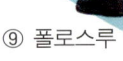
⑩ 피니시
⑨ 폴로스루

⑧ 임팩트

⑦ 다운스윙(3)

⑥ 다운스윙(2)

어프로치 샷
Approach Shot

- 클럽의 선택은 로프트가 큰 피칭 웨지나 샌드 웨지를 택한다.
- 몸을 중심으로 양 어깨가 스윙의 연결축이 되어 스윙을 해야 한다. 러닝 어프로치 샷보다 스윙의 크기가 조금 더 크게 해 준다.

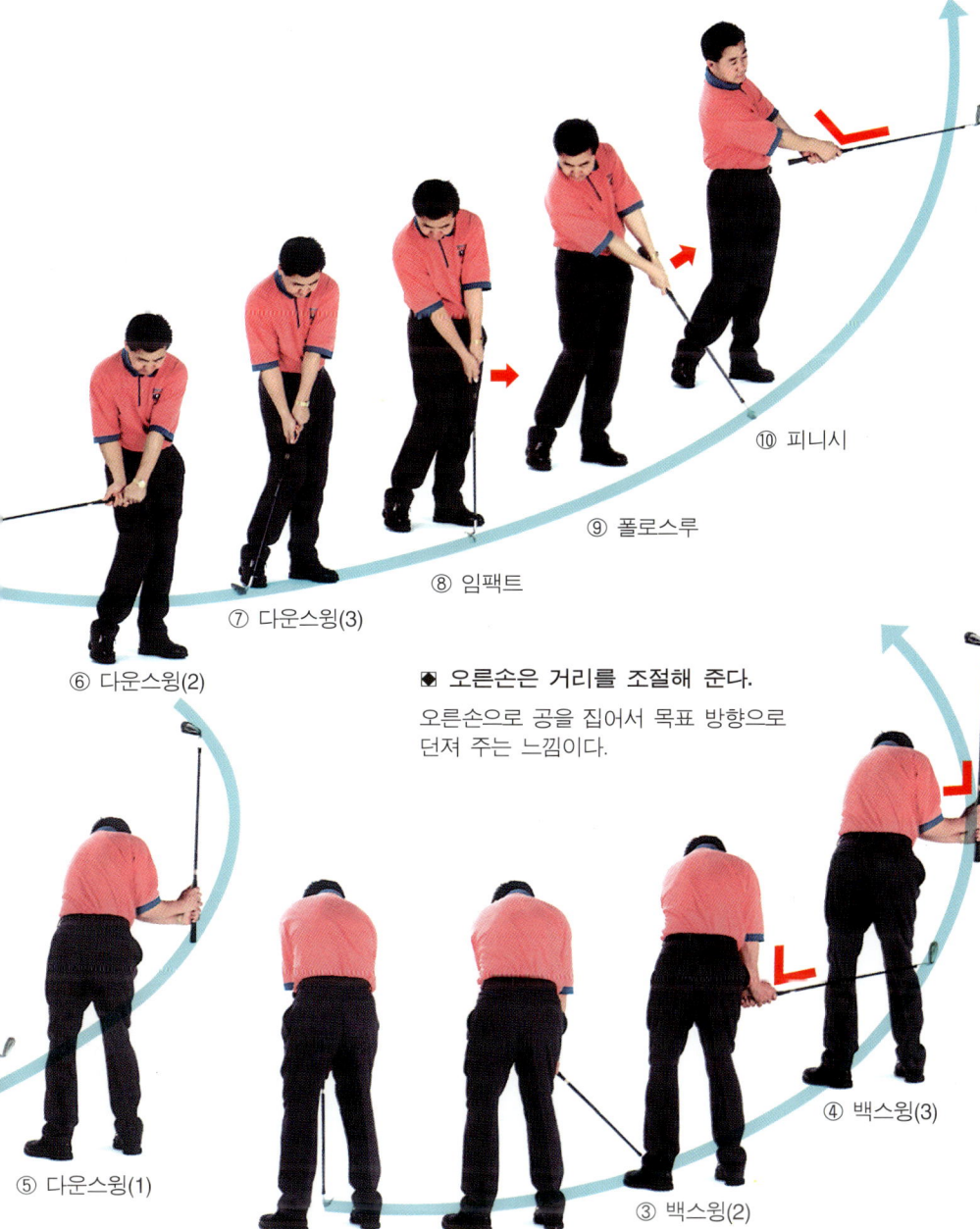

⑩ 피니시
⑨ 폴로스루
⑧ 임팩트
⑦ 다운스윙(3)
⑥ 다운스윙(2)
⑤ 다운스윙(1)
④ 백스윙(3)
③ 백스윙(2)
② 백스윙(1)
① 어드레스

- 오른손은 거리를 조절해 준다.
  오른손으로 공을 집어서 목표 방향으로 던져 주는 느낌이다.

어프로치 샷
Approach Shot

3) 피치 샷(Pitch Shot)

① 스탠스를 오픈 스탠스로 취한다.
② 공의 위치는 왼발 안쪽 선상에 위치하도록 한다.
③ 몸의 체중은 오른발에 조금 더 실리도록 한다.

⑤ 백스윙(4)
④ 백스윙(3)
③ 백스윙(2)
② 백스윙(1)
① 어드레스
⑥ 다운스윙(1)
⑦ 다운스윙(2)
⑧ 다운스윙(3)
⑨ 임팩트
⑩ 폴로스루(1)
⑪ 폴로스루(2)
⑫ 피니시

- 왼손은 방향을 조절한다.
- 클럽헤드가 공 밑을 확실하게 치고 빠지도록 시선을 끝까지 공에다 둔다.

어프로치 샷
Approach Shot

- 클럽을 샌드 웨지나 롭(Lob) 웨지로 선택한다.
- 스윙의 크기는 풀 스윙에 가깝도록 해야 한다.
- 클럽헤드가 공 밑을 확실하게 치고 빠지도록 클럽헤드의 스피드로 공을 맞힌다.
- 오른손은 거리를 조절한다.
- 클럽헤드의 로프트를 믿고 자신감 있게 클럽헤드의 스피드를 이용해서 공을 맞힌다.

① 어드레스
② 백스윙(1)
③ 백스윙(2)
④ 백스윙(3)
⑤ 백스윙(4)
⑥ 다운스윙(1)
⑦ 다운스윙(2)
⑧ 다운스윙(3)
⑨ 임팩트
⑩ 폴로스루(1)
⑪ 폴로스루(2)
⑫ 피니시

웨지 샷
Wedge Shot

1) 자세

① 스탠스를 오픈 스탠스로 취한다.
② 공의 위치는 오른발 안쪽 연장선상에 둔다.
③ 몸의 체중은 양발에 균등하게 실어 준다..

⑤ 백스윙(4)
④ 백스윙(3)
③ 백스윙(2)
② 백스윙(1)
① 어드레스
⑥ 다운스윙(1)

◆ 헤드업을 해서는 안 되므로 시선은 끝까지 공을 지켜봐야 한다.

⑫ 피니시
⑪ 폴로스루(2)
⑩ 폴로스루(1)
⑨ 임팩트
⑧ 다운스윙(3)
⑦ 다운스윙(2)

웨지 샷
Wedge Shot

- 50yards에서 100yards 안쪽에서의 샷이므로 클럽을 피칭 웨지나 샌드 웨지 또는 롭(Lob) 웨지로 선택한다.
- 스윙의 크기는 풀 스윙과 같게 하되 공은 부드럽게 맞혀야 한다. 클럽의 로프트를 믿고 클럽헤드가 공 밑을 확실하게 치고 빠져 나가도록 한다.
- 백스윙의 시작은 천천히 부드럽게 한다.

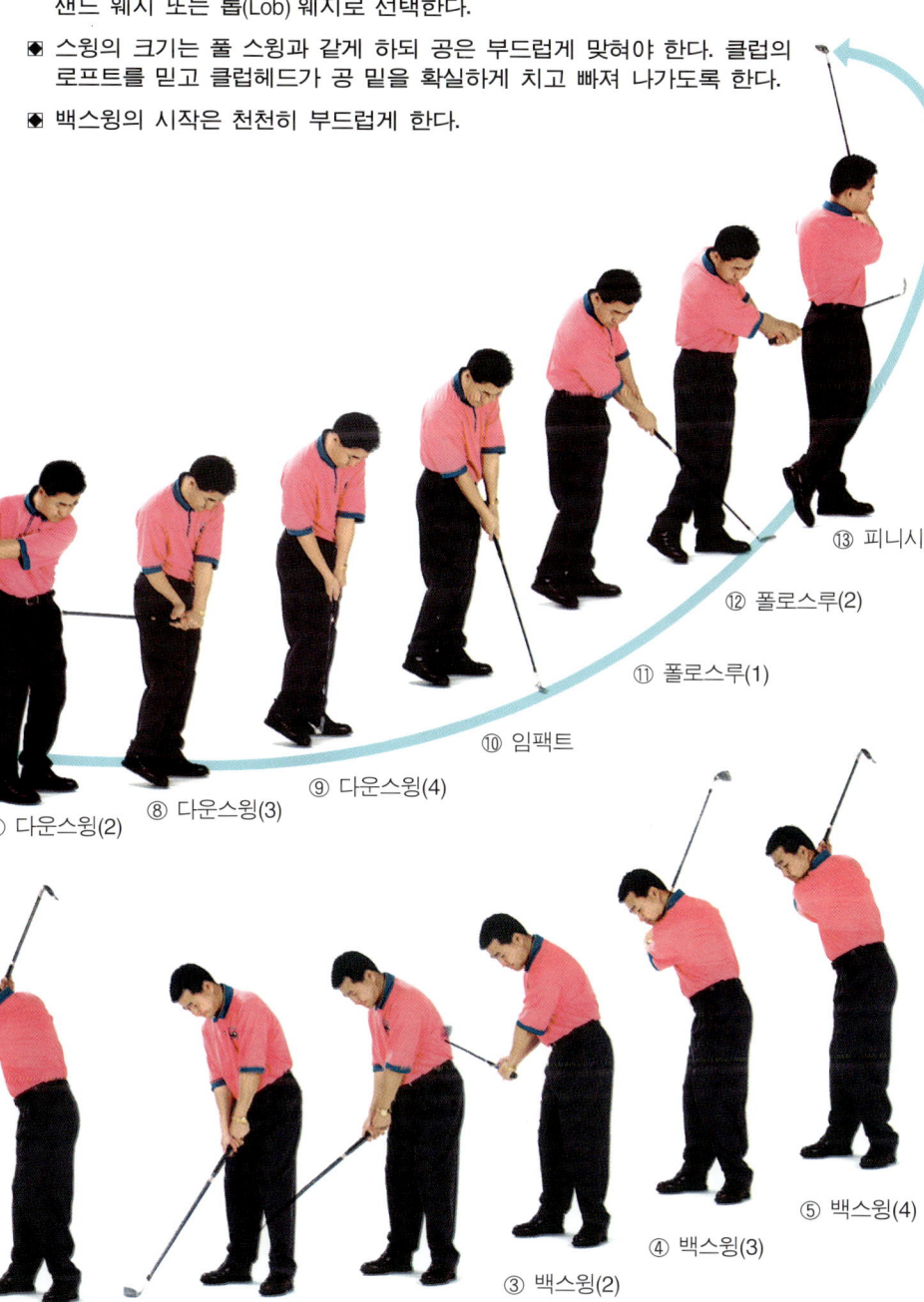

⑬ 피니시
⑫ 폴로스루(2)
⑪ 폴로스루(1)
⑩ 임팩트
⑨ 다운스윙(4)
⑧ 다운스윙(3)
⑦ 다운스윙(2)
⑥ 다운스윙(1)
① 어드레스
② 백스윙(1)
③ 백스윙(2)
④ 백스윙(3)
⑤ 백스윙(4)

벙커 샷
Bunker Shot

1) 자세

① 오픈 스탠스를 취한다.
② 양발을 비벼 모래 속을 다진다.
③ 발이 모래 속에 묻힌 만큼 클럽을 짧게 잡는다.
④ 체중을 오른발에 약간 더 실리도록 한다.

경사도의 샷

1) 다운힐(Downhill)

① 스탠스를 좁게 서 주면서 오픈 스탠스를 취한다.
② 공의 위치는 오른발에 둔다.
③ 체중은 왼발에 더 실리도록 해 준다.
④ 양 어깨가 지면의 경사도와 평행이 되게 유지한다.

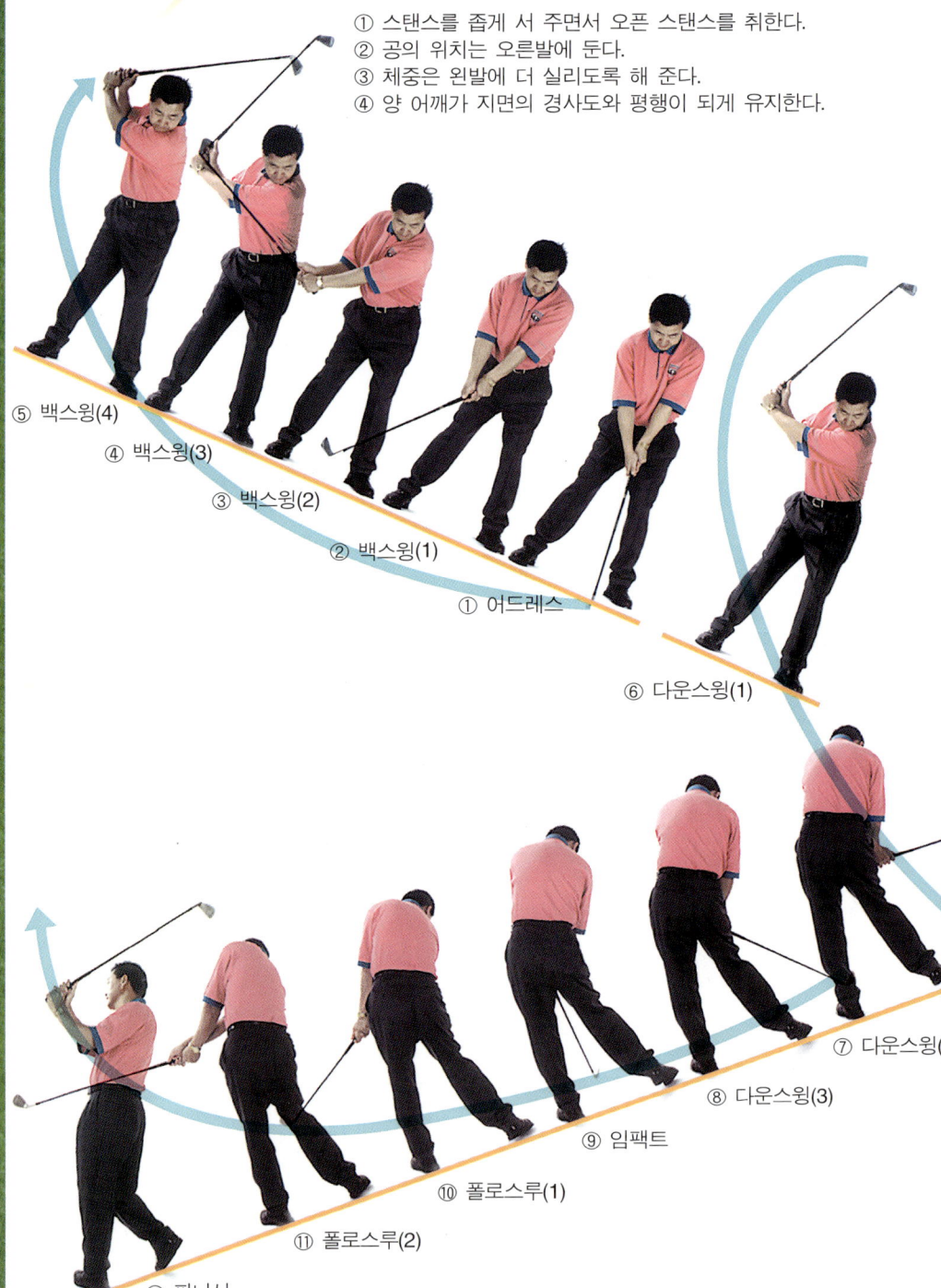

① 어드레스
② 백스윙(1)
③ 백스윙(2)
④ 백스윙(3)
⑤ 백스윙(4)
⑥ 다운스윙(1)
⑦ 다운스윙(2)
⑧ 다운스윙(3)
⑨ 임팩트
⑩ 폴로스루(1)
⑪ 폴로스루(2)
⑫ 피니시

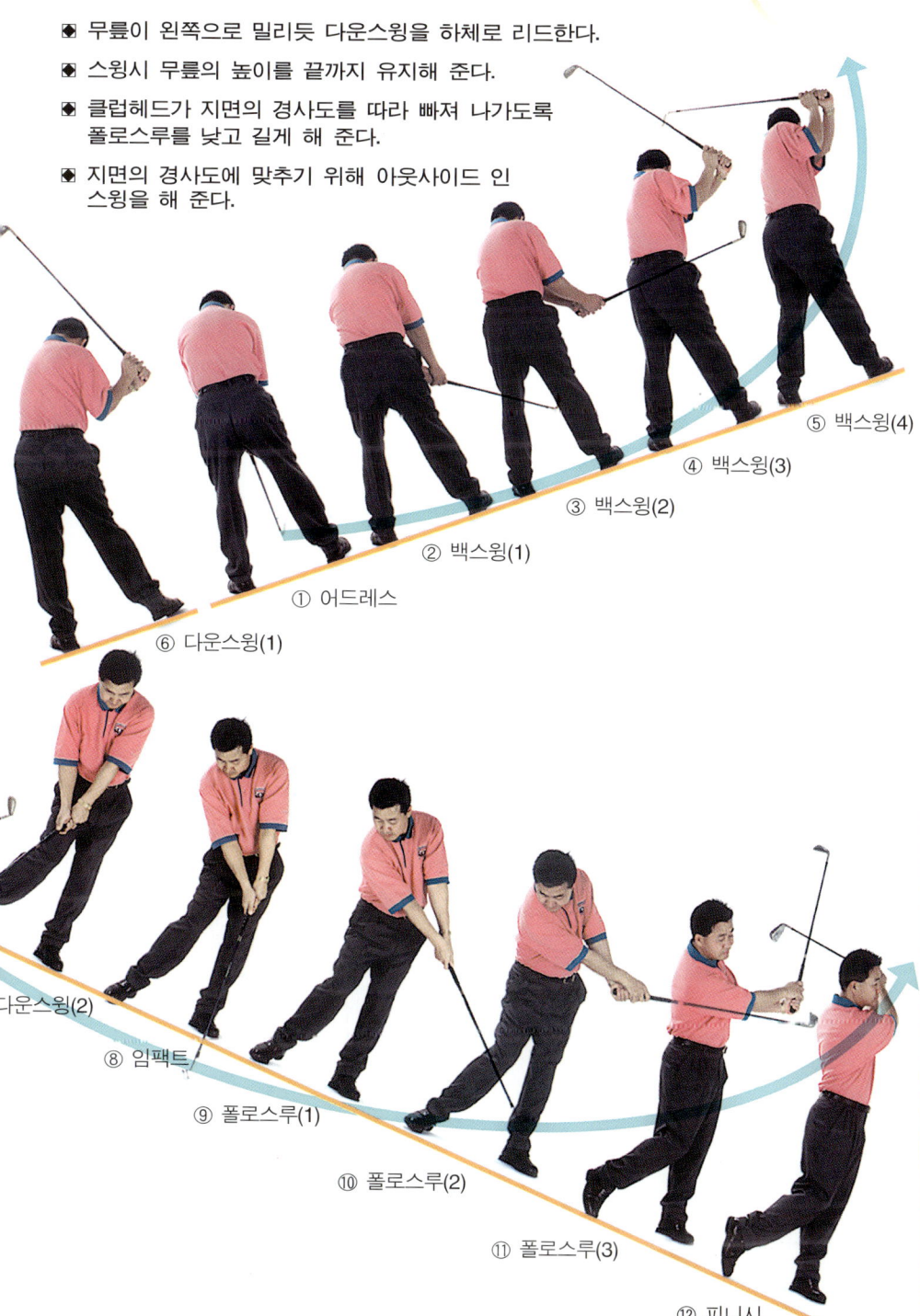

경사도의 샷

2) 업힐(Uphill)

① 스탠스를 약간 넓게 서 준다.
② 공의 위치를 중앙에 둔다.
③ 몸의 체중을 오른발에 더 실어 준다.
④ 양 어깨를 잇는 선이 지면의 경사도와 평행이 되도록 유지한다.

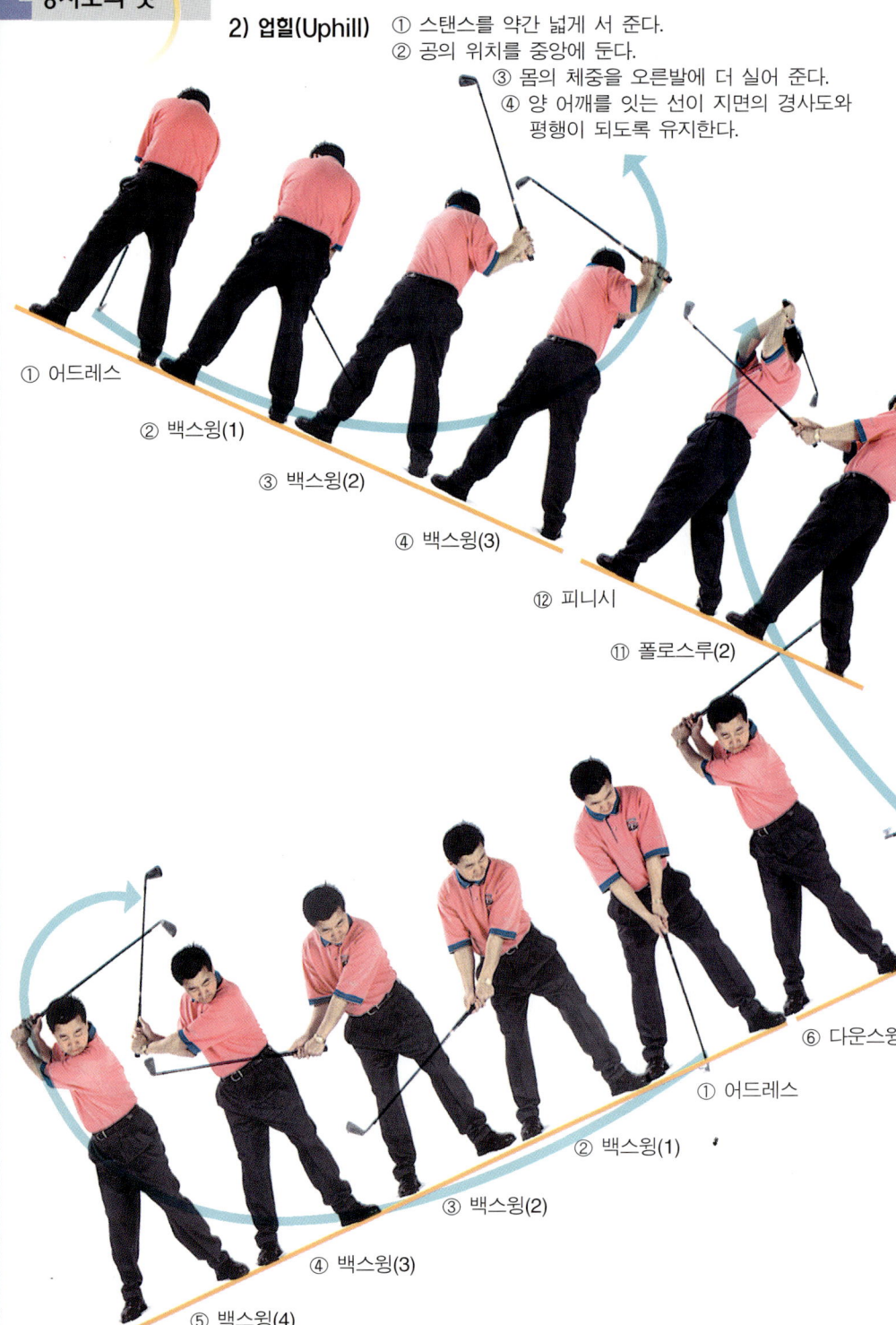

① 어드레스
② 백스윙(1)
③ 백스윙(2)
④ 백스윙(3)
⑤ 백스윙(4)
⑥ 다운스윙
⑪ 폴로스루(2)
⑫ 피니시

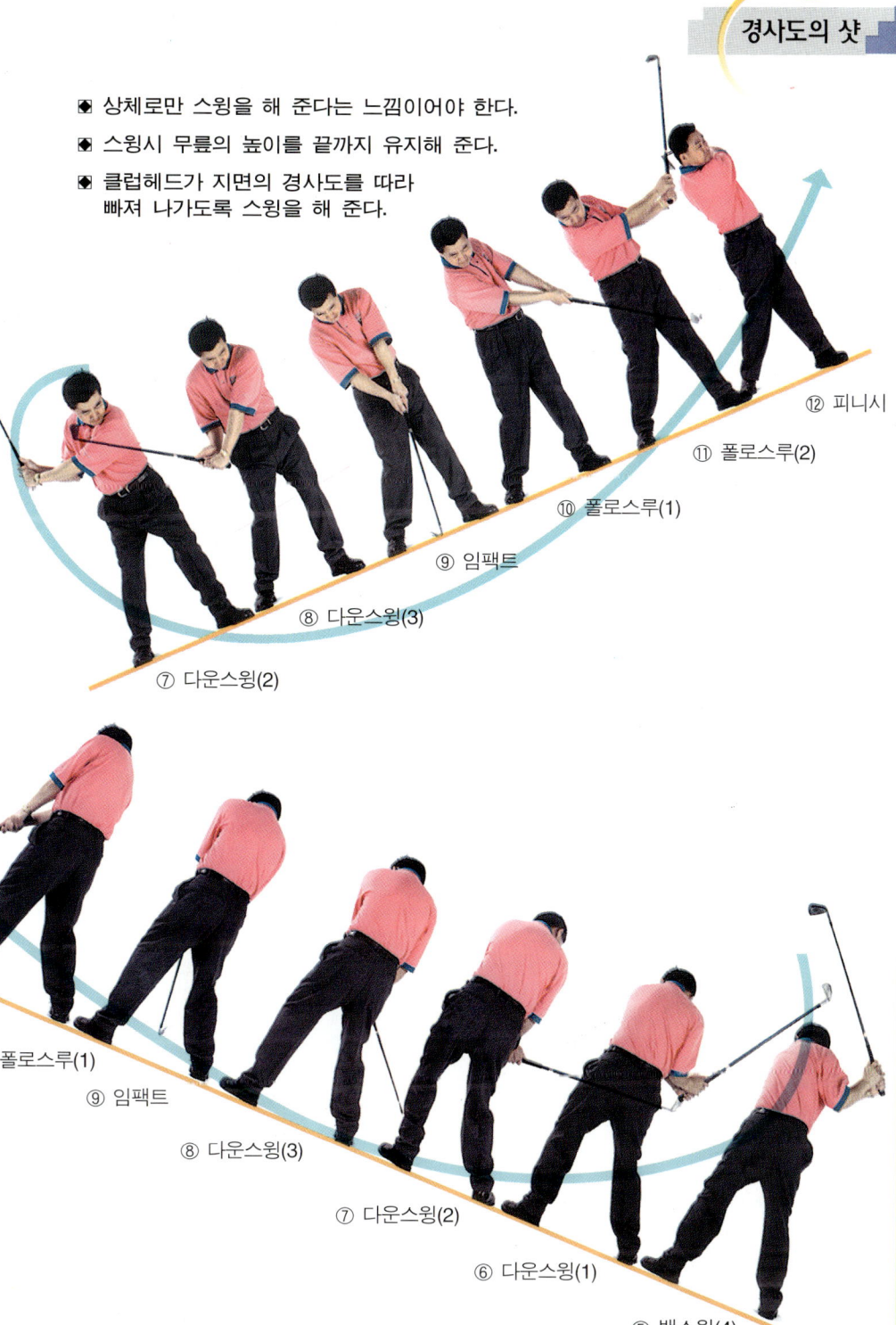

경사도의 샷

3) 사이드힐 다운(Sidehill Down)

① 스탠스를 약간 넓게 서 주면서 오픈 스탠스를 취한다.
② 공의 위치를 오른발 안쪽 일치선상에 놓아 준다.
③ 체중을 발 앞쪽 발가락 부리 부분에 둔다.
④ 상체를 앞으로 숙여서 공과의 거리를 맞춘다.

⑫ 피니시
⑪ 폴로스루(2)
⑩ 폴로스루(1)
⑨ 임팩트
⑧ 다운스윙(3)
⑦ 다운스윙(2)
⑥ 다운스윙(1)
⑤ 백스윙(4)
④ 백스윙(3)
③ 백스윙(2)
② 백스윙(1)
① 어드레스

경사도의 샷

- 스윙시 몸이 앞쪽으로 쏠리게 되므로 무릎을 단단히 고정시킨다.
- 체중 이동과 함께 스윙을 리드한다.
- 클럽헤드가 지면의 경사도를 따라 빠져 나가도록 아웃사이드 인 스윙을 해 준다.

경사도의 샷

4) 사이드힐 업(Sidehill Up)

① 스탠스를 약간 좁혀 주면서 크로스 스탠스를 취한다.
② 공의 위치는 정가운데에 둔다.
③ 체중을 발뒤꿈치에 실어 주면서 클럽을 약간 짧게 잡아 준다.
④ 상체를 일으켜 세워서 지면의 경사도에 맞게 한다.

① 어드레스
② 백스윙(1)
③ 백스윙(2)
④ 백스윙(3)
⑦ 다운스윙(2)
⑧ 다운스윙(3)
⑨ 임팩트
⑩ 폴로스루(1)
⑪ 폴로스루(2)
⑫ 피니시

경사도의 샷

- 하체를 단단히 고정시키고 상체로만 스윙을 해야 한다.
- 지면의 경사도를 따라 클럽헤드가 빠져 나가기 위해 인사이드 아웃 스윙을 한다.
- 시선은 끝까지 공을 본다.

① 어드레스
② 백스윙(1)
③ 백스윙(2)
④ 백스윙(3)
⑤ 백스윙(4)
⑥ 다운스윙(1)

⑤ 다운스윙(1)
⑥ 임팩트
⑦ 폴로스루(1)
⑧ 폴로스루(2)
⑨ 피니시

트러블 샷
Trouble Shot

러프(Rough)에서의 샷, 디벗(Divot)에서의 샷, 맨땅에서의 샷 등 트러블 샷의 요령은 거의 공통된다.

1) 어드레스

① 스탠스를 좁혀서 선다.
② 그립은 약간 짧게 잡아 주면서 강하게 잡는다.
③ 체중은 왼발에 더 실어 준다.
④ 공의 위치는 오른발 안쪽 일치선상에 놓는다.

③ 백스윙(2)   ② 백스윙(1)   ① 어드레스   ④ 다운스윙

2) 백스윙

① 손목을 일찍 꺾어서 코킹을 이룬다.
② 클럽헤드가 지면에서 수직으로 올라가게끔 바로 들어올린다.
③ 체중은 계속해서 왼발에 남긴다.

3) 다운스윙

① 클럽헤드를 공을 향해 수직으로 떨어뜨린다.
② 다운 블로 샷으로 스윙을 해야 한다. 즉, 클럽 페이스가 덮어져 내려와 공을 맞히는 느낌을 말한다.

> 트러블 샷
> Trouble Shot

4) 임팩트

① 그립 부분이 공보다 앞쪽으로 나가 있는 상태로 공을 맞힌다.
② 체중을 실어서 내리치듯 맞힌다.

5) 폴로스루

① 낮고 길게 폴로스루한다.
② 공을 확실하게 맞히고 클럽헤드가 목표 방향으로 빠져 나가게 한다.
③ 항상 공을 먼저 콘택트한다(맞힌다).

⑤ 임팩트   ⑥ 폴로스루(1)   ⑦ 폴로스루(2)   ⑧ 피니시

6) 피니시

① 로 피니시(Low Finish)로 한다.
② 체중을 완전히 왼발로 옮긴다.
③ 시선은 끝까지 공의 위치를 지킨다.

▶ 막내딸 은애의 스윙 모습

▶ 조영복 프로의 가족
   (은애, 부인, 은총, 본인)

Golf
조영복의
숏게임편 S·H·O·R·T·G·A·M·E
실전골프

전원문화사

머리말

　책을 출간한다는 것이 힘들다는 말은 많이 들어 왔다. 그때마다 나는 언제쯤 한 권의 책이라도 출간할 수 있을까 하는 생각을 했었다.
　이제 그 꿈이 이루어졌다. 그리고 책을 출간한다는 것이 얼마나 많은 사람들의 도움이 있어야 하며, 일도 많고 시간도 많이 걸린다는 것을 몸소 체험했다.
　한 권의 책도 아니고, 두 번째 책을 출간하게 되니 정말 가슴이 뿌듯하다. 먼저 이렇게까지 축복해 주신 하나님께 진심으로 감사드린다.
　4년이란 세월 동안 신문에 연재를 하면서 힘들고 어려웠던 일들도 많았지만 그래도 벌써 4년이나 해냈구나 하는 생각을 한다. 신문에 매일같이 연재를 한다는 것이 나에게는 힘든 일이기도 했지만 상당히 보람된 일이기도 했다.
　남들은 골프채를 들고 골프장으로 나갈 때 나는 책상 앞에서 연필을 굴리면서 머리를 조아리고, 주말에 모여서 즐거운 시간들을 보낼 때 나는 삽화를 편집하는 일을 해야 했다.
　때로는 힘들어서 짜증이 나기도 했고 당장이라도 그만두고 싶었던 때도 있었지만, 그때마다 주위에 힘과 용기를 북돋워 주신 분들이 많이 있었다. 그래서 다시 힘과 용기를 내어 계속해서 연재를 하게 되었다. 책을 출간해 주신 '전원문화사' 김철영 사장님 이하 직원 여러분들께 감사드리고, 어려울 때 많은 격려를 해 주신 분들, 특히 「중앙일보」 뉴욕지사 사장님, 스포츠 담당 기자 그리고 연재에 동참해 주신 모든 분들에게 진심으로 감사드린다.
　아무쪼록 이 책이 골프를 사랑하며 골프를 즐기는 모든 분들에게 조금이나마 도움이 되어 멋있는 골프를 즐길 수 있게 되기를 기대해 본다.

1999년 3월
저자 조 영 복

차례 CONTENTS

제1부 숏게임(Short Game)

Part 1 퍼팅(Putting)

- 어드레스(자세를 취하는 순서) ········ 48
- 어드레스(스탠스의 종류) ············ 50
- 그립(Grip) ························ 52
- 세트업(Set-Up) ···················· 54
- 공의 위치 ························ 56
- 체중의 분배 ······················ 58
- 그립의 강도 ······················ 60
- 퍼팅의 두 가지 방식 ················ 62
- 양손의 균형 ······················ 64
- 스윙시 호흡 조절 ·················· 66
- 클럽 패스(Path) ··················· 68
- 좌우 대칭 스윙 ···················· 70
- 손목 사용은 금물 ·················· 72
- 퍼팅의 다섯 가지 기본 ·············· 74
- 숏퍼팅(Short Putting) ·············· 76
- 미들 퍼팅(Middle Putting) ·········· 78
- 롱 퍼팅(Long Putting) ·············· 80
- 내리막 퍼팅 ······················ 82
- 오르막 퍼팅 ······················ 84
- 빠른 그린과 느린 그린에서의 퍼팅 ···· 86
- 그린 상태(잔디의 결) ··············· 88
- 스트레이트, 훅, 슬라이스 퍼팅 스트로크하는 요령 ···· 90
- 내리막 훅과 오르막 훅 퍼팅 ········· 92
- 거리 조절 ························ 94
- 슬럼프시 체크 사항 ················ 96

Part 2 어프로치 샷(Approach Shot)

샷의 종류와 선택	100
그립	102
어드레스 자세	104
어드레스시 체중의 분배	106
어드레스시 공의 위치	108
스윙 크기	110
스윙시의 리듬	112
거리 조절	114
스윙(좌우 대칭)	116
피치 샷(Pitch Shot)	118
러닝 어프로치 샷(Runing Approach Shot)	120
올바른 스윙 요령	122
손목 사용	124
하체의 올바른 사용	126
위치에 따른 클럽의 선택	128
목적에 따른 클럽의 선택	130
짧은 거리의 샷	132
긴 거리의 샷	134
벙커 넘기기	136
피치 앤드 런 샷(Pitch and Run Shot) 1	138
피치 앤드 런 샷(Pitch and Run Shot) 2	140
미스 샷의 교정	142

차례 CONTENTS

Part 3 웨지 샷(Wedge Shot)

클럽의 구조와 원리 ·············· 146
어드레스 자세 ·············· 148
백스윙(Back - Swing) ·············· 150
백스윙의 정상 ·············· 152
다운스윙(Down - Swing) ·············· 154
임팩트(Impact) ·············· 156
폴로스루(Follow - Through) ·············· 158
피니시(Finish) ·············· 160
백스핀(Back - Spin) ·············· 162
러프(Rough)에서 샷 ·············· 164
피칭 웨지와 샌드 웨지 사용처 ·············· 166
롭(Lob) 웨지의 사용 ·············· 168

Part 4 벙커 샷(Bunker Shot)

어드레스 ·············· 172
스탠스 ·············· 174
올바른 세트업 ·············· 176
체중의 분배 ·············· 178
샷의 요령 1 ·············· 180
샷의 요령 2 ·············· 182
샷의 요령 3 ·············· 184
샷의 요령 4 ·············· 186
샷의 요령 5 ·············· 188

모래 질에 따른 벙커 샷 ·········· 190
모래 속에 묻힌 공 ·········· 192
굳은 모래 위에서의 샷 ·········· 194
오르막 경사에서의 벙커 샷 ·········· 196
내리막 경사에서의 벙커 샷 ·········· 198
턱이 높은 벙커에서의 샷 ·········· 200
턱이 낮은 벙커에서의 샷 ·········· 202
페어웨이(Fairway) 벙커 샷 ·········· 204
페어웨이 벙커 샷(클럽의 선택) ·········· 206
페어웨이 벙커 샷(샷하는 요령) ·········· 208
50~100yards 안쪽의 벙커 샷 요령 ·········· 210

제 2 부 실전편

Part 1 경사도에서의 샷

다운힐(Downhill) ·········· 216
어드레스 ·········· 216
공의 위치 ·········· 218
스윙 요령 ·········· 220
샷의 요령 1 ·········· 222
샷의 요령 2 ·········· 224
샷의 요령 3 ·········· 226

차례
CONTENTS

업힐(Uphill) ······ 228
어드레스 ······ 228
공의 위치 ······ 230
스윙 요령 1 ······ 232
스윙 요령 2 ······ 234
샷의 요령 1 ······ 236
샷의 요령 2 ······ 238

사이드힐 다운(Sidehill Down) ······ 240
어드레스 ······ 240
공의 위치 ······ 242
샷의 요령 1 ······ 244
샷의 요령 2 ······ 246

사이드힐 업(Sidehill Up) ······ 248
어드레스 ······ 248
공의 위치 ······ 250
샷의 요령 1 ······ 252
샷의 요령 2 ······ 254

Part 2 트러블 샷(Trouble Shot)

러프(Rough)에서의 샷 ······ 258
상황 판단 ······ 258
클럽의 선택 ······ 260
어드레스 ······ 262
잔디의 결에 따른 샷 ······ 264

샷의 요령 1	266
샷의 요령 2	268
샷의 요령 3	270

디벗(Divot)에서의 샷 … 272
상황 판단	272
클럽의 선택	274
어드레스	276
샷의 요령 1	278
샷의 요령 2	280
샷의 요령 3	282
가까운 거리에서의 샷	284

맨땅에서의 샷 … 286
상황 판단	286
어드레스	288
클럽의 선택	290
샷의 요령 1	292
샷의 요령 2	294
샷의 요령 3	296

맞바람 부는 날의 샷 … 298
| 스윙 요령 1 | 298 |
| 스윙 요령 2 | 300 |

뒷바람 부는 날의 샷 … 302
| 스윙 요령 1 | 302 |
| 스윙 요령 2 | 304 |

차례 CONTENTS

제3부 총정리편

Part 1 골프의 역사와 경기 방법

- 골프의 기원 ·········· 310
- 스코틀랜드 목동들의 민속놀이란? ·········· 312
- 골프의 특성과 멋 ·········· 314
- 경기 방법 ·········· 316
- 스코어의 애칭 ·········· 318
- 경기장의 구성과 명칭 ·········· 320

Part 2 골프 용구

- 클럽의 종류 ·········· 324
- 재료에 따른 우드의 종류와 명칭 ·········· 326
- 각 클럽의 명칭(우드) ·········· 328
- 클럽의 길이(우드) ·········· 330
- 클럽의 종류와 명칭(아이언) ·········· 332
- 아이언의 명칭 ·········· 334
- 클럽의 길이(아이언) ·········· 336
- 클럽 페이스의 각도(우드) ·········· 338
- 클럽 페이스의 각도(아이언) ·········· 340
- 클럽별 비거리(우드) ·········· 342
- 클럽별 비거리(아이언) ·········· 344
- 샤프트의 종류와 강도 ·········· 346
- 스윙 웨이트(Swing Weight) ·········· 348
- 공(Ball) ·········· 350

Part 3 골프 매너

골프란? ··· 354
골프장에 갈 수 있는 수준은? ······················· 356
골프장에서의 진행 요령 ······························· 358
골프장에서의 에티켓 ···································· 360
예약 매너 ·· 362

꼭 알아두어야 할 **골프 용어** ····················· 365

Golf
제 1 부
숏게임(Short Game)

1. 퍼팅 …………………………………… 48
2. 어프로치 샷 ……………………………… 100
3. 벙커 샷 …………………………………… 146
4. 웨지 샷 …………………………………… 172

제 1 부

숏게임(Short Game)

Part 1

퍼팅 (Putting)

어드레스(자세를 취하는 순서) ▶ 48
어드레스(스탠스의 종류) ▶ 50
그립(Grip) ▶ 52
세트업(Set-Up) ▶ 54
공의 위치 ▶ 56
체중의 분배 ▶ 58
그립의 강도 ▶ 60
퍼팅의 두 가지 방식 ▶ 62
양손의 균형 ▶ 64
스윙시 호흡 조절 ▶ 66
클럽 패스(Path) ▶ 68
좌우 대칭 스윙 ▶ 70
손목 사용은 금물 ▶ 72
퍼팅의 다섯 가지 기본 ▶ 74
숏퍼팅(Short Putting) ▶ 76
미들 퍼팅(Middle Putting) ▶ 78
롱 퍼팅(Long Putting) ▶ 80
내리막 퍼팅 ▶ 82
오르막 퍼팅 ▶ 84
빠른 그린과 느린 그린에서의 퍼팅 ▶ 86
그린 상태(잔디의 결) ▶ 88
스트레이트, 훅, 슬라이스 퍼팅 스트로크하는 요령 ▶ 90
내리막 훅과 오르막 훅 퍼팅 ▶ 92
거리 조절 ▶ 94
슬럼프시 체크 사항 ▶ 96

숏게임(Short Game)
퍼팅(Putting)

어드레스(자세를 취하는 순서)

  골프에 있어서 드라이브 샷은 보는 이를 기쁘게 하면서 자신을 기쁘게 하는 쇼(Show)이고, 퍼팅은 곧 돈(Money)이라는 말이 있다. 이 말은 샷을 멋지게 잘하는 것 이상으로 퍼팅이 더 중요하다는 뜻이다.
  퍼팅에 뛰어난 기술을 가지고 있지 못한 사람은 결코 싱글 골퍼가 될 수 없다. 일반 골퍼들이 언뜻 생각하기에는 퍼팅이 매우 단순하고 쉽게 느껴질지 모르나 퍼팅은 파고들수록 복잡하고 어렵다. 퍼터는 긴 거리라고 해서 어렵고 짧은 거리라고 해서 쉬운 것은 아니다.

　오히려 짧은 거리일수록 그 나름대로 이상 야릇한 어려움이 더하게 된다. 그것은 짧은 거리의 퍼터는 그 홀의 마무리를 짓는 중요한 스트로크이므로 그만큼 정신적인 긴장감을 더하게 된다. 그렇다고 해서 긴 거리의 퍼팅보다 더 어렵다는 것은 결코 아니다. 아무래도 긴 거리의 퍼팅보다는 쉽다. 그러나 그 긴장감이 더하다는 것뿐이다. 이런 퍼팅을 제대로 잘해 주기 위해서 기본을 철저히 알아두는 것이 좋다.
　그 첫번째로서 어드레스 자세를 알아보자.
　퍼팅을 할 때의 어드레스 자세는 일반적인 샷을 하기 위한 어드레스 자세 때와 거의 같다고 생각하면 된다. 그러나 짧은 거리로 공을 보내야 하기 때문에 드라이브 샷을 하기 위한 어드레스 자세와 똑같은 모양의 자세가 아니라 숏아이언을 치기 위한 자세와 비슷하다고 생각하면 될 것이다.
　어드레스 자세를 취하기 위해서는 먼저 똑바르게 '차려' 자세를 취하고 양발의 폭은 자신의 허리폭만큼 벌려 주어야 한다. 이때 너무 넓게 벌려서는 안 되며, 양발의 가장자리의 상단선이 허리폭 정도이면 좋다. 그런 후에 자연스럽게 상체를 앞쪽으로 25°~45° 정도 자신의 편의에 따라서 앞쪽으로 숙여 준다. 그리고 양쪽 무릎 부분에 약간의 탄력을 주면서 무릎을 살짝 낮추어 주고 등허리 부분이 잘 펴지도록 가슴을 펴 주어야 한다. 그리고 양팔을 자연스럽게 내려뜨려서 그립을 잡아 주게 되는데, 이때 양팔의 팔꿈치 부분까지는 몸 쪽에 붙여 주어야 한다. 그렇게 해 주면 양팔과 양 어깨 그리고 그립 사이에 정오각형의 모양이 생긴다. 또 머리도 자연스럽게 공과 얼굴이 정면이 되도록 숙여 주어야 한다. 이렇게 순서에 따라서 자세를 취한 후 몸의 전체를 이완시켜 주면서 편안하게 꾸밈이 없는 모양을 해 주면 완벽하리라 생각한다.

숏게임(Short Game)
퍼팅(Putting)

어드레스(스탠스의 종류)

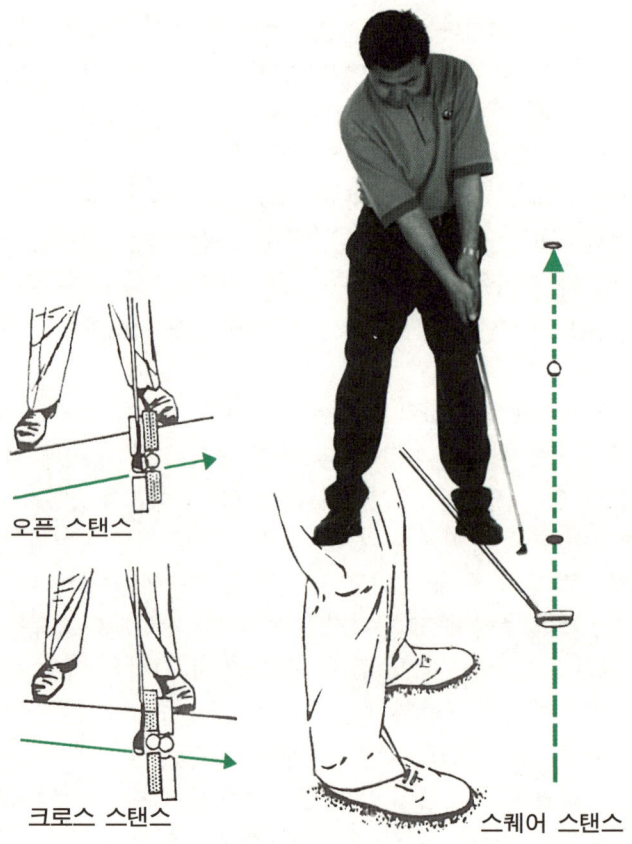

오픈 스탠스

크로스 스탠스

스퀘어 스탠스

　필자가 골프대학에 다닐 때 학생 중에 에릭(Eric)이라는 친구가 있었는데, 그 친구는 드라이브 샷이나 아이언 샷에는 자신이 있는 친구였다. 그러나 그는 퍼팅에 있어서는 초보자 수준이었다. 그는 경기가 끝난 후 그의 스코어 카드를 들고 "Putting is not golf."라는 말을 자주 했었다.

조영복의 실전골프

퍼터는 골프 게임 중에서 '또 하나의 독립된 게임'이라고 말할 수 있다. 또 퍼터는 일반적인 스윙과는 달리 절대적인 이론이 없다. 그래서인지 일반 골퍼에서 프로 골퍼들에 이르기까지 퍼팅하는 모양이나 자세가 가지각색이다. 그래서 오랜 실전 경험을 통해서 말하는 유명 티칭 프로들의 말을 들어 보면 퍼팅을 하기 위해서는 꼭 해야 할 동작들이나 취해야 할 자세가 있다고 강조하고 있다.

  퍼팅을 하기 위한 어드레스 자세를 잘 살펴보면 보통 편안하게 자세를 취하는 사람도 있고, 잭 니클러스같이 상체를 많이 숙이면서 양팔의 팔꿈치를 벌려 몸에 붙이지 않게 하는 자세도 있다. 먼저 말했듯이 퍼팅을 하기 위한 어드레스 자세는 상당히 개인적이라고 말할 수 있다. 어드레스 자세 때 취해야 하는 스탠스의 폭은 자신의 허리폭 정도가 가장 적합하다고 했다.

  그리고 스탠스는 홀컵을 목표선으로 해서 일치되게 서는 스퀘어 스탠스와 약간 닿아 주듯이 서는 크로스 스탠스 그리고 약간 열어 주면서 서는 오픈 스탠스 이렇게 3가지 방법이 있다.

  일반적으로 라이가 좋고 그린의 지면이 평평할 때에는 주로 스퀘어 스탠스를 취하는 것이 일반적이다. 그러나 혹 라이의 경우에는 약간 크로스 스탠스를 취하는 것이 좋으며, 슬라이스 라이에는 약간 오픈 스탠스를 취하는 것이 유리하다.

  스퀘어 스탠스는 양발의 앞쪽 끝부분이 목표선에 대해 평행되게 서는 것을 말하며, 크로스 스탠스는 왼발의 발끝을 목표선에 일치되게 서고 오른발의 발끝은 약간 뒤쪽으로 빠진 듯하게 서는 것을 말한다. 또 오픈 스탠스는 크로스 스탠스와 반대로 오른발의 발끝은 목표선과 일치하게 서고, 왼발이 뒤쪽으로 약간 빠진 듯하게 서는 것을 말한다.

숏게임(Short Game)
퍼팅(Putting)

그립(Grip)

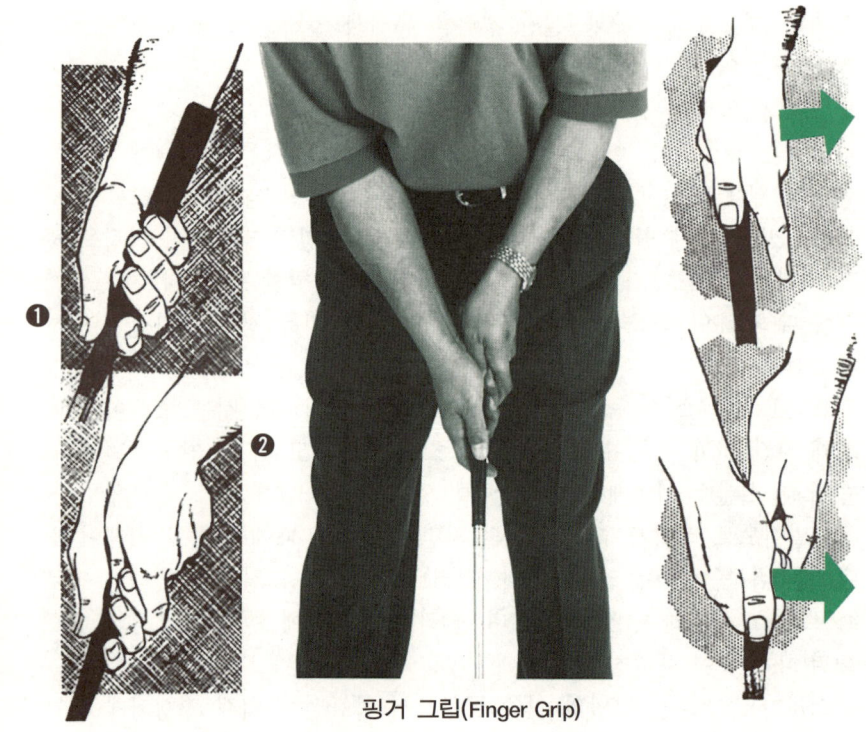

핑거 그립(Finger Grip)

퍼팅에서는 '바로 이것!'이라는 결정적인 묘수가 없다. 보기에는 단순한 것 같으나 깊이 파고들수록 어렵다는 것을 느끼게 된다. 골프를 처음 시작하는 비기너 골퍼들은 퍼팅이 가장 쉽고 칩 샷과 드라이브 샷이 가장 어렵다고 말하지만, 조금 시간이 지나면 드라이브 샷과 아이언 샷이 무엇보다도 어렵다고 말한다. 그리고 실력이 더 향상될수록 칩 샷과 퍼팅이 어렵다고 말하고, 결국 퍼팅이 가장 어렵다는 것에 의견이 일치하게 된다.

　퍼팅에서의 그립은 일반적인 샷을 하기 위한 클럽의 그립과 약간 다르다. 우선 일반적인 샷을 하기 위한 클럽의 그립은 둥근 모양을 하고 있다.
　퍼터 그립의 뒷부분은 둥근 모양이나 정면과 양옆은 사각으로 만들어져 있다. 그래서 일반적인 그립 상태로 잡은 후에 왼손의 인지와 오른손의 새끼손가락이 살짝 올려져 있는 것을 반대로 하여 오른손의 새끼손가락을 밑으로 하여 클럽의 그립을 잡아 주고, 그 새끼손가락 위에 왼손의 인지를 살짝 올려놓아야 한다. 그리고 일반적인 그립보다 양쪽 손을 약간씩 오픈시켜 주면서 어드레스 자세 때 양 어깨와 양쪽 팔꿈치 그리고 그립 부분이 이루는 모양이 오각형이 되도록 해 주면 된다.
　또 위의 그립에는 두 가지 형태의 그립이 있는데, 손바닥을 위주로 해서 잡아 주는 팜 그립(Palm Grip)과 손가락을 위주로 해서 잡아 주는 핑거 그립(Finger Grip)이다. 일반적으로는 핑거 그립을 많이 사용하고 있다. 팜 그립으로 그립을 잡았을 경우에는 주로 왼손의 리드로 스윙을 하게 된다. 짧은 퍼팅 때는 유리한 점이 있으나 상체 부분에 힘이 많이 들어갈 수 있으므로 유의해야 한다. 또 핑거 그립을 잡을 경우에는 왼손은 방향을 잡아 주게 되며, 오른손은 거리를 조절하면서 스윙을 하게 된다. 핑거 그립은 양손을 동시에 사용하게 되면서 컨트롤이 좋고, 롱 퍼팅이나 미들 퍼팅시 상체가 부드러운 상태에서 스윙을 할 수 있게 되므로 유리하다. 그러나 숏퍼팅시에는 약간 흔들릴 염려가 있으며, 손목을 사용하기 쉬우므로 유의해야 한다.
　그 외에도 요즘 많은 프로들이 사용하고 있는 크로스 핸드 그립(Cross Hand Grip)도 있다.

숏게임(Short Game)
퍼팅(Putting)

세트업(Set – Up)

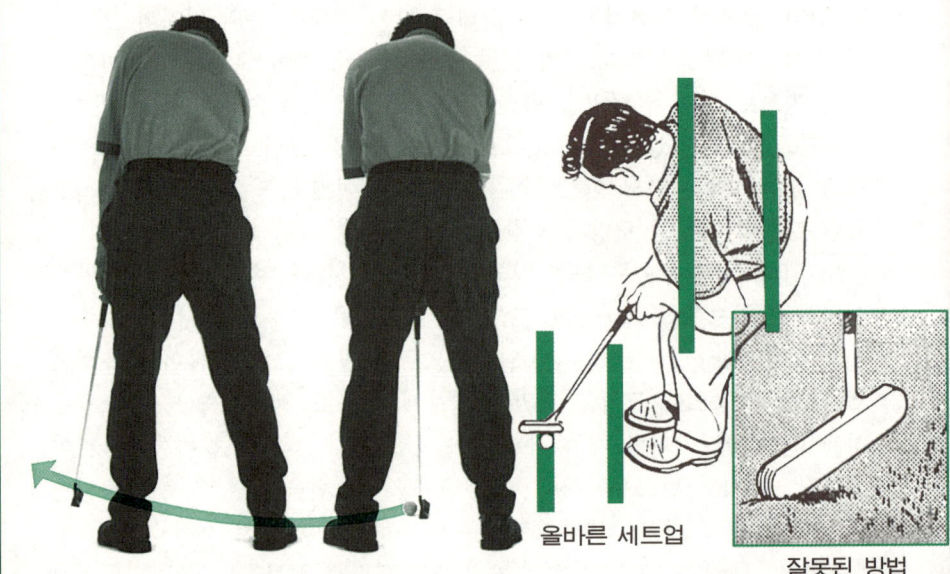

올바른 세트업

잘못된 방법

    퍼팅을 놓치지 않고 성공시키기 위해서는 우선 3가지 원칙을 꼭 지켜야 한다. 첫째 제대로 된 기술, 즉 스트로크, 둘째 그린의 경사도를 제대로 읽기, 셋째 올바른 정신 상태, 즉 자신감을 말한다. 이 세 가지를 겸비했다면 어떤 경우의 퍼팅이라 하더라도 꼭 성공시킬 수 있으리라 생각한다. 그렇다면 우선 제대로 된 기술을 익히는 데 최선을 다해야 하며, 그런 후에 그것을 그린에 옮겨 실전에 사용하면서 반복되는 실패의 경험 후에는 좋은 결과가 나타날 수 있을 것이다.
    아무리 좋은 스트로크 자세를 갖추었다 하여도 우선 어드레스 자세에서 세트업이 잘못되어 있다면 아무 소용이 없다. 그래서 퍼팅을 하기 위조영복의

해 어드레스 자세를 취하는 요령을 한 번 더 알아둘 필요가 있다.
  먼저 몸을 똑바로 세워서 차려 자세를 취한 후 자신의 허리폭만큼 발을 벌려 스탠스를 취하고, 상체를 자연스럽게 앞쪽으로 숙여 주면서 양쪽 무릎을 살짝 구부려 무릎 부분에 탄력을 주어야 한다. 그리고 양쪽 팔을 자연스럽게 떨어뜨려서 그립을 잡아 주고 양쪽 팔꿈치를 몸 쪽에 살짝 붙여 주면서 얼굴의 정면과 공이 서로 정면으로 마주보도록 자세를 취하면 완벽한 어드레스 자세가 된다. 이때 양발 끝부분이 이루는 선과 양 무릎, 허리, 가슴, 양 어깨의 모든 부분이 목표선과 평행으로 일치되어야 한다. 가령 스탠스와 양 무릎은 목표선에 일치되게 서 주었는데, 상체가 이상한 모양을 하면서 다른 방향으로 서 있다면 이는 크게 잘못된 세트업이다. 이때 퍼터의 얼굴도 목표선으로 직각이 되게 놓아야 하며, 클럽의 밑바닥(Sole) 부분이 지면에 가장 많이 닿게 놓아야 한다. 가령 클럽의 끝 부분(Toe)이 들려 있다든지 안쪽(Heel) 부분이 들려 있으면 잘못된 방법이라고 할 수 있다. 평지의 그린 위에서 세트업을 올바르게 해 주는 연습을 하는 것이 올바른 자세를 취하는 데 크게 도움이 된다. 그런 후에 경사도에 따라서 약간씩 자세를 바꾸어 가는 것이 좋다. 위에서 설명한 세트업 요령을 기본으로 해서 연습을 하는 것이 바람직하다. 그런 후에 상황에 따라서 조금씩 응용하는 것이 올바른 순서이다.

숏게임(Short Game)
퍼팅(Putting)

공의 위치

이상적인 공의 위치

    한 주에 한 번이라도 연습장에 가서 연습을 해야겠다고 생각하지만 몹시 바빠서 갈 수 없는 사람의 경우, 비록 연습장에는 갈 수 없지만 손에 클럽을 한 번이라도 잡아 보게 되면 연습장에서 연습한 만큼의 효과는 볼 수 없어도 그 절반 정도의 효과는 얻을 수가 있다.

조영복의

퍼팅도 마찬가지이다. 반드시 골프장의 그린에서만 연습을 해야 하는 것은 아니다. 집안의 카펫 위에서나 적당한 장소에서 클럽의 그립만이라도 잡고 연습 스윙을 하게 되면 상당히 좋은 효과를 얻게 될 것이다.

필자도 골프대학 시절 항상 손에 골프 클럽 한 개를 들고 다녔던 기억이 있다. 그 후 클럽이 손에 상당히 익숙해져서 좋은 결과를 얻을 수 있었다. 일반 골퍼들이 7번 아이언을 자신있게 사용할 수 있는 이유도 연습할 때 7번 아이언을 가장 많이 사용하기 때문에 몸에 익숙해져 있기 때문이라고 말할 수 있다.

퍼팅을 제대로 하기 위해서 해야 할 동작들도 많이 있지만, 그에 못지 않게 공을 어디에 놓느냐 하는 것도 상당히 중요하다. 일반적으로 언뜻 생각하기에는 공을 몸의 정가운데 놓으면 되지 않겠느냐고 생각할지 모른다. 그러나 그렇지 않다. 퍼팅을 제대로 해 주기 위해서는 공을 정가운데 놓는 것이 아니라 약간 왼쪽에 놓아야 한다. 즉, 공을 왼손으로 들어 올려서 어드레스 자세를 취한 후 공을 왼쪽 눈 옆에 대고 떨어뜨려 보아서 공이 떨어진 위치가 가장 이상적인 공의 위치가 된다.

그렇다면 왜 공의 위치가 약간 왼쪽이 되는 것이 좋은가? 퍼팅을 할 때 공이 앞쪽으로 굴러가도록 스핀을 넣어 주어야 한다. 그것을 오버 스핀(Over Spin)이라고 하는데, 그렇게 해 주었을 때 공이 앞쪽을 향해 곱고 부드럽게 잘 굴러간다. 가령 공을 정가운데 놓거나 아니면 약간 오른쪽에 놓고 스윙을 하게 되면 클럽헤드가 위쪽에서 아래쪽으로 떨어지면서 공을 맞게 되므로 다운 블로로 공을 맞히게 된다. 그렇게 되면 공을 상당히 강하게 맞히게 되므로 홀컵을 많이 지나가거나 엉뚱한 방향으로 굴러가게 된다. 그래서 공의 올바른 위치는 왼쪽 눈의 수직 아래가 가장 좋은 위치라고 할 수 있다.

숏게임(Short Game)
퍼팅(Putting)

체중의 분배

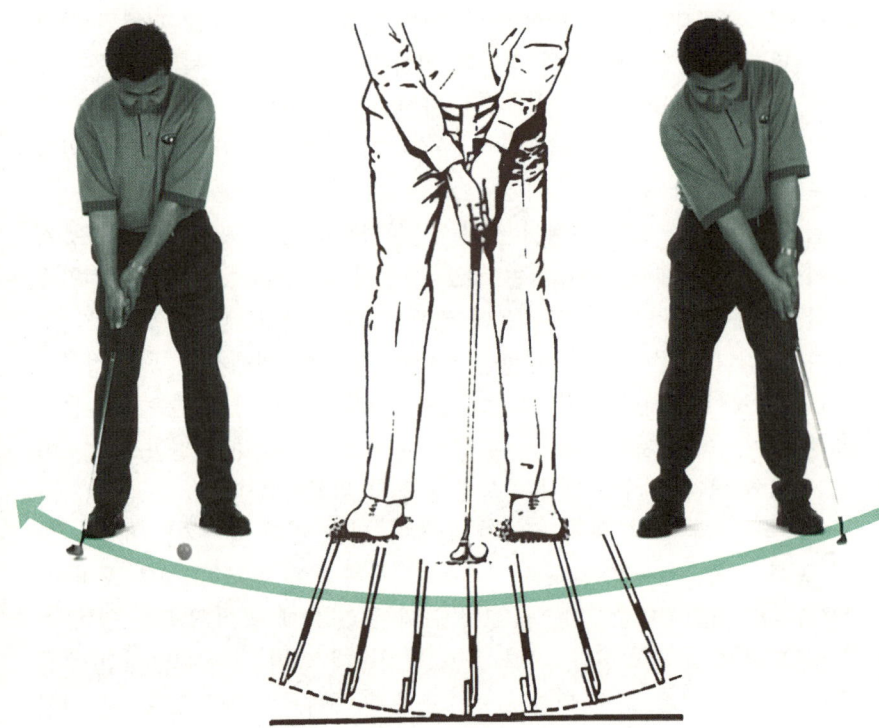

체중을 몸의 좌우 중앙에 걸리도록 한다

 간혹 골프를 즐기다 갑자기 쓰러져 생명을 잃는 사람이 있다. 그 원인 중에 아주 많은 경우가 혈압, 심장마비 등의 심혈관계의 문제 때문인데, 첫 홀에서의 지나친 긴장이나 불안감 그리고 그린 위에서의 퍼팅에 집중된 긴장 상태 등이 심장의 기능을 촉진하여 맥박을 빠르게 하기 때문이다. 그래서 골프는 운동삼아 즐기는 정도가 건강에 가장 좋은 것이지만, 가끔 돈내기라도 하노라면 자신도 모르게 그 긴장도가 자연히 높아지게

되므로 위와 같은 불상사가 일어날 수 있다.
 퍼팅을 제대로 하기 위해서 어드레스 때 체중을 어디에 어떻게 실어야 할 것인가 하는 문제는 꽤 신경이 쓰이는 일 중의 하나이다. 왼발에 더 많이 실어 주는 것이 좋을까? 아니면 오른발에 더 많이 실어 주는 것이 좋을까 하는 문제이다.
 많은 유명 프로 골퍼들은 체중을 몸의 좌우 중앙에 걸리도록 해 주는 것이 가장 좋다고 권하고 있다. 그 이유는 퍼팅을 할 때 공을 앞쪽으로 홀컵을 향해 곱게 굴러 보내기 위해서는 공에 오버 스핀(Over Spin)을 걸어야 하기 때문이라는 것이다. 오버 스핀을 걸어 주는 목적은 적은 스트로크로 공이 잘 굴러가면서 홀컵에 들어가도록 하기 위한 것이다. 따라서 퍼팅에서는 백스핀(Back-Spin)이 걸리는 것보다는 앞쪽으로 바르게 굴러가는 오버 스핀(Over Spin)이 더 좋다는 것이다.
 공에 어떤 스핀이 걸리도록 하느냐 하는 것은 체중을 어느쪽에 더 많이 실어 주느냐 하는 것과 깊은 연관이 있다. 가령 체중을 왼쪽 발에 더 많이 실어 주고 퍼팅을 한다고 가정했을 때 체중이 왼쪽으로 쏠려 있게 되므로 퍼터의 헤드가 위에서 아래쪽으로 내려쳐지기 때문에 백스핀(Back-Spin)이 걸리기 쉽다. 또 반대로 오른쪽에 체중을 더 많이 실어 주면서 퍼팅을 하게 되면 오버 스핀은 걸 수가 있겠지만 자칫 손목을 사용하여 공을 퍼올리기 쉽기 때문에 공이 강하게 굴러가거나 엉뚱한 방향으로 굴러가게 된다. 그래서 몸의 체중을 중앙에 실어 주고 퍼팅을 하는 것이 공의 옆 중앙을 치면서 스트로크를 할 수 있기 때문에 손목을 사용하지 않고 상체의 어깨 회전만으로 스윙을 해도 자연스럽게 오버 스핀이 잘 걸리게 된다는 것이다. 체중의 분배에 따라서 스핀이 다르게 걸리기도 하지만 공의 위치에 따라 서로 스핀이 다르게 걸릴 수 있음을 알아두어야 한다. 가령 공을 오른쪽 발에 놓고 스트로크를 하게 되면 백스핀이 걸리게 되며, 왼발 뒤꿈치와 일치하는 선상에 놓고 스트로크를 하면 오버 스핀이 걸리게 되는 것이다.

숏게임(Short Game) / 퍼팅(Putting)

그립의 강도

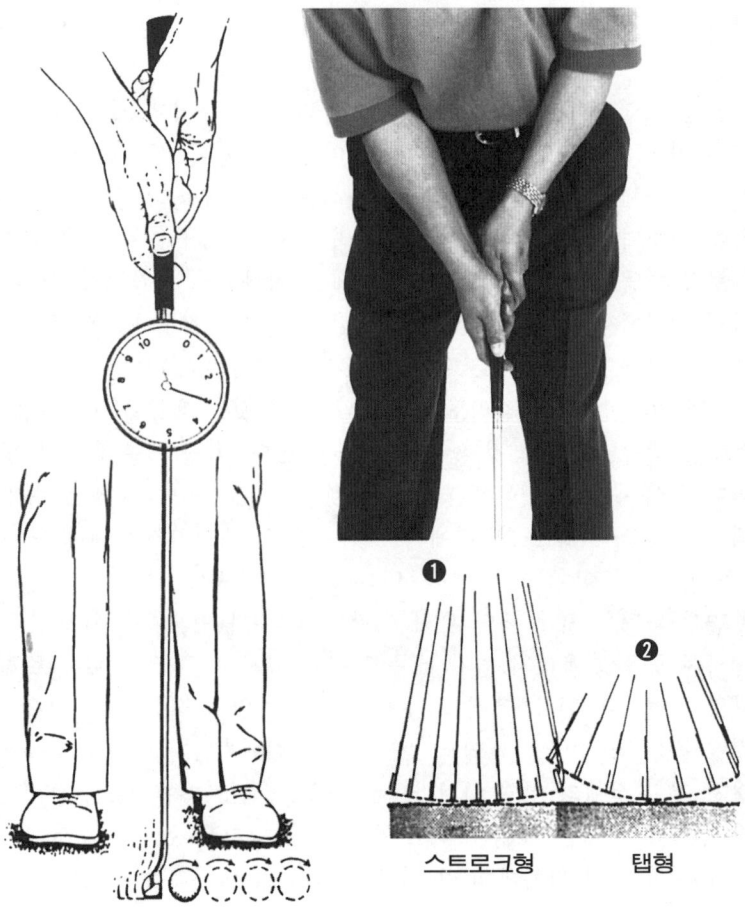

스트로크형   탭형

    체중 57kg에 신장 168cm의 작은 덩치로 1954년 미국 프로 골프투어의 상금왕을 지낸 밥 토스키는 좋은 스코어를 내기 위해 무엇에다 가장 많은 신경을 썼느냐는 기자의 질문에 그립을 부드럽게 잡는 것에만 최선

조영복의

을 다했다고 대답하였다고 한다. 현재는 일선에서 물러나 티칭 프로로서 활동을 하면서 훌륭한 선수를 많이 길러내고 있는데, 지금도 역시 그는 "스윙 중에 가벼운 그립을 해라." 하는 말을 가장 강조한다고 한다. 위의 말을 보아서도 그립을 어떻게 잡는 것이 가장 좋은 방법인가 하는 것을 금방 알 수가 있다. 그러나 퍼팅에서는 약간 다르게 나타나기도 한다. 공을 때리는 요령은 크게 두 가지 방식이 있다. 그 첫째는 스트로크형이고, 두 번째는 탭형이다. 스트로크형은 클럽헤드를 휘둘러서 클럽헤드가 움직이는 속도로 공을 가하는 것을 말한다. 또 탭형은 손목을 사용하거나 팔을 사용하여 공을 가격하듯이 때리는 것을 말한다.

　위의 두 가지 방법을 놓고 볼 때, 스트로크형을 하는 경우는 그립을 부드럽게 잡아 주는 것이 좋다. 그렇게 해야만이 클럽헤드 무게를 최대한으로 느낄 수가 있게 되며, 양 어깨를 이용하여 스윙을 할 수가 있게 된다. 롱 퍼팅이나 미들 퍼팅 때에는 이 방법을 사용하는 것이 가장 좋다. 그러나 탭형을 하는 경우에는 상체의 어깨 사용보다는 손목이나 팔의 사용이 많기 때문에 그립을 약간 강하게 잡아 주는 것이 유리하다. 가령 손목 부분에 힘이 너무 빠져 있으면 컨트롤이 어려울 뿐만 아니라 공을 힘없이 맞힐 수가 있으므로 공을 똑바로 보내기 위한 방법으로서는 바람직하지 못하다. 그립을 약간 강하게 잡아 주면서 팔과 손목을 사용하여 공을 맞히는 것이 좋다. 이런 방식은 숏퍼팅의 경우나 오르막 퍼팅의 경우 사용하게 되면 상당히 유리하다. 그러나 위의 특별한 경우를 제외하고는 그립의 강도를 부드럽게 해 주는 것이 좋다. 그렇다고 마냥 부드럽게 해서는 곤란하다. 그립이 손 안에서 움직이지 않을 정도로 부드럽게 잡아 주면서 상체에 힘을 빼 주고 자연스럽게 스윙을 하는 것이 가장 좋은 방법이다.

숏게임(Short Game)
퍼팅(Putting)

퍼팅의 두 가지 방식

스트로크형 스윙   탭형 스윙

  어떤 목적을 위해서 수단을 가릴 필요는 없다. 그러나 그 수단이 좋지 않으면 목적이 이루어지지 않는 법이다. 흔히 퍼팅에서는 특별한 폼이 없다고 말한다. 그래서 어떻게 해서라도 공을 홀컵에 넣으면 된다고 생각하는 사람이 많이 있다. 그것이 바로 수단 없이 목표를 달성하려는 것과 같다고 말할 수 있다.
  그러나 퍼팅에서 최소한 지켜야 할 기본적인 사항들이 있게 마련이다. 그것은 퍼팅에서 최소한 지켜야 할 기본적인 사항들이다. 어드레스 자세를 취할 때 스탠스의 넓이는 자신의 허리폭 만큼 벌려 주고, 몸의 체중은

　몸의 중앙에 오도록 실어 주면서 공의 위치는 왼발 뒤꿈치 일치선상에 놓아 주어야 한다. 또 얼굴이 정면으로 공을 위에서 바로 내려다보게끔 머리를 숙여 주는 것이 기본 사항 중에 하나이다. 이렇게 기본을 지켜 주면 몸의 균형을 안전하게 잡을 수 있게 되어 퍼팅을 하기에 가장 좋은 자세가 된다.

　퍼팅을 하기 위한 스윙에는 크게 두 가지 방식이 있다. 그것은 스트로크형과 탭형이다. 스트로크형은 어드레스 자세 때 양 어깨와 양 팔꿈치 그리고 그립 부분이 이루는 오각형 모양을 무너뜨리지 않고 그 상태를 유지하면서 양 어깨를 마치 시계추를 흔들듯이 하면서 퍼팅하는 방식을 한다. 이때 양 어깨를 연결하는 선의 중간 지점은 턱 아랫부분이 된다. 또 다른 방법인 탭형은 어드레스 자세 때 이루었던 오각형 모양의 가운데인 그립 부분을 지점으로 해서 손목을 사용하여 손목을 꺾으면서 공을 때리듯이 퍼팅하는 방식을 말한다. 이때 폴로스루를 크게 하지 말고 공만 '딱' 때리고 동장을 멈추어 버리는 것을 말한다.

　위의 두 가지 방법 중 어느 것을 사용하든지 두 가지 다 일장일단이 있다. 탭형은 공을 강하게 쳐낼 수 있기 때문에 잔디의 결이 강하고 그린이 무거운 경우이거나 아주 긴 롱 퍼팅, 또는 아주 짧은 숏퍼팅에서 사용하는 것이 상당히 유리하다. 또 스트로크형은 공을 부드럽게 오버 스핀으로 굴려 보내기 때문에 방향성도 좋고 컨트롤이 용이하므로 빠른 그린 위에서나 내리막 퍼팅, 롱 퍼팅, 미들 퍼팅 등을 할 때 사용하는 것이 유리하다.

　위의 두 가지 중에서 프로 골퍼들의 경우에는 스트로크형을 더 많이 선호하고 있다.

숏게임(Short Game)
퍼팅(Putting)

양손의 균형

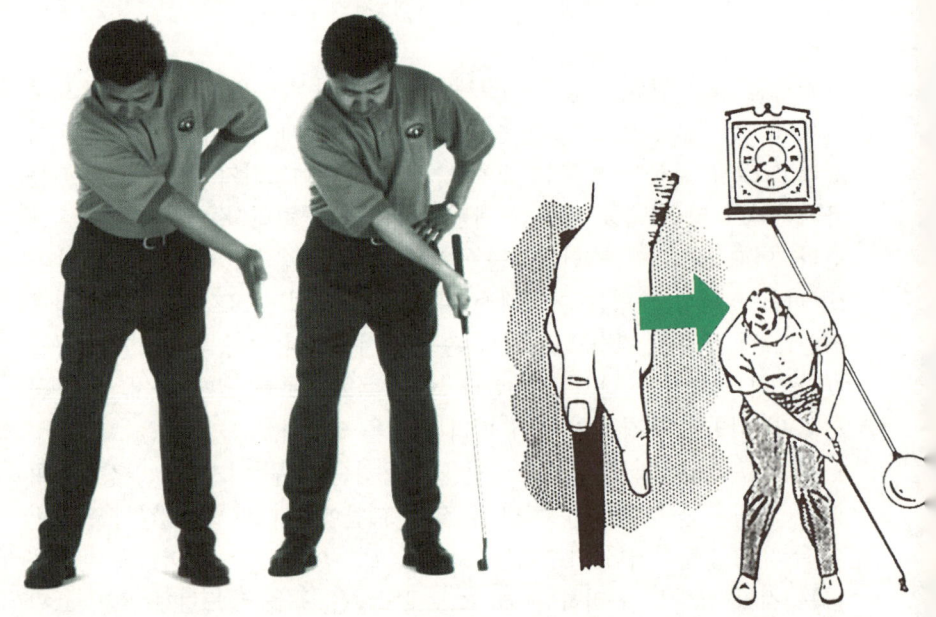

 골프 퍼팅에서도 헤드업(머리를 빨리 드는 것)은 상당히 중요하다. 그래서 어드레스 자세를 취할 때 얼굴이 공을 향해 똑바로 정면이 되어야 한다고 말하기도 한다. 또 퍼터는 왼쪽 귀로 소리만을 들어야 한다고 말한다. 즉, 스트로크를 하고 나서 공이 홀컵에 '딸가닥' 하고 들어가는 소리가 왼쪽 귀에 들릴 때까지 얼굴을 돌리지 말라는 뜻이다.
 헤드업의 가장 큰 원인은 자신이 한 샷에 대한 자신감이 없어서이다. 퍼팅 역시 숏퍼팅에서 헤드업 현상이 가장 많이 일어나고 있는데, 그것 역시 자신감 때문이 아닐까?
 퍼팅을 할 때 양손이 해야 하는 일에 대하여 궁금해하지 않을 수 없다.

가령 퍼팅의 리드는 왼손으로 해야 하는가? 아니면 오른손으로 해야 하는가? 그렇지 않으면 양손으로 해야 하는가? 하는 것을 말한다.
  이같은 질문에 어느 하나를 꼭 집어 답할 수는 없다. 요즘 프로 골퍼들이 많이 선호하고 있는 크로스 핸드 그립(Cross Hand Grip)의 경우는 거의 왼손만 가지고 퍼팅을 해야 한다. 그러나 일반적인 퍼팅의 경우에는 양손을 모두 동시에 사용하기를 권하고 있다. 주로 왼손이 담당하는 일은 방향을 잡아 주는 일이다. 그래서 그립을 잡을 때 왼손은 약간 단단히 잡아 주면서 한 번 정해진 방향이 흐트러지지 않도록 해야 한다. 그리고 오른손은 주로 거리를 조절하는 것을 담당하고 있다. 즉 컨트롤을 한다는 뜻이다. 거리를 조절하기 위한 컨트롤은 아무래도 오른손을 사용하는 것이 유리하다. 그러므로 왼손은 방향을 잡아 주고 오른손은 거리를 컨트롤하는 것이 좋다.
  어드레스 자세에서 양 어깨와 양 팔꿈치 그리고 그립 부분을 잇는 오각형 모양을 잘 유지해 주면서 왼손은 방향을 잡아 주고 오른손은 거리를 조절하면서 양 어깨를 가로지르는 선을 축으로 시계추가 흔들리는 것 같이 스윙을 하면서 퍼팅 연습을 많이 해 주어야 할 것이다. 원래 퍼팅은 손목을 사용하지 않는 것을 원칙으로 한다. 그래서 손목을 사용하지 않고 천천히 시계추가 오른쪽으로 흔들렸다가 다시 왼쪽으로 내려가면서 공을 맞히는 모양으로 퍼팅 연습을 해 주면서 양손을 바르게 사용하면 훌륭한 퍼팅을 할 수 있으리라 생각한다.

숏게임(Short Game)
퍼팅(Putting)

스윙시 호흡 조절

퍼팅을 성공시키기 위해서는 첫째로는 기술, 둘째는 그린 읽기, 셋째는 자신감, 이 세 가지가 겸비되어야 한다고 말한 적이 있다. 이 세 가지 중에서 세 번째 자신감이란 "공이 꼭 들어갈 것이다."라는 최면에 가까운

자신감을 가졌을 때 꼭 성공한다고 말한다. 같은 실력을 가졌다 하더라도 코스에 나가서 어떤 마음가짐으로 게임에 임하느냐에 따라서 상당히 다른 결과를 보여 준다. 그리고 이런 마음가짐은 스코어뿐만 아니라 골프를 제대로 하는 데, 그 우열을 가리는 데에도 큰 영향을 미치게 된다. 우리는 가끔 "마음을 비우자." 하면서 게임에 임할 때 예상 외로 공이 잘 맞는 것을 경험한 적이 있다.

그것은 결국 코스에 나갔을 때는 기술적인 것보다는 우선 편안한 마음가짐으로 자신있게 게임에 임해야 더 좋은 결과를 얻을 수 있다는 뜻이다. 골프 경기는 시합의 규모가 클수록, 또 명예와 돈이 더 많이 걸려 있을수록 한타 한타에 더 많은 신경을 쓰게 마련이다. 그것이 또 프레스로 연결되어 긴장감을 더하게 되며, 그러면 그럴수록 몸이 굳어지는 현상도 생기게 되는 것이다. 이런 긴장감은 전 게임을 통해 일어날 수도 있지만, 특히 퍼팅을 할 때 두드러지게 나타나게 된다. 그래서 평소 같으면 충분히 성공시킬 수 있는 거리의 퍼팅인데도 긴장감 때문에 그만 스리 퍼팅으로 연결되는 경우를 종종 경험하게 된다. 그래서 퍼팅할 때 긴장감을 해소해 주기 위해서 어드레스 자세를 취한 후 모든 세트업과 준비를 끝내고 긴 숨을 들이쉬었다가 다시 내쉰 뒤에 퍼팅을 하라고 권고하고 있다. 그리고 퍼팅이 끝난 후 다시 곧바로 숨을 들이쉬라고 한다. 그렇게 하면 상체가 이완되면서 좋은 리듬과 타이밍을 맞출 수가 있게 된다. 또 긴장감을 풀어 주는 다른 방법으로는 퍼터의 그립을 아주 부드럽게 잡아 주어야 한다. 가령 퍼터를 너무 꽉 잡게 되면 자신도 모르게 어깨 부분에 힘이 들어가게 되어 부드러운 스윙을 할 수 없게 된다. 그러므로 긴장감이 고조된 상태에서 퍼팅을 해야 할 때는 우선 그립을 부드럽게 잡아 주고 크게 심호흡을 하면서 호흡 조절로 극복할 수 있다.

숏게임(Short Game)
퍼팅(Putting)

클럽 패스(Path)

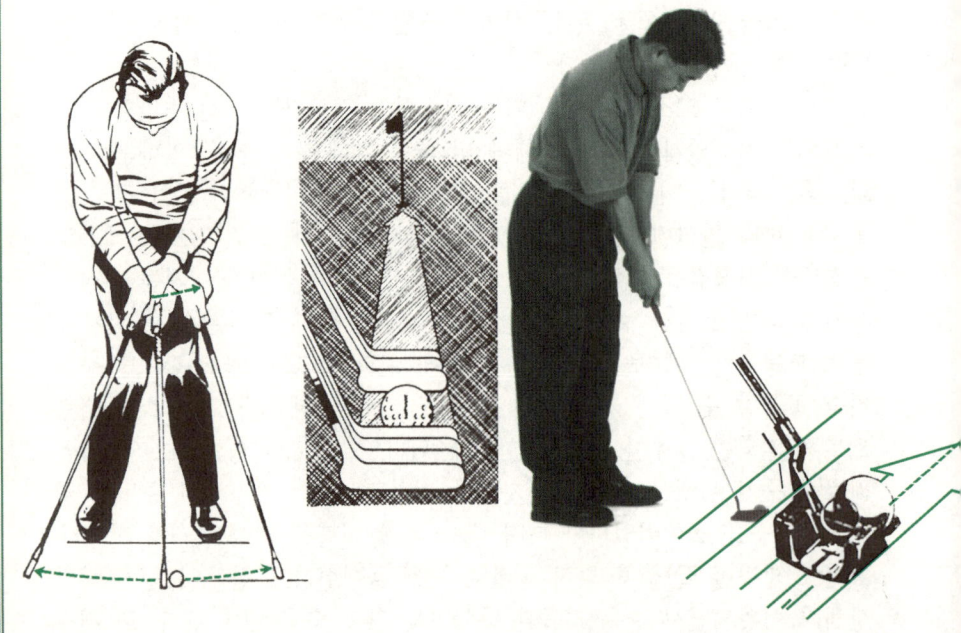

　현재의 프로 투어에는 상당한 상금이 걸려 있다. 어떤 시합에는 우승자에게 주는 상금이 1백만 달러가 넘는 경기도 있다. 그래서인지 일반 골퍼들 사이에도 상당한 액수의 내기 골프를 하는 사람들도 있다. 그래서 한때 '도박성 내기 골프를 금지합니다.'라는 포스터가 골프장마다 나붙은 적도 있다. 위에서 말하는 '도박성 내기 골프'라는 말에는 두 가지의 다른 뜻이 있을 수 있다. '도박성'이란 갬블(Gamble)을 말한다. 즉, 금전을 목적으로 하는 것을 말한다. 또 내기(Bet) 골프란 게임을 재미있게 하기 위하여 조그만 내기를 말하는 것이다. 쉽게 다시 설명하자면, 돈

조영복의

의 액수가 커지면 '도박성 내기'가 되는 것이며, 액수가 적으면 그냥 내기 골프가 되는 것이다. 어쨌든 도박성 내기든지 그냥 내기든지 돈을 따기 위해서는 퍼팅을 잘하는 게 우선이 아니겠는가?

퍼팅을 할 때 퍼터의 클럽헤드가 목표 라인을 따라 곧장 뒤로 빠져 나갔다가 다시 곧장 되돌아와서 공을 치고 임팩트 후 목표 라인을 따라 계속해서 빠져 나가는 것을 기본으로 한다. 이 방법을 제대로 하기 위해서는 퍼팅 방법을 스트로크 방식을 택하는 것이 유리하다. 그 이유는 스트로크 방식은 양 어깨와 양 팔꿈치 그리고 그립 부분이 만드는 오각형 모양을 그대로 유지하면서 시계추처럼 퍼팅을 하게 되므로 클럽헤드의 페이스가 직각으로 뒤쪽으로 나갔다가 다시 직각을 유지하면서 내려와 공을 직각으로 맞히고 임팩트 후에도 계속해서 직각을 유지하면서 목표 라인 쪽으로 마치 공을 뒤쫓아가는 것처럼 목표선을 따라 똑바르게 빠져 나가 주기 때문이다. 그래서 퍼팅은 무엇보다도 퍼터의 헤드가 스윙 궤도를 이탈하지 않고 퍼터 페이스가 직각을 유지하면서 공을 쳐내도록 하는 것이 가장 중요한 관건이라 할 수 있다. 이 방법을 올바르게 하기 위한 연습 요령으로는 퍼팅 라인을 따라 클럽을 두 개 나란히 놓고 그 통들 사이를 클럽헤드가 똑바르게 빠져 나갔다가 다시 똑바르게 들어오도록 하면서 퍼팅 연습을 하면 된다. 만일 이때 클럽헤드가 직각으로 움직이지 않거나 양쪽에 있는 클럽의 샤프트에 부딪히게 되면 이는 잘못된 것이므로 유의해야 한다.

숏게임(Short Game) / 퍼팅(Putting)

좌우 대칭 스윙

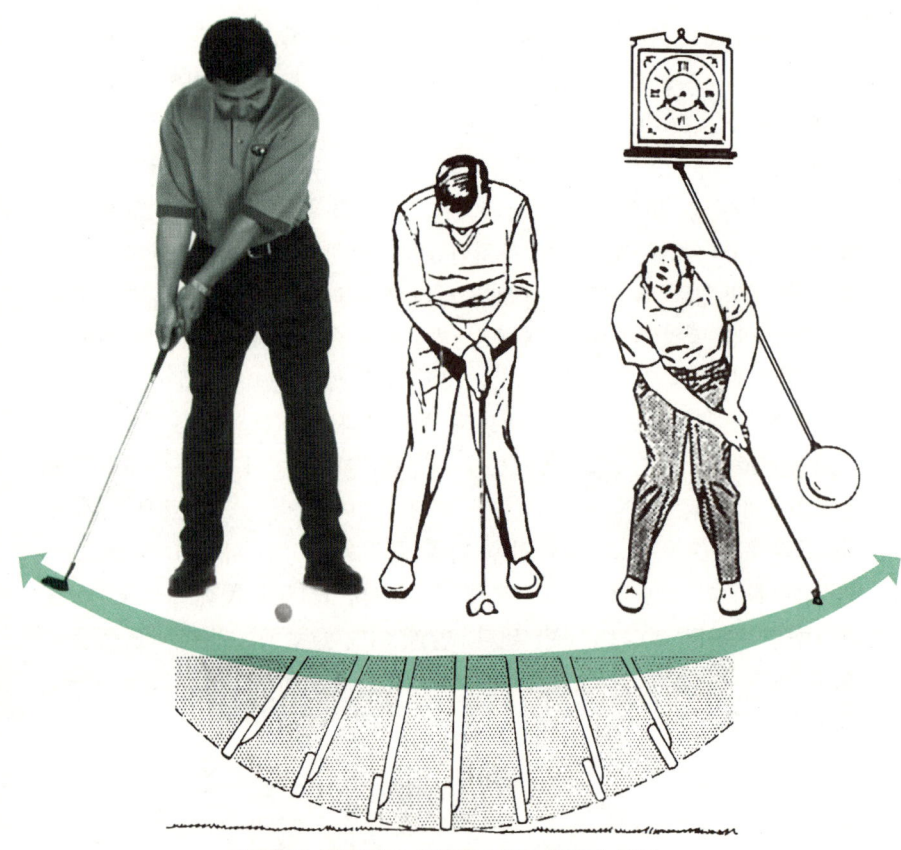

시계추가 흔들리듯 일정한 리듬 유지가 관건

골프를 보다 더 건전하고 부담없이 즐기는 것을 우리는 '건강 골프'라고 표현한다. 이런 건강 골프를 즐기기 위해서는 너무 지나치게 긴장감을 느낄 정도의 시합이나 내기는 피하는 것이 좋다. 즉, 부담없이 '들어가면 좋고' '안 들어가도 그만'이라는 기분 정도에서 여유 있게 퍼팅하는 조영복의

것이 건강 골프를 하기 위한 첫째 조건이다.

유명 티칭 프로들의 대부분은 퍼팅에 있어서 리듬의 중요성을 강조하고 있다. 퍼팅은 '툭' 치면 그만이지 거기에 무슨 리듬이 필요하냐고 반문하는 사람이 있을지 모르지만 그건 그렇지 않다. 그래서 스리 퍼팅을 했을 경우의 대부분은 자기 자신의 퍼팅 리듬을 무너뜨리면서 퍼팅을 했기 때문이다. 그렇다면 좋은 리듬을 가지기 위해서는 무엇을 어떻게 해야 하는가?

좋은 리듬을 가지기 위해서는 우선 스윙의 크기를 좌우 대칭이 되게 해야 한다. 즉, 백스윙의 스윙 크기와 공을 치고 빠져 나가는 폴로스루의 스윙 크기가 그 모양이 똑같아야 한다. 가령 백스윙을 크게 하고 폴로스루 스윙을 작게 하면 공의 바로 앞쪽에서 스윙이 멈추어 버리기 때문에 강한 힘으로 공을 맞게 되어 컨트롤을 할 수 없게 된다. 또 반대로 백스윙은 조금 하고 폴로스루를 많이 한다면 이는 공을 밀어내는 식이 되므로 올바른 방법이 될 수가 없다. 그래서 스윙시 백스윙의 스윙 크기와 폴로스루의 스윙 크기는 항상 같은 크기여야 좋은 리듬을 가질 수가 있다. 그리고 두 번째는 백스윙의 시작을 천천히 해야 한다. 가령 성급하게 하면서 짧게 휘두르는 퍼팅은 좋지 못한 방법이다. 그래서 좋은 퍼팅을 하기 위해서는 먼저 마음을 차분히 가라앉히고 부드럽고 유연한 백스윙을 해야 한다. 그리고 이때 백스윙은 천천히 시작해야 하며, 짧고 강한 스윙보다는 크고 부드러운 스윙을 유도해 나가야 할 것이다. 또 백스윙의 스윙 크기와 폴로스루의 스윙 크기는 항상 일정하게 같은 크기로 해야 한다. 즉, 시계의 추가 일정한 간격을 일정한 리듬으로 흔들거리는 것과 같이 일정한 리듬과 일정한 힘 그리고 일정한 스윙의 크기가 리듬을 좋게 하는 요소들이 되는 것이다.

숏게임(Short Game)
퍼팅(Putting)

손목 사용은 금물

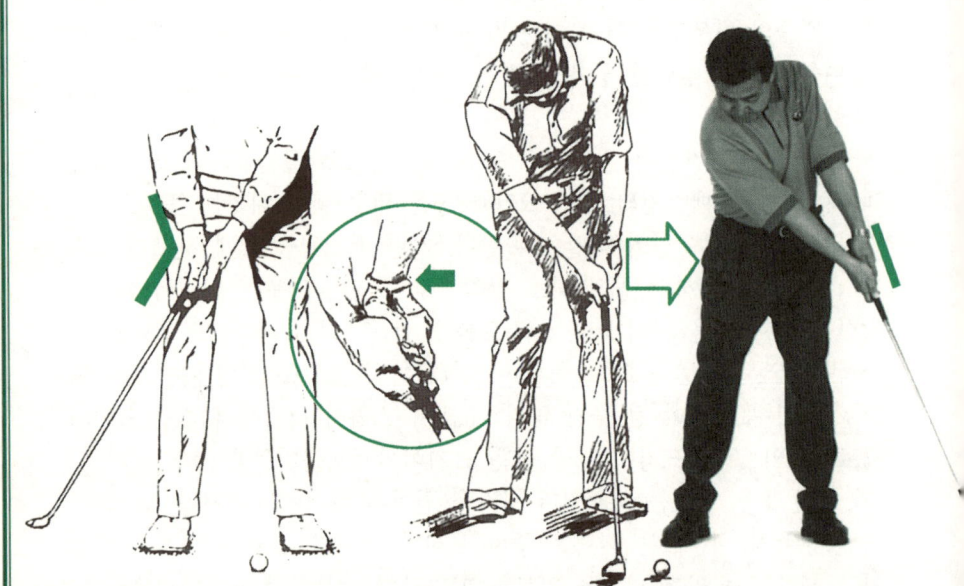

손목 사용을 억제해야만 좋은 퍼팅을 구사할 수 있다

 골프에서 에티켓, 매너 그리고 규칙은 플레이 이전의 기본으로서 상당히 중요한 요소이다. 만약 그것에 의문이 생기면 당연히 깨끗하게 해결해야 한다. 플레이 중에 이런 문제로 분쟁이 있은 후에는 대개 샷이 흔들리게 된다. 가령 자기가 퍼팅을 하려는데 동료의 그림자가 퍼팅 라인에 어른거리면 지장이 크다. 이때 동료에게 비켜 달라고 했는데 그가 쉽게 응하지 않을 때 반드시 그 퍼터는 실패를 하고 만다. 에티켓이나 매너의 문제는 기술적인 문제가 아니고 인격적인 문제이다. 이렇게 사소한 문제로 인해서도 서로 자존심이 상하기 쉽다. 그렇게 되면 지적한 쪽이나 지

적받은 쪽 서로가 그것으로 인해 플레이에 대한 집중력이 흐려지고 자칫한 라운드 내내 그 후유증이 남게 되므로 주의해야 한다.

퍼터에서 스트로크는 크게 3가지로 나누어 구분할 수 있다. 첫째 손목을 쓰느냐, 둘째 팔을 쓰느냐, 셋째 어깨를 움직이면서 원피스 스트로크를 하느냐 하는 것이다. 이 3가지 중에서 첫번째의 손목을 써서 하는 퍼팅은 팔이나 어깨의 회전이 없이 손목으로 백스윙을 시작하여 코킹을 이루고 다시 손목을 사용하여 다운스윙 때 코킹을 풀면서 공을 치는 것을 말한다. 이런 요령은 골프를 처음 시작하는 비기너 골퍼들에게 가장 잘 나타나는 현상이다. 이런 방법은 올바른 방법이 될 수가 없다. 둘째, 팔을 사용하여 퍼터하는 경우에는 우선 백스윙을 스무스하게 해야 한다. 그러기 위해서 손목의 사용을 아주 자제해야 한다. 다시 설명하자면 그립을 잡을 때 왼손의 셋째와 넷째, 다섯째 손가락으로 다소 강하게 잡아 주고 손목을 고정시켜 주어야 한다. 그리고 백스윙을 시작할 때는 사람마다 각기 다르게 나타날 수도 있겠지만 팔꿈치부터 움직이면서 백스윙을 시작한다고 생각하면 한결 부드럽게 스윙이 진행될 수 있다. 그리고 스윙의 축은 몸의 전체가 되며, 양 어깨를 가로지르는 선이 흔들리는 축과의 연결 부분이 되어 시계추가 흔들리는 것과 같이 팔 전체가 몸에 달려서 흔들거리는 모양이 되어야 한다. 마지막으로 어깨를 사용하여 스트로크를 하는 요령은 몸 전체가 흔들거리듯이 스트로크를 하는 경우가 많으므로 좋은 방법이라고 할 수가 없다. 따라서 두 번째 방법인 몸을 축으로 해서 팔을 사용하는 스윙법이 가장 이상적이라고 말할 수 있다.

숏게임(Short Game)
퍼팅(Putting)

퍼팅의 다섯 가지 기본

퍼팅을 서두르면 모든 것이 무너진다

　퍼팅으로 하여금 정신적인 영향을 받는 예를 몇 가지 알아보자.
　첫째, 짧은 거리에서 스리 퍼터를 하게 되면 그 다음 홀의 드라이브 샷도 이상해진다. 둘째, 짧은 거리의 퍼터를 한 번 놓치고 나면 다음 홀에서도 퍼터가 잘 안 된다. 셋째, 롱 퍼터가 한 번 성공하게 되면 그 다음 홀은 샷도 잘되고 퍼터도 잘된다. 넷째, 퍼팅이 잘되는 날에는 홀컵이 크게 보인다. 다섯째, 퍼팅이 잘 안 되는 날에는 라인도 안 보이고 홀컵

조영복의

도 작게 보인다. 여섯째, 남들이 힘든 퍼터를 성공시키고 난 후 마지막으로 자기가 퍼터할 때 정신적인 부담이 상당히 크다.

위와 같이 퍼터가 주는 정신적인 영향은 여러 가지 형태로 나타나게 된다. 이런 부담을 이기기 위해서는 항상 퍼터를 성공시킬 수밖에 없다. 이는 퍼터가 성공한 후에는 다음 샷과 퍼터 모두 잘될 수 있으며, 실패했을 경우에는 다음 홀에서도 똑같은 실수를 반복할 수 있다는 것이 바로 이 때문이다. 그래서 이런 부담을 이길 수 있는 방법 다섯 가지를 소개한다.

첫째, 퍼팅의 기본을 철저히 지킨다. 퍼팅을 할 때 절대 급하게 서둘러서는 퍼터를 성공시킬 수 없다. 심리적으로 불안하거나 지나치게 긴장이 되면 서두르게 되므로 유의해야 한다.

둘째, 공을 보는 시선이 퍼터 페이스가 공을 임팩트하는 순간을 지켜보아야 한다. 즉 집중력이 있어야 한다. 아무래도 자신이 없다든가 뭔가 불안해지면 자연히 집중력이 떨어지면서 공이 눈에 잘 들어오지 않게 된다. 이런 현상은 특히 비기너 골퍼들에게서 잘 일어난다. 그래서 짧은 거리의 퍼팅이라 할지라도 기브를 주지 않는 것이다.

셋째, 퍼팅을 할 때 손목의 사용을 절대 피해야 한다. 즉, 몸의 축을 중심으로 양 어깨가 흔들리면서 양팔의 오각형 모양이 시계추와 같이 흔들리는 느낌으로 원피스 스윙을 해야 한다.

넷째, 스윙시 몸의 흔들림이나 머리의 움직임이 있어서는 절대 안 된다. 즉, 몸의 스웨이 현상이나 스윙 도중 머리를 드는 일이 있어서는 안 된다. 몸은 스윙의 축이 되므로 축이 움직이지 않도록 잘해 주어야 할 것이다.

다섯째, 폴로스루를 잘해야 한다. 공을 '탁' 치고 동작을 멈추어는 안 된다는 것이다. 시계의 추가 흔들거리는 것과 같이 백스윙의 스윙 크기만큼 반드시 폴로스루를 해야 한다. 그렇게 하면 퍼팅을 성공시킬 수가 있다. 그렇게 해서 성공한 후 다음 홀로 넘어가면 자연히 다음 홀 역시 호조를 보이게 될 것이다.

숏게임(Short Game)
퍼팅(Putting)

숏퍼팅(Short Putting)

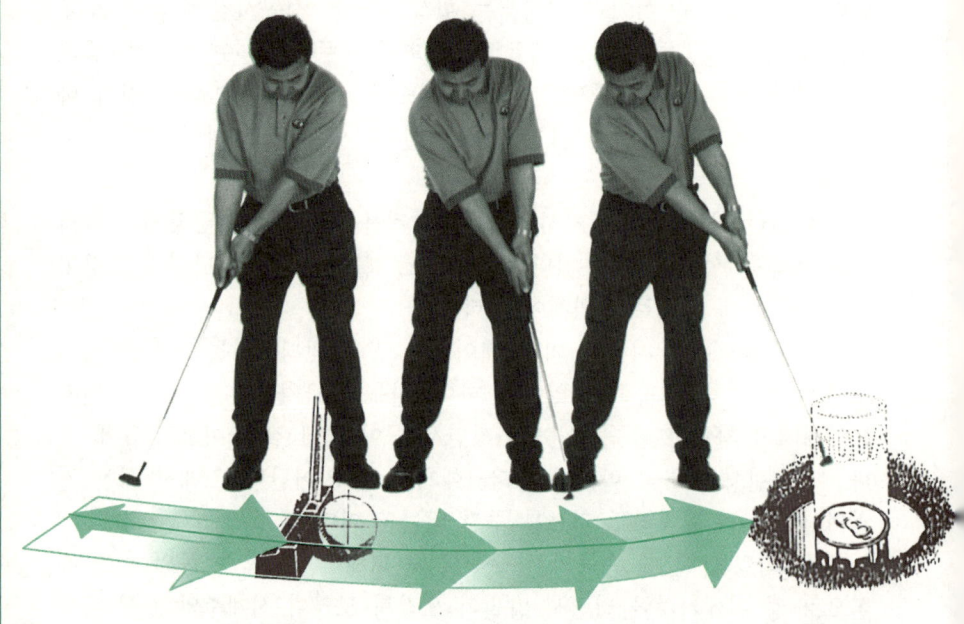

　퍼터는 홀컵으로부터 멀리 있는 사람의 공부터 차례로 치는 것이 관례이다. 그러나 아주 짧은 거리이거나 본인의 의사와 다른 사람들의 동의가 있으면 가까이 있는 공이라 할지라도 먼저 '홀 아웃'을 할 수가 있다.
　그렇다면 먼저 홀 아웃을 하는 것이 유리한가 아니면 끝까지 기다렸다가 자기의 차례가 되어서 홀 아웃을 하는 것이 유리한가 하는 것이다. 그것은 어느 것이 좋다고 단정할 수는 없다. 하지만 놓여진 상황에 따라서 먼저 홀 아웃을 할 것인가 아니면 나중에 할 것인가를 판단할 줄 알아야 한다. 가령 짧은 퍼터라 할지라도 어려운 자리에 놓여 있는 경우에는 반드시 기다렸다가 보다 더 신중하게 퍼터를 해서 성공시켜야 한다. 그러조영복의

나 롱 퍼터를 했는데, 홀컵 가까이 놓여져 있을 때는 먼저 홀 아웃을 하는 것이 유리하다. 그것은 먼저 홀 아웃을 해놓고 나면 그 다음 치는 사람들에게는 심적으로 상당한 부담을 주게 된다. 그래서 짧은 거리의 퍼터라 할지라도 그것을 놓치는 경우가 종종 있게 된다. 그때마다 지혜롭게 잘 판단하여 처리하는 것도 '두뇌 골프'의 일부가 아닐까?

　퍼팅에서는 롱 퍼터도 어렵지만 숏퍼터도 이에 못지않게 어렵고 힘들다. 특히 숏퍼팅은 꼭 넣어야 한다는 것 때문에 심리적 압박감이 크다. 그래서 자연히 몸이 얼어붙듯이 굳고 팔의 움직임이 경직되고 불안한 가운데서 퍼팅에 임하게 되는 것이다. 그리하여 가끔 너무 소심하게 퍼팅에 임하여 그만 엉뚱한 방향으로 굴러가게 하거나 짧은 경우가 더러 있다. 그렇다면 어떻게 하는 것이 위의 문제점을 해결할 수 있을까? 그것은 자신감이다. 자신감을 가지고 공이 홀컵을 지나가도록 과감하게 임해야 한다. 다시 말하자면 현재의 홀컵의 위치보다 20~30㎝ 이상 지나가게 퍼터를 해야 한다. 홀컵은 지나갔는데 공이 홀컵에 들어가지 않았다면 이는 어쩔 수 없는 일이겠지만 라인도 좋고 공의 구름도 좋았는데 공이 홀컵 앞에 멈추어 버렸다면 이는 낭패가 아닐 수 없다. 숏퍼팅은 우선 집중력을 최대한으로 높이고 자신감을 갖고 과감하게 칠 때 반드시 성공할 수가 있다. 소심하게 퍼팅에 임하게 되면 성공시킬 수가 없다.

숏게임(Short Game)
퍼팅(Putting)

미들 퍼팅(Middle Putting)

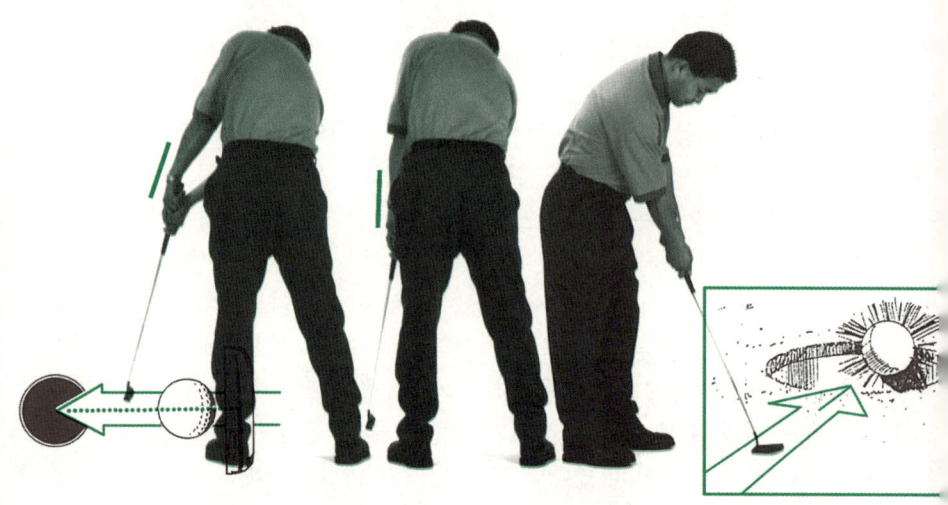

퍼팅을 보다 더 잘하기 위한 연습 요령은 여러 가지가 있다. 그중에서 한 가지를 소개한다면, 홀컵의 크기를 실제의 홀컵 크기보다 작게 만들어서 그것을 꾸준히 연습하면 실전에서는 그보다 더 큰 홀에다 공을 넣는 것이 되므로 상당히 자신감도 생기고 유리하다.

숏퍼팅에서 받는 심적인 부담도 상당히 크지만 그에 못지않게 미들 퍼팅에서도 그보다 더 부담이 크다고 볼 수 있다. 그것은 퍼팅 거리 자체가 한 번에 들어갈 수도 있고, 그렇지 않을 수도 있는 애매한 거리이기 때문이다. 대부분의 일반 골퍼들은 미들 퍼팅 때 홀컵을 많이 지나가거나 아주 짧은 경우가 생기게 된다. 그렇다면 그렇게 되는 원인이 어디에 있다고 보는가?

그 원인은 이 정도는 꼭 넣을 수 있다는 자신감이 지나쳐서 그만 욕심

조영복의

으로 변해 공을 강하게 치거나 조심스럽게 공을 굴리려고 하다가 그만 실수를 해서 홀컵에 가까이 미치지 못하는 거리에서 공이 멈추게 되는 것이다. 또 다른 이유는 퍼팅을 하기 위해 너무 신중히 하려는 마음에 그린에서 너무 긴 시간을 소비하다가 어드레스 자세를 취하고 또 몇 번이고 홀컵을 쳐다보다가 다시 자세를 바꾸거나 그립을 고쳐 잡는 등 불필요한 동작들을 하다가 그만 실제 퍼팅을 할 때는 너무 강하게 혹은 너무 소심하게 스윙을 하는 경우가 있다.

그래서 미들 퍼팅을 할 때에는 이것을 꼭 넣어야겠다는 지나친 욕심을 부려 너무 지나치게 신중을 기하거나 시간을 오래 끌면서 어드레스 자세를 취하지 말고 그린을 잘 읽은 후에 곧바로 어드레스 자세로 들어가서 홀컵을 향해 부드럽고 자신감 있게 퍼팅에 임하는 것이 좋다. 지나치게 시간을 오래 끌게 되면 자연히 몸이 굳어지면서 몸에 불필요한 힘이 들어가 그립이 단단히 굳어져서 거리와 방향을 컨트롤하기가 힘들게 된다. 그러므로 편안한 마음을 가지고, 들어가면 좋고 안 들어가도 그만이라는 생각으로 너무 오래 시간을 끌지 말고 자신있게 퍼팅에 임해야 한다. 그리고 반드시 공이 홀컵을 20cm~30cm 이상 지나가도록 공을 쳐야 한다. "Never up Never in."이라는 말이 있다. 짧게 쳐서는 아무 것도 안 된다는 뜻이다.

숏게임(Short Game)
퍼팅(Putting)

롱 퍼팅(Long Putting)

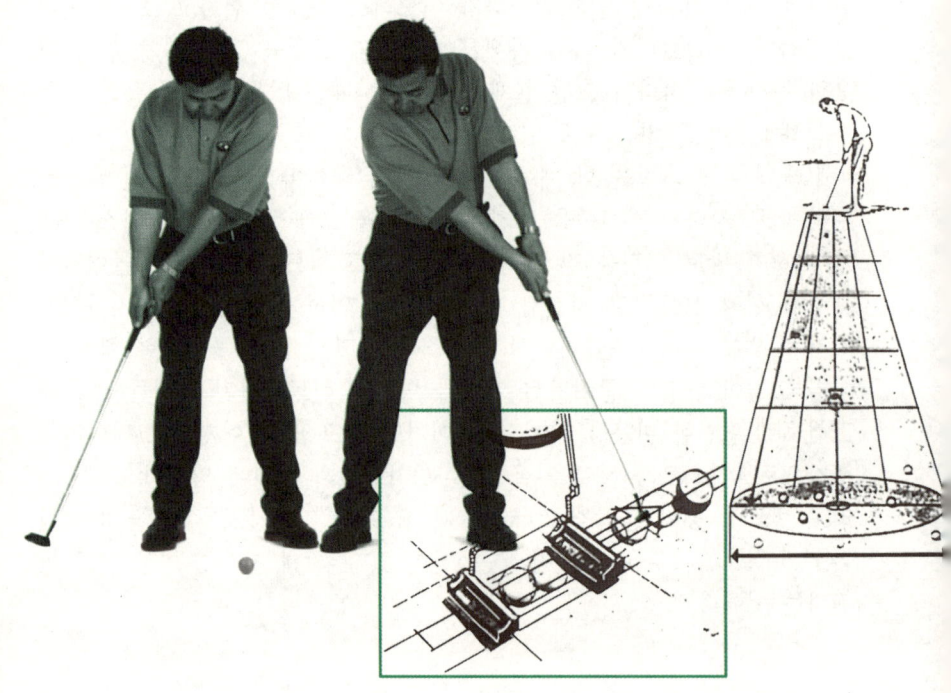

　골프를 한 라운드하는 데 소요되는 시간은 약 4시간 정도이다. 이 4시간 동안 라운드를 하면서 샷을 하거나 퍼팅을 하기 위해 쓰이는 시간은 불과 10분이 채 안 된다. 그 나머지 3시간 50분은 걸어다니거나 생각을 하거나 라이를 읽거나 또 벼르고 말하는 등에 쓰이게 된다. 이렇게 많은 시간을 샷에 대해 생각을 하다 보면 다음 샷을 위해 본능적으로 오는 감이 있다. 즉, 샷을 하기 위해 클럽을 선택할 때 먼저 선택한 클럽이 있다. 그러나 조금 이상해서 다른 클럽으로 바꾸어서 샷을 하는 경우가 있는데, 이런 때는 거의 첫번째의 감으로 선택한 클럽이 맞는 경우가 대부분이다.

조영복의

　퍼팅에서도 마찬가지다. 이것저것 생각하다가 첫번째로 오는 감이 있다. 그때는 "이거다." 하고 그 직감으로 퍼팅에 임하는 것이 좋다. "아니야, 이렇게 해 봐야지." 하는 두 번째 감은 실패를 가져다 주는 경우가 많다. 판단은 본인의 능력 안에서 해야 하지만……

　미들 퍼팅이나 숏퍼팅은 공을 꼭 넣겠다는 생각으로 퍼팅에 임해야 한다. 그러나 롱 퍼팅은 꼭 넣는다는 생각보다는 홀컵 가까이에 공을 갖다 놓는다는 생각으로 임하는 것이 좋다. 즉, 홀컵을 중심으로 반경 60cm이내에 공이 머물도록 해야 한다는 뜻이다. 그래서 가능한 스리 퍼팅의 위험에서 피해야 한다. 롱 퍼팅을 제대로 하기 위해서는 먼저 어드레스 자세 때 상체를 약간 일으켜 세우는 것이 좋다. 그렇게 하면 시야가 넓어져서 전체 퍼팅 라인을 파악하기가 한결 더 쉬워진다. 그리고 스트로크를 할 때는 반드시 오버 스핀(Over Spin)을 걸어 주는 것이 좋다.

　오버 스핀은 백스핀에 비해 공이 굴러갈 방향으로 회전하면서 굴러가기 때문에 컨트롤이 용이해진다. 또 롱 퍼팅을 할 때는 공을 멀리 보내야 하므로 자칫하면 서둘러서 급하게 스윙을 해 버리는 경우가 있으므로 유의해야 한다. 그래서 충분히 그린의 경사를 읽은 후 어드레스 자세를 취한 다음 양발의 스윙 축을 단단히 해 주면서 여유 있게 스윙을 해야 한다. 거리감을 확실히 해 주기 위해서는 백스윙의 크기로 거리를 조절하는 것이 좋다. 가령 손목을 사용하여 임팩트 순간 힘의 조절로 거리 조절을 하려고 해서는 안 된다는 뜻이다. 양손을 균형 있게 사용하면서 왼손은 방향 조절을, 오른손은 거리 조절을 하는 느낌으로 원피스 스윙을 하는 것이 최상이다. 꼭 넣겠다는 생각보다는 홀컵 가까이에 붙인다는 생각으로 해야 한다는 것을 명심해야 한다.

숏게임(Short Game)
퍼팅(Putting)

내리막 퍼팅

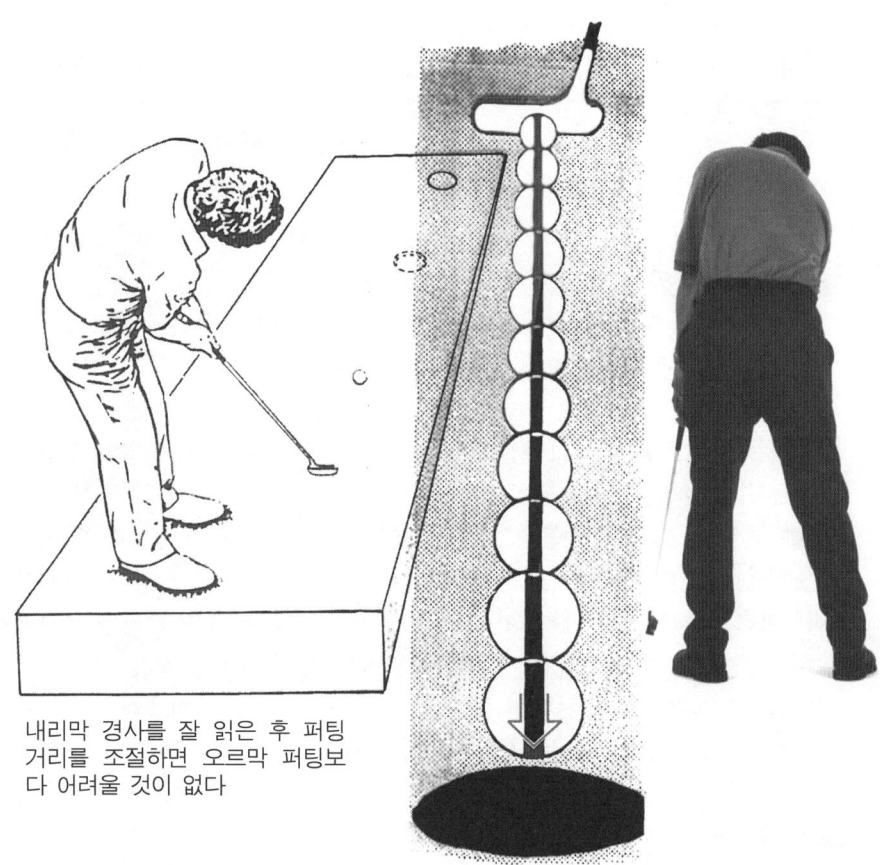

내리막 경사를 잘 읽은 후 퍼팅 거리를 조절하면 오르막 퍼팅보다 어려울 것이 없다

 같은 날 골프를 시작한 두 사람의 골퍼가 있었다. 한 사람은 연습장에서 연습하는 양과 필드에 나가는 횟수, 퍼팅 그린에서 연습하는 양을 거의 똑같은 퍼센트로 연습을 했다. 그러나 다른 한 사람은 주로 연습장과 필드에서 많은 시간을 보냈다. 그런데 몇 년 후 퍼팅 연습을 꾸준히 해

조영복의 실전골프

주었던 사람은 스코어가 항상 일정하게 나오거나 조금씩 향상되어 가고 있었으나, 연습공만 치고 필드만 다녔던 한 사람은 샷은 어느 정도 향상되어 있었는데 스코어 면에서는 그 동료 골퍼를 당할 수가 없었다. 위에서 말하는 바는 퍼팅이 골프 전체의 게임에서 차지하는 비중이 크다는 것을 말하는 것이다.

그래서 샷은 보여 주는 쇼(Show)이고 퍼팅은 스코어, 곧 돈(Money)이라는 것이다. 내리막 퍼팅의 경우에는 평지에서보다 공이 더 잘 굴러가기 때문에 여간 어려운 일이 아니다. 그래서 어떤 이는 내리막 퍼팅을 피하기 위해 어프로치 샷을 할 때 아예 홀컵의 아래쪽에 공을 떨어뜨린다. 이는 내리막 퍼팅에는 자신이 없어서 아예 포기하듯이 하면서 게임에 임하는 결과가 되는 것이다. 그러므로 내리막 퍼팅에 자신이 없거나 두려운 사람은 다음과 같은 요령을 시도해 보기 바란다.

우선 공을 어느 정도의 힘으로 퍼팅을 하면 그 다음 공이 관성에 의해 어느 정도 굴러갈 것인가를 미리 계산해 보는 것이다. 예를 들면, 퍼팅의 거리가 약 5yards(4.5m) 정도의 내리막 퍼팅이라고 가정했을 때 대충 3yards(2.7m) 정도의 퍼팅 거리라 생각하고 퍼팅을 하게 되면 나머지 2yards(1.8m)는 관성에 의해 굴러서 들어가게 하는 것을 말한다. 이는 내리막 경사도에 따라서 상당히 다르게 나타날 수 있다. 또 다른 한 가지는 공의 터치를 소프트하게 해 주어야 한다. 너무 겁을 먹고 소심하게 터치를 해서는 안 된다. 비록 약하게 친다 하더라도 클럽 페이스의 스위트 스폿에 공을 꼭 맞혀야 한다. 그러면서 자신있게 소프트 터치해 주어야 한다. 그렇게 하면 공이 클럽 페이스의 스위트 스폿에 콘택트하고 소프트하면서 공이 단단히 맞게 되므로 홀컵의 앞면으로 굴러떨어지게 되는 것이다. 일반적으로 오르막 퍼팅이 내리막 퍼팅보다 쉽다고 생각한다. 그래서인지 성공률도 높다. 그러나 오르막 퍼팅이 내리막 퍼팅보다 쉬운 것은 하나도 없다. 단지 쉽게 느껴지기 때문에 자신감이 생겨서 성공률도 높은 것이다. 그러므로 내리막 퍼팅 역시 쉽다고 생각하면서 자신감을 가지고 퍼팅에 임하게 되면 꼭 성공할 수 있으리라 생각한다.

숏게임(Short Game)
퍼팅(Putting)

오르막 퍼팅

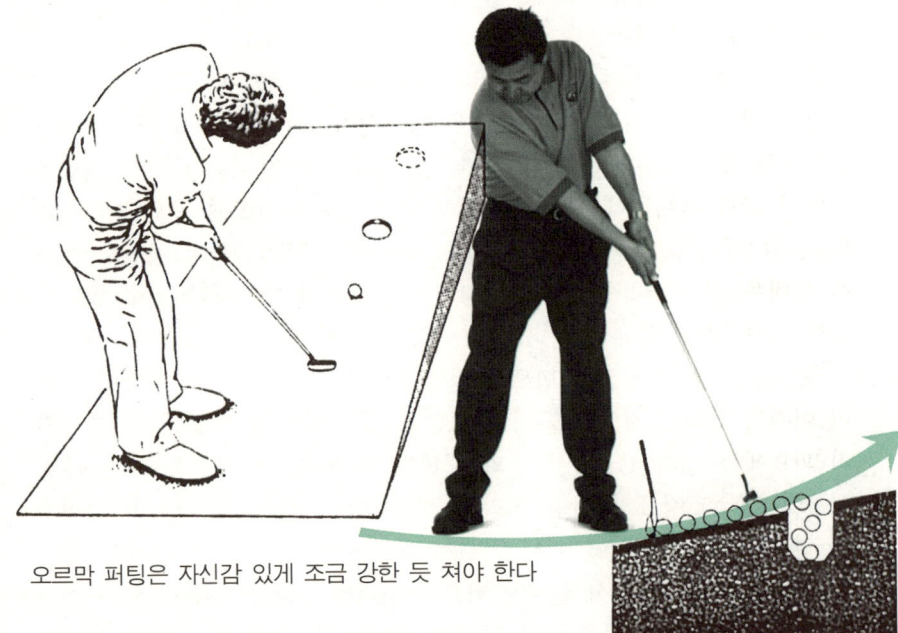

오르막 퍼팅은 자신감 있게 조금 강한 듯 쳐야 한다

 골프는 체력이나 기를 겨루는 것이 아니라 개개인의 정신을 겨루는 멘탈(Mental) 스포츠라고 말할 수 있다. 가령 아침에 골프장에 나오면서 말다툼을 했다던가, 그 전날 어떤 일이 생겨 걱정거리가 있거나 불쾌한 일이 있었다면 골프의 컨디션은 좋을 수가 없다. 그래서 학식이나 인격에 상관없이 자신을 잘 컨트롤할 줄 아는 두뇌 골퍼가 되어야 하는 것이다.
 오르막 퍼팅은 내리막 퍼팅에 비해 상당히 쉽다고 생각하고 있다. 그래서 자신감이 더 생기게 되므로 성공률 또한 상당히 높으며 최소한 스

 조영복의 실전골프

리 퍼터는 면할 수 있다고 생각하기도 한다. 그러나 일반 골퍼들의 경우 오르막 퍼팅에서는 대부분 짧게 치는 경우가 대다수이다. 퍼팅은 거리와 방향이 꼭 맞아 주어야 홀컵 속으로 공이 들어가게 되어 있다.

 거리가 맞고 방향이 안 맞아도 안 되며, 방향이 맞아도 거리가 짧거나 길면 아무런 소용이 없게 된다. 이처럼 퍼팅의 어려움은 두 가지 요소가 함께 충족되어야만 한다는 것이다. 또 여기에다 그린의 굴곡은 더욱더 퍼팅을 어렵게 하는 변수로 등장하기도 한다. 그래서 평지의 퍼팅보다 경사도의 퍼팅이 더 어렵다고 하는 것이다.

 일반 골퍼들의 경우 오르막 퍼팅에서는 크게 두 가지 현상이 생기게 된다. 그것은 짧게 치거나 거리는 맞는데 약간 혹성으로 공을 굴리는 경우가 대부분이다. 그런 현상의 이유는 혹시 퍼팅 거리가 짧게 나오지 않을까 하는 염려 때문에 공을 강하게 치려 하면서 손목을 사용하기 때문이다. 즉, 공을 강하게 쳐야 한다는 생각 때문에 손목을 사용하면서 오른쪽 어깨가 앞쪽으로 덮어지듯이 스윙을 하기 때문이다. 그러므로 오르막의 퍼팅에서는 첫째, 집중력을 높여 주고 현재의 홀컵보다 1피트(30cm) 뒤쪽에 가상의 홀컵이 하나 더 있다고 생각하면서 가상의 홀컵에 공을 홀 인 시킨다는 생각으로 퍼팅에 임해야 하며, 그린 지면의 경사도를 따라 클럽헤드가 움직이도록 하면서 왼손은 방향, 오른손은 거리를 일치시켜 준다는 생각으로 원피스 스윙을 하면서 자신있게 홀컵의 뒤쪽 가상의 홀컵까지 공이 굴러갈 수 있도록 약간 강하게 쳐 주는 것이다.

숏게임(Short Game)
퍼팅(Putting)

빠른 그린과 느린 그린에서의 퍼팅

가운데 그림 ❶은 스트로크 퍼팅 방식이고, 오른쪽 그림 ❷는 탭 퍼팅 방식이다

　골프에서는 내면 조건이 있는데, 그것을 '3Cs' 또는 '3Cons'라고 하기도 한다.
　C는 정신 집중(Concentration), 자신감(Confidence), 그리고 자기 억제(Control)라는 3요소이다. 위의 3C는 나이스 샷을 하거나 퍼팅을 성공시키는 데 없어서는 안 될 심리적인 필수조건인 것이다. 그래서 위와 같은 것을 볼 때 골프가 멘탈 스포츠인 것을 확실히 알 수가 있다.

조영복의 실전골프

　골프장을 우리는 크게 퍼블릭 골프장과 프라이빗 골프장의 두 가지로 분류한다. 퍼블릭 골프장은 아무나 가서 코스를 사용할 수가 있지만 프라이빗 골프장은 회원에 한해서만 그 코스를 사용할 수 있는 곳이다. 두 가지 골프장을 비교해서 볼 때 가장 두드러지게 나타나는 것이 그린의 빠르기라고 말할 수 있다. 물론 경관이나 관리 면에서 차이야 있겠지만 말이다. 퍼블릭 골프장은 대체적으로 그린이 느린 편이다. 그것은 많은 사람들이 라운드를 해야 하기 때문에 그린의 잔디 길이를 짧게 자를 수가 없기 때문이다. 그리고 그린이 빠르면 아무래도 일반 골퍼들이 컨트롤하기가 힘들기 때문에 스리 퍼팅이 많이 나오면 상당히 많은 시간이 소요되게 되므로 경기를 보다 더 빠르게 진행하기 위해서 경사도 역시 평지와 같이 만들고 그린도 약간 느리게 만들게 된다. 그러나 프라이빗 골프장은 회원들만 사용하게 되므로 관리하는 일이나 라운드의 횟수가 그다지 많지 않기 때문에 최상의 컨디션을 유지하게 되어 그린이 상당히 빠르게 된다.
　위의 두 가지의 그린에서는 각각 다른 스윙 스타일로 퍼팅에 임하는 것이 좋다. 퍼팅의 스타일에는 두 가지가 있다고 설명한 적이 있다. 그것은 스트로크형과 탭형이다. 그래서 그린이 느린 경우에서는 공을 약간씩 때려 주는 탭형이 유리하다고 말할 수 있다. 또 반대로 그린이 빠른 경우에는 공을 굴리는 스트로크형을 사용하는 것이 더 유리하다. 그래서 프로 골퍼들의 경우 빠른 그린에서 시합을 하게 되므로 대부분 스트로크형을 하는 것이다.
　우리 나라 골프장의 그린은 대부분 느린 편이다. 그러나 미국의 골프장의 그린은 우리 나라의 골프장에 비해 빠른 편이다. 그래서 우리 나라에서 골프를 즐기던 사람이 미국에 가면 퍼팅에서 상당히 난조를 보이곤 한다. 그러므로 느린 그린의 경우에는 공을 때리듯이 퍼팅하는 탭형을 사용하는 것이 좋으며, 빠른 그린의 경우에는 공을 곱게 굴려 주는 스트로크형을 사용하는 것이 유리하다. 그러나 빠른 그린이든 느린 그린이든 자신감을 가지고 공을 단단히 쳐 주어야 한다.

숏게임(Short Game)
퍼팅(Putting)

그린 상태(잔디의 결)

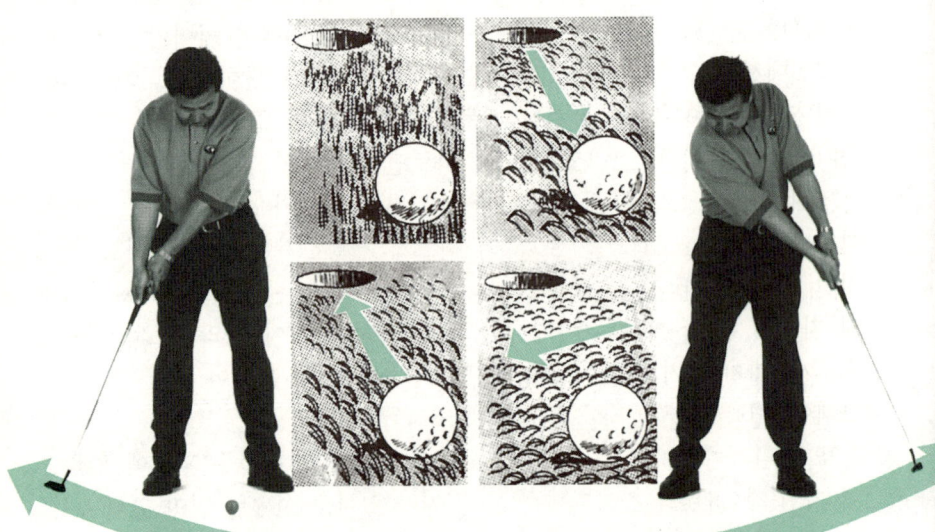

똑같은 그린에서도 잔디결에 따라 빠르기가 다르게 나타난다

　드라이브의 250yards(230m) 거리의 샷이나 아주 짧은 거리의 퍼팅이나 똑같은 1타의 자격을 갖는다. 그러나 드라이브는 한 라운드를 하는 데 14번을 사용하지만 퍼팅은 한 라운드 하는 데 36번을 하는 것을 기본으로 한다. 이렇게 본다면 드라이브 연습량의 두 배 이상을 퍼팅 연습을 하는 데 할애해야 할 것이다. 정상적인 시즌에 골프장에서는 그린을 매일 깎아 준다. 그린 잔디의 길이는 대개 4mm~4.5mm가 평균적인 것으로 알려져 있다. 그러나 프로들의 시합 때는 아침에 두 번씩 깎아 준다. 즉 더블 커트(Double Cut)라고 하는데, 잔디의 길이를 남자 프로들의

경우 3.5mm로 깎아 주고 여자 프로들의 경우에는 3.7mm~3.8mm가 일반적이라고 말할 수 있다. 잔디를 짧게 자르면 그만큼 그린이 빠르게 되고, 퍼팅도 그만큼 어렵게 되는 것이다. 그래서 그린의 빠르기가 일반적인 골프장보다는 프로 골퍼들의 시합 때 2배에 가깝게 빠르다고 말할 수 있다.

그린에서 잔디의 결은 인위적인 것으로 인해 잔디가 어느 한 방향으로 누워 있는 것이 있으며, 또 자연적인 조건과 상황에 의해 결이 생기는 경우가 있다.

인위적인 것으로는 잔디를 깎을 때 매번 같은 방향으로 깎아 준다거나 아니면 사람들의 발자국에 의해 잔디의 결이 생기는 경우가 있다. 자연적인 것으로 바닷가 코스에서의 잔디는 햇빛과 물을 찾아 바다 쪽을 향해 자라게 된다. 그래서 바다 쪽으로 퍼팅을 할 때 공이 생각보다 빨리 구르게 되며, 반대로 공을 칠 때는 잘 구르지 않게 되는데, 이것을 오션 브레이크(Ocen Break)라고 한다.

또 잔디가 낮은 산 쪽에서부터 높은 산 쪽으로 향해 자라고 있기 때문에 자연 잔디의 결은 높은 쪽으로 자라게 된다. 그래서 높은 곳으로 퍼팅을 할 때 상당히 빠르게 굴러가게 되는데, 그것을 마운틴 브레이크(Mountain Break)라고 한다. 그러나 일반적으로 잔디의 결은 물이 흐르는 쪽으로 자란다는 것을 알아두면 좋다.

숏게임(Short Game)
퍼팅(Putting)

스트레이트, 훅, 슬라이스 퍼팅 스트로크하는 요령

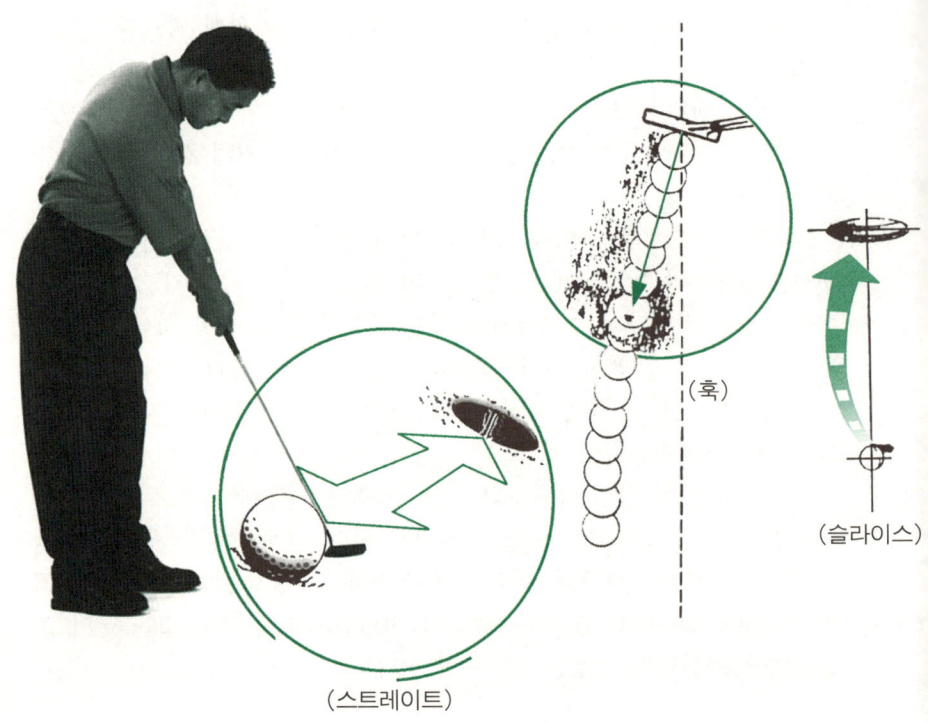

(훅)

(슬라이스)

(스트레이트)

　골프를 시작하면 기량이 늘기도 전에 이것저것 아는 척하고 싶어진다. 그래서 골프는 웬 스승이 그렇게도 많은지……. 가령 10명이 한 곳에서 연습을 한다 치면 9명은 스승이 된다. 왜 한 명은 어디 갔느냐고? 그것은 자신이다.
　골프는 매우 합리적이며 이론적인 운동이다. 그래서 알 수 없는 이론까지도 기회만 있으면 그것을 누구에게나 말하고 싶어지는 것이 골퍼들의 본능이다. 또 그것이 골퍼들에게 다른 즐거움이 될 수가 있는 것이다. 그러나 때론 잘못된 이론을 강요하는 현상까지 생기며, 기껏 알 만하면

조영복의

오히려 혼돈이 생겨서 엉망이 되는 경우가 있다. 골프는 자기 스타일에 남을 끼워맞추려고 해서는 안 된다. 그것이 요령이건 기술이건, 골프를 제대로 배우려거든 직업 골퍼에게서 올바르게 배워서 소화하는 것이 최상이라고 할 수 있다.

  골프 샷에는 스트레이트 구질, 훅성, 그리고 슬라이스성 구질이 있다. 퍼팅에서도 마찬가지로 스트레이트 구질, 훅성 구질, 슬라이스성 구질로 공을 보내야 할 때가 있다. 훅 라인(Hook Line)이나 슬라이스 라인(Slice Line)의 경우 퍼팅을 할 때 그 경사면의 반대쪽으로 퍼팅을 해 주어야 한다. 가령 훅으로 공을 보내기 위해서는 홀컵보다 약간 오른쪽을 향해 퍼팅을 해 주어야 하며, 반대로 슬라이스로 공을 보내기 위해서는 약간 왼쪽을 향해 퍼팅을 해 주어야 한다는 것이다. 위의 방법을 제대로 해 주기 위해서는 공의 위치를 변동하는 간단한 방법이 있다. 즉, 공을 똑바로 보내기 위한 스트레이트 퍼팅을 할 때 공의 위치를 기준으로, 훅 라인으로 퍼팅을 해야 할 때는 공을 약간 오른쪽으로 오도록 해 주고, 또 슬라이스 라인으로 퍼팅을 해야 할 때는 공의 위치를 약간 왼쪽으로 오도록 놓아 주는 것이다.

  훅 라인의 경우에서 퍼팅을 할 때에는 공의 위치를 확실하게 잡아 주어서 공이 홀컵의 위쪽을 통과하도록 확실하게 쳐 주어야 한다. 그렇지 못하고 공이 홀컵의 아래쪽을 통과하게 되면 다음 퍼팅 역시 어렵게 된다. 그래서 공의 위치를 약간 오른쪽에 놓고 퍼팅을 해 주어야 한다. 또 반대로 슬라이스 라인에서는 공을 강하게 퍼팅하기보다 부드럽고 연하게 쳐 주는 것이 좋다. 그래서 퍼터 페이스가 겨냥한 라인을 따라 나아가면서 공을 부드럽게 구르도록 해 주기 위해서 공을 약간 왼쪽으로 옮겨 주는 것이다. 그리고 위의 경우, 훅 라인의 경우에는 공을 때리듯이 약간 강하게 쳐 주는 것이 좋으며, 슬라이스 라인에서는 공을 비로 쓰는 것처럼 부드럽게 쳐 주는 것이 좋은 방법이 될 수 있다.

숏게임(Short Game)
퍼팅(Putting)

내리막 훅과 오르막 훅 퍼팅

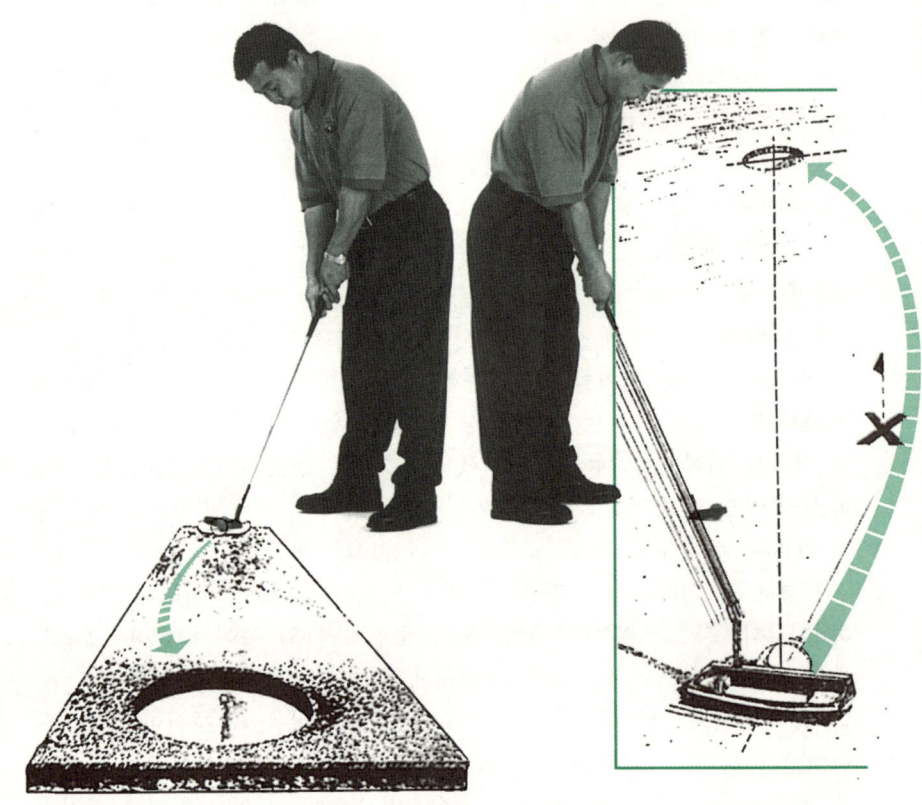

 골프를 오랫동안 즐겨 왔고, 늘 즐기고 있으면서도 골프에 대한 질문에는 답변하기 쉽지 않은 부분이 있다. 가령 "퍼팅 그린에 있는 홀컵의 지름이 얼마입니까?", 또 "왜 하필이면 그 사이즈입니까?", "크거나 적든지 해도 되는데……." 과연 이러한 질문에 몇 명이나 상세히 대답할 수 있을까 하는 생각이 든다. 심지어 골프를 가르치고 있다는 티칭 프로들도 이런 질문에는 쉽게 대답할 수가 없다. 필자가 쓰고 있는 이 글에서는

골프에 관한 많은 자료들을 소개하고 있으므로 주의 깊게 읽어 둘 필요가 있다.

홀컵의 지름은 10.8cm라고 골프 룰(정의 19항)에 규정되어 있다. 이 숫자는 우연히 생긴 숫자이다. 그것은 옛날 스코틀랜드에서 플레이하던 골퍼가 짧게 잘린 배수관을 발견했다. 당시 홀컵 속은 현재와 같이 되어 있지 않아서 쉽게 갈라지거나 헐어서 오래 사용할 수가 없었다. 그런데 마침 버려진 배수관을 홀컵에다 끼워 보았더니 딱 들어맞았다고 한다. 이것이 계기가 되어, 1891년 드디어 10.8cm의 배수관 직경이 현재의 홀컵의 크기로 정해지게 된 것이다.

퍼팅은 오르막이든 내리막이든 평지에서의 퍼팅보다는 어렵다. 그것은 일반 골퍼들에게는 더 어렵게 느껴지기도 한다. 내리막 퍼팅이면서 약간 훅성인 퍼팅을 해야 할 경우가 종종 있다. 이럴 때에는 몸이 본능적으로 위축되기가 쉽다. 따라서 생각했던 대로 공이 잘 굴러 들어가지도 않기 때문에 성공률이 떨어지면서 자신감마저 상실하기 쉽다. 그래서 위와 같은 심리 상태를 미리 생각해 두고 그린의 빠르기와 경사를 잘 읽어야 한다. 그리고 그립을 보다 단단히 잡아 주는 것이 좋다. 그 다음 가상으로 잡아 놓은 목표에 대해 스퀘어 스탠스를 잡아 주고 퍼터 페이스 역시 스퀘어가 되게 세트업을 해 주어야 한다. 공의 앞쪽 20cm~30cm 정도 이내에 있는 가상의 목표를 향해 클럽헤드가 스퀘어로 치고 빠지도록 스윙을 해 주어야 한다. 컵을 향해 공을 똑바로 치는 것이 아니므로 처음 잡은 이미지를 중시하면서 공을 치는 데만 신경을 집중하도록 한다. 반대로 오르막이면서 훅성인 퍼팅 라인으로 공을 쳐야 할 때가 있다. 이때 역시 내리막 때의 요령과 거의 같다. 그러나 가상의 목표를 정하는 일에 있어서는 20cm~30cm 정도 이내가 아니라 홀컵에 가깝게 가상의 목표를 정하는 것이 좋다. 그리고 공을 약간 강하게 치는 듯해야 하며, 무엇보다도 자신감이 있어야 성공률이 높으므로 내리막이든 오르막이든 퍼팅 라인을 선명히 그려 주고, 그 라인을 보고 자신있게 스트로크해 주는 것이 좋다.

숏게임(Short Game)
퍼팅(Putting)

거리 조절

오른손으로 공을 들어 홀컵을 향해 던지는 기분으로 거리 조절을 시도하면 좋다

　권위와 전통을 자랑하는 메이저 토너먼트(Major Tournament) 골프 경기가 있다. 그것은 영국 오픈(British Open:1860년 시작), 미국 오픈(U.S. Open:1895년 시작), 미국 프로 선수권 대회(P.G.A. 챔피언십:1916년 시작) 그리고 매스터스(Masters:1934년 시작) 이렇게 4개 대회를 말한다. 위의 4개 대회는 모든 골퍼들이 동경하는 대회이며, 출전 자격을 얻는 것만으로도 영광스럽게 생각할 만큼 비중이 큰 대회이다.

위의 4개 대회에서 우승한 사람들만 4명 모아서 년말쯤에 시합을 가지는데, 그것을 그랜드 슬램(Grand Slam)이라 한다. 위의 4개 대회 최다 우승자는 잭 니클러스이다. 17회를 우승했다. 그러나 위의 4개 대회를 한 해에 모두 우승한 사람은 단 한 명도 없다.

  퍼팅을 제대로 하기 위해서는 첫째로 거리감을 익혀야 한다. 즉, 거리를 컨트롤할 수 있는 기술이 있어야 한다는 것이다. 우리는 어린 시절 구슬치기를 하면서 놀았던 적이 있다. 그때 구슬을 제대로 던지기 위해서는 상당한 정신 집중이 필요했다. 이것은 구슬을 던져야 했던 것과 공을 굴리는 것의 차이이긴 하지만, 감각을 잘 컨트롤하여 일정한 곳을 향해 공을 보내야 한다는 것은 똑같은 상황일 것이다. 퍼팅을 할 때 거리의 컨트롤은 대개 오른손으로 해야 한다고 몇 회에 걸쳐 설명한 바 있다. 이는 오른손이 아무래도 왼손보다는 사용이 더 자유롭고 더 감각적으로 사용할 수 있기 때문이다. 그래서 퍼팅을 하기 전에 먼저 손에 공을 하나 들고 그 공을 홀컵을 향해 던져 보는 연습을 해 보자. 그렇게 하면서 거리에 따라 손의 흔들림이 커지기도 하고 작아지기도 한다. 이것이 곧바로 컨트롤이 된다. 그래서 퍼팅을 할 때 거리 조절은 오른손에 있는 공을 홀컵을 향해 굴려 주는 느낌으로 스트로크를 하면 상당히 좋은 결과가 나타난다. 그렇지 않고 공을 때려서 그 힘의 조절로 퍼팅을 하게 되면 그때마다 짧거나 길거나 해서 컨트롤이 좋지 않게 된다. 그러므로 퍼팅에서 거리 조절은 오른손으로 구슬을 굴려 주듯이, 공을 홀을 향해 굴려 주듯이 스윙하는 것이 최상의 방법이다.

숏게임(Short Game)
퍼팅(Putting)

슬럼프시 체크 사항

❸ 천천히

기본 퍼팅 5가지 원칙을 하나하나 점검하다 보면 슬럼프는 저절로 극복된다

    봄이 시작되면서 조지아의 어거스타 내셔날 G.C에서 열리는 메이저 토너먼트 중의 하나인 매스터스(Masters)는 1934년 아마추어 골퍼로서 금자탑을 세운 바비 존스가 자기 고향인 조지아 주 어거스타에 골프장을 건설하여 세계적인 대회를 창설한 것이 그 시초가 되어 급속도로 성장하여 세계에서 가장 권위 있는 대회로 평가받고 있다. 1996년에는 닉 팔도

조영복의 실전골프

선수가 매스터스의 3번째 재킷을 입었다. 이 대회는 다른 대회와 달리 트로피를 수여하는 것이 아니라 그 클럽의 멤버들이 입는 그린색 재킷을 입는 것이 특색이다. 또 이 대회는 출전자 전원이 초청 케이스로 그 수를 제한하는 것을 특색으로 하고 있다. 가장 특색 있는 것은 이 대회의 역대 우승자는 나이와 상관없이 모두 초청되어 시합에 참가하게 된다. 그래서 나이가 아주 많은 샘 스니드 같은 원로 선수가 시합하는 모습을 중계를 통해 볼 수 있게 되는 것이다. 1996년 이 대회에서 그렉 노먼 선수가 마지막 라운드에서 참패를 당했던 것을 모두 기억하리라 생각한다.

위와 같이 골프는 잘 되어 가다가도 갑자기 이상하게 안 될 때가 있다. 그것이 계속해서 오랜 시간이 지나게 될 때 슬럼프에 빠졌다고 한다. 퍼팅감이 떨어지면서 퍼팅이 잘 안 들어가고 홀컵만 지나다니는 때가 있다. 이것이 계속되면 자신감마저 잃어버리게 되며, 나중에는 두렵기까지 할 때도 있다. 이럴 때에는 먼저 긴장을 풀어 주어야 한다. 그리고 몇 가지 체크해 보는 것이 좋다.

첫째, 퍼팅을 할 때 상체를 너무 숙이지 않았나 하는 것을 체크해 보라. 둘째, 양 어깨 부근에 너무 지나치게 힘이 들어가 있지 않나 체크해 보라. 셋째, 스윙을 할 때 너무 급하게 서둘러서 하지 않나를 체크해 보라. 리듬감 있게 퍼팅을 해야 하는데, 그렇지 못한 경우가 더러 있기 때문이다. 넷째, 스트로크를 할 때 손목을 사용하지 않나 하는 것을 체크해 보라. 손목보다는 양 어깨와 양 팔꿈치 그리고 그립 사이를 잇는 오각형 모양을 그대로 유지해 주면서 원피스 스윙을 해야 하기 때문이다. 마지막으로 퍼팅을 하는 순간 머리를 들지 않나 체크를 해 보라. 우선 위의 다섯 가지 방법을 체크해서 다시 기본으로 돌아가는 느낌으로 하나하나 확인해 보는 것이 좋다. 마지막으로 가장 중요한 것은 자신감을 갖는 일이다. 어려운 퍼팅 라인이라 할지라도 쉽게 편안하게 생각하고 과감하고 자신감 있게 퍼팅에 임하면서 위에서 말한 다섯 가지 기본도 철저히 지켜 주면 그까짓 슬럼프는 쉽게 이길 수 있으리라 생각한다.

Part 2

어프로치 샷(Approach Shot)

샷의 종류와 선택 ▶ 100
그립 ▶ 102
어드레스 자세 ▶ 104
어드레스시 체중의 분배 ▶ 106
어드레스시 공의 위치 ▶ 108
스윙 크기 ▶ 110
스윙시의 리듬 ▶ 112
거리 조절 ▶ 114
스윙(좌우 대칭) ▶ 116
피치 샷(Pitch Shot) ▶ 118
러닝 어프로치 샷(Runing Approach Shot) ▶ 120
올바른 스윙 요령 ▶ 122
손목 사용 ▶ 124
하체의 올바른 사용 ▶ 126
위치에 따른 클럽의 선택 ▶ 128
목적에 따른 클럽의 선택 ▶ 130
짧은 거리의 샷 ▶ 132
긴 거리의 샷 ▶ 134
벙커 넘기기 ▶ 136
피치 앤드 런 샷(Pitch and Run Shot) 1 ▶ 138
피치 앤드 런 샷(Pitch and Run Shot) 2 ▶ 140
미스 샷의 교정 ▶ 142

숏게임(Short Game)
어프로치 샷(Approach Shot)

샷의 종류와 선택

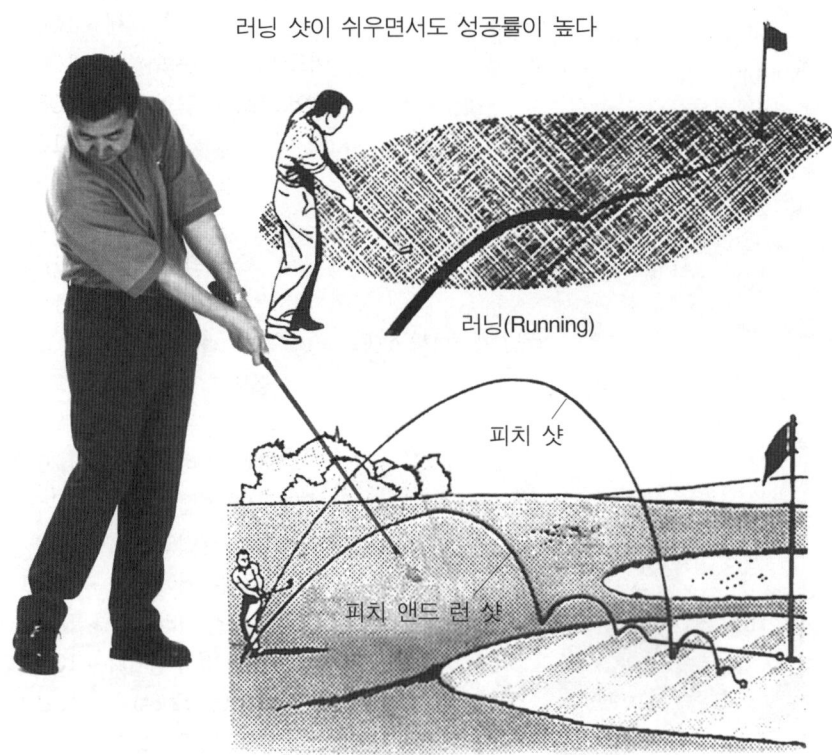

러닝 샷이 쉬우면서도 성공률이 높다

러닝(Running)

피치 샷

피치 앤드 런 샷

　골프의 구력이 오래된 사람과 오래되지 않은 사람 사이에 가장 두드러지게 실력 차이를 보이는 부분이 바로 숏게임이다.
　숏게임은 보통 100m 안쪽에서 하는 샷들을 통틀어서 말한다. 이를 다른 표현으로 어프로치 샷(Approach Shot)이라고 말하는데, 이는 공을 홀컵을 향해 접근시킨다는 뜻이 된다. 어프로치 샷은 크게 3가지 샷으로 구분하게 되는데, 피치 샷(Pitch Shot)과 피치 앤드 런(Pitch and Run)

그리고 러닝(Running)이다. 이 3가지 방법 중 어느 것이 가장 좋은 방법이라고 말할 수는 없다. 이는 주어진 상황에 따라서 모두 좋은 방법이 될 수 있기 때문이다.

　그러나 위의 세 가지 방법에서 제일 먼저 고려해야 할 방법은 러닝(Running)이다. 이는 공을 굴려서 컵에 들어가게 하거나 핀 옆에 붙이는 방법이 다른 방법보다 훨씬 쉽고 성공할 확률이 높기 때문이다. 이 방법은 일단 라이가 좋고, 그린 주위에 장애물이 없을 경우에는 가장 좋은 방법이 될 수 있지만 벙커가 놓여 있거나 러프(Rough)를 넘어서 그린에 공을 올려놓아야 할 경우에는 피치 앤드 런이나 피치 샷을 할 수밖에 없게 된다. 러닝의 경우에는 공이 날아가는 거리보다 굴러가는 거리가 더 많기 때문에 반드시 그린 주위에 장애물이 없어야 한다. 그러나 피치 샷이나 피치 앤드 런 샷을 할 때는 그린 주위의 장애물을 피해야 하므로 반드시 공의 첫 바운드가 그린이 되어야 한다. 그것은 공이 그린 위에 떨어져야 그만큼 안정성이 있기 때문인 것이다.

　위의 3가지 샷을 더 세분해서 구분해 보면 러닝 샷은 핀치 샷과 커트 핀치 샷, 피치 앤드 런 샷은 로프트 샷과 커트 로프트 샷, 마지막으로 피치 샷은 하이 피치 샷과 커트 피치 샷 등으로 더 세분화하여 달리할 수가 있다. 공이 놓인 위치와 상황에 따라서 쉽게 사용할 수 있는 샷을 택하는 지혜가 필요하다.

숏게임(Short Game)
어프로치 샷(Approach Shot)

그립

느슨한 그립은 오버 스윙을 유발해 거리를 컨트롤할 수 없다.
약간 짧고 강하게 잡아 주는 것이 좋은 어프로치 샷의 기본이다

 골프를 배우다 보면 우리의 생각과 달리 다른 현상이 나타나는 경우가 많다. 가령 스윙을 할 때는 몸에 힘을 빼야 한다. 만약 몸에 힘을 빼고 스윙을 하게 되면 몸이 흐느적거려서 스윙을 제대로 할 수 없을 것 같은 생각이 든다. 그러나 공을 던진다고 생각해 보자. 공을 멀리 던지기 위해서

 조영복의 실전골프

는 공을 꽉 쥐어서는 안 된다. 약간 느슨하게 쥐고 공을 뿌리치듯이 던져야 공이 멀리 날아가게 된다. 그래서 공을 멀리 쳐서 날려보내고자 할 때는 몸의 힘을 빼고 그립을 소프트하게 잡아 주는 것을 기본으로 한다.

그러나 숏게임에서는 약간 다르다. 비거리를 늘리기 위해서는 어디까지나 그립을 부드럽게 잡아 주어야 하지만, 어프로치 샷의 경우는 비거리보다는 정확한 방향과 컨트롤이 중요하므로 그립을 약간 강하게 잡아 주는 것이 좋다. 만약 어프로치 샷을 할 때 그립을 헐겁게 잡고 공을 치면 공의 뒤땅을 때리거나 토핑을 할 확률이 높다. 그것은 손목 부분에 힘이 빠져 있음으로써 공을 퍼 올리듯 손목을 사용하게 되므로 미스 샷으로 연결된다. 그래서 이런 폐단을 막기 위해서 그립을 약간 단단히 잡아 주어야 한다는 것이다.

또 다른 이유는 어프로치 샷은 2m 거리의 샷이면 2m에 해당하는 풀 샷을 해 주어야 하며, 5m이면 5m에 해당하는 풀 샷을 해 주어야 한다. 그러므로 그립을 단단하게 잡아 주지 않으면 그 이상의 풀 샷이 나오기 때문에 엉뚱한 샷을 하게 되거나 그린을 넘는 아주 강한 샷을 하게 되어 컨트롤을 할 수 없게 된다.

그립을 잡아 주는 요령은 보통 때의 샷을 하기 위한 그립 상태와 똑같으며, 약간 짧게 내려잡으면서 약간 강하게 잡아 주는 것이 좋은 어프로치 샷을 하기 위한 자세가 된다.

숏게임(Short Game)
어프로치 샷(Approach Shot)

어드레스 자세

오픈 스탠스, 왼발에 체중을 싣고, 공은 왼발 뒤꿈치 라인에 놓는다

　일반 골퍼들은 연습량의 대부분을 공을 멀리 날려보내는 데 사용하고 있다. 공을 멀리 날려보내는 것도 어렵고 중요하지만 그에 못지않게 어프로치 샷 역시 어렵고 중요하다. 그래서 연습량의 전체를 100이라고 하면 드라이브 샷 25%, 숏아이언·미들 아이언 50%, 그리고 어프로치 샷 25% 정도의 비율로 연습을 하는 것이 가장 좋은 연습 방법이다.

모든 스윙은 기본 동작이 있다. 그 기본 동작이란 어프로치 샷을 하기 위해서는 어드레스 자세 때 오픈 스탠스(Open Stance)를 잡고 동시에 몸 전체로 오픈되도록 자세를 잡아 주는 것을 말한다. 그런 이유는 우선 시야가 넓어져서 핀을 겨냥하기가 쉬울 뿐만 아니라, 백스윙을 적게 하면서도 단단하게 할 수 있다는 이점이 있다. 이를 올바르게 해 주기 위해서는 우선 공과 목표선에 대해 클럽헤드를 직각으로 놓아 주고 스퀘어 스탠스를 45° 방향으로 왼쪽으로 돌아서면서 오픈 스탠스를 취해야 한다. 그리고 남은 거리에 따라서 그립을 약간 짧게 잡아 주면서 약간 강하게 잡아 주는 것이 좋다. 체중의 분배는 왼발에 60%, 오른발에 40% 정도 실어 주고, 앞뒤 체중의 중심은 발의 중앙에 실어 주는 것이 좋다. 이때 스탠스는 목표선에 대해 오픈 스탠스가 되지만 상체의 어깨가 잇는 선은 목표선에 대해 일치되도록 자세를 잡아 주어야 한다. 그리고 공의 위치는 왼발 뒤꿈치 일치선상에 오도록 놓아 주어야 하며, 양손의 위치는 몸의 중심보다 약간 왼쪽에 오도록 해 주는 것이 가장 이상적이다. 이러한 손의 위치는 몸의 체중이 왼발에 더 많이 실려 있기 때문에 몸이 자연스럽게 왼쪽으로 쏠리듯 기울어져서 자연스럽게 생기는 현상에 불과한 것이다.

이렇게 어드레스 자세를 취했을 때 목표선과 스탠스의 일치선과 공이 놓이는 선을 연결하게 되면 A자 모양을 하게 되어, A자형 어드레스 자세라고도 한다.

숏게임(Short Game)
어프로치 샷(Approach Shot)

어드레스시 체중의 분배

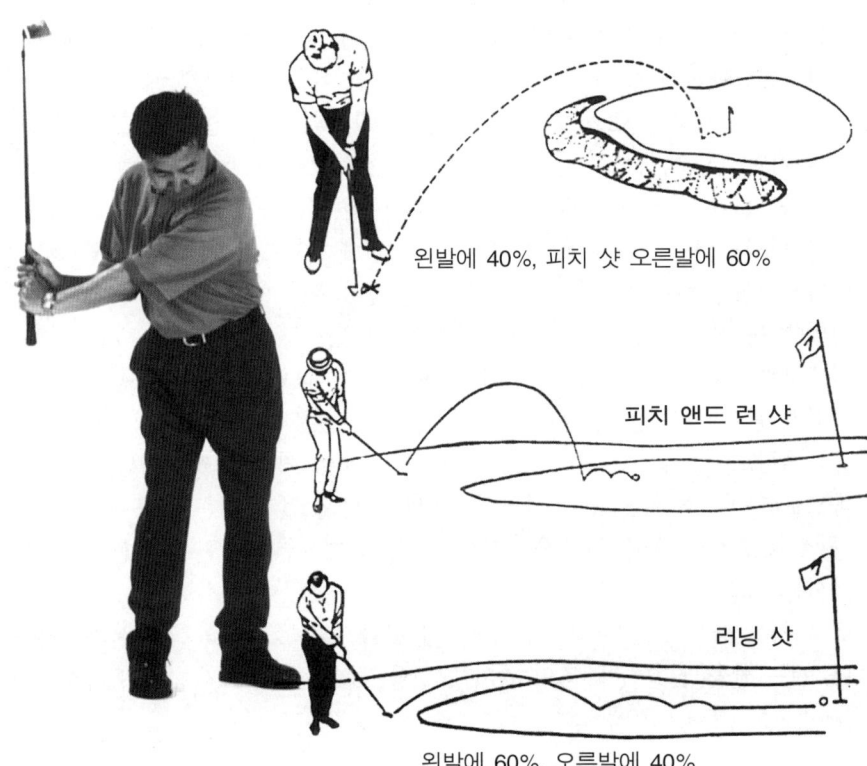

왼발에 40%, 피치 샷 오른발에 60%

피치 앤드 런 샷

러닝 샷

왼발에 60%, 오른발에 40%

어프로치 샷의 종류는 크게 3가지가 있다고 설명한 적이 있다.
 공을 높이 띄워서 핀 옆에 떨어뜨려 공이 멈추게 하는 어프로치 방식을 피치 샷이라고 하고, 적당하게 띄워서 적당한 거리만큼 굴리는 방식을 피치 앤드 런 방식이라고 한다. 그리고 아예 처음부터 굴리는 러닝 방식이 있다.
 그린 주위에서는 여건이 허락하는 한 공을 처음부터 굴리는 러닝 방식

을 택하는 것이 가장 안전하고 쉽게 핀에 접근시킬 수가 있다. 즉, 공을 높이 띄워 핀 옆에 붙도록 하거나 적당하게 띄워서 적당하게 굴리는 방식보다 처음부터 공을 굴려 핀 옆에 붙도록 하는 것이 제일 쉽고 안전하다는 뜻이다. 공을 띄우고자 할 때와 공을 굴리고자 할 때의 클럽의 선택이나 어드레스 자세 때 체중의 분배는 다르게 나타나게 된다.

공을 처음부터 굴리려 한다면 먼저 클럽의 선택에서 6번 아이언이나 7번 아이언 같이 각도가 적은 클럽을 선택해야 한다. 반대로 공을 높이 띄우고자 할 때는 클럽의 각도가 많은 피칭 웨지나 샌드 웨지를 사용하는 것이 바람직하다. 이때 어드레스 자세 때에도 체중의 분배는 다르게 나타나게 되는데, 공을 굴리고자 할 때의 어드레스 자세는 체중의 분배가 왼발에 60%, 오른발에 40% 정도의 안배가 필요하게 되며, 공을 높이 띄우고자 하는 샷을 할 때는 반대로 왼발에 40%, 오른발에 60% 정도의 안배가 필요하다. 공을 낮게 굴리고자 할 때의 어드레스 자세는 몸의 체중을 왼쪽으로 더 많이 실어 주게 되므로 그립 부분에 공의 위치보다 앞쪽으로 나아가 있게 되면서 클럽의 각도 역시 자연스럽게 실제의 각도보다 작은 모양을 하게 된다. 반대로 공을 높이 띄우고자 할 때의 어드레스 자세는 체중이 오른쪽에 더 많이 실려 있게 되므로 공의 위치가 자연 왼발에 가깝게 위치하게 되므로 클럽헤드와 그립의 위치는 같은 위치가 된다. 이는 체중의 분배 때문에 자연스럽게 이루어지는 현상이다.

숏게임(Short Game)
어프로치 샷(Approach Shot)

어드레스시 공의 위치

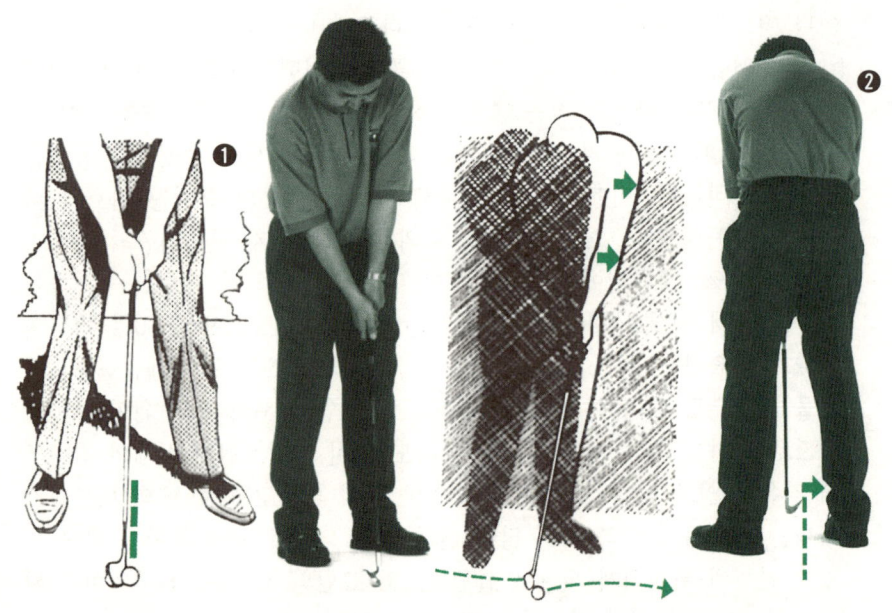

골프를 하면서 듣는 말 중에는 "머리를 공 뒤에 두고 쳐라(Head stay behind ball)."라는 말을 많이 듣는다고 할 수 있다. 그렇지 않으면 '머리를 움직이지 마라.' '머리를 들지 마라.' 등 머리에 관한 말을 가장 많이 듣는다고 생각한다.

"머리를 공 뒤에 두고 쳐라."라는 말은 일반적인 샷을 할 때에는 꼭 지켜야 하는 원칙이다. 그러나 숏게임을 할 때는 예외가 된다. 즉 그린 주위에서 어프로치 샷을 하기 위해 어드레스 자세를 취했을 때 머리가 공의 뒤쪽에 위치하는 것이 아니라 오히려 공보다 앞쪽에 위치하도록 해 주어야 한다. 이는 스탠스를 오픈 스탠스로 취했으며, 체중을 왼발에 더 많이 조영복의

실어 주었기 때문에 자연히 몸이 앞쪽으로 쏠리듯 해서 일어나는 현상이다. 또 어드레스 자세 때 공을 띄우느냐, 반대로 공을 굴리느냐에 따라서 공의 위치가 상당히 달라지게 된다.

먼저 공을 처음부터 낮게 굴리고자 할 때는 체중의 분배가 왼쪽이 오른쪽보다 더 많이 실리게 되므로 자연 공의 위치는 오른쪽에 위치하게 되는 것이다. 또 반대로 공을 높이 띄우고자 할 때는 체중의 분배가 오른쪽이 왼쪽보다 더 많이 실리게 되므로 자연 공의 위치는 왼발 뒤꿈치의 일치선상(❶)에 가깝게 위치하게 된다. 또 공을 적당히 띄워서 적당히 굴리고자 하는 피치 앤드 런 어프로치 샷을 할 때는 공의 위치가 몸의 중앙에(❷) 오도록 해 주면 된다. 공의 위치가 이렇게 달라지는 것은 공의 위치가 오른쪽으로 위치하면 할수록 클럽의 페이스가 닫힌 상태에서 공을 맞히게 되므로 자연 공이 낮게 굴러가게 되며, 반대로 공의 위치가 왼쪽으로 위치하면 자연히 클럽 페이스가 열린 상태에서 공을 맞히게 되므로 공이 높이 뜨는 것이다. 이런 현상은 일반적인 샷에서 하이 샷을 하고자 할 때는 공의 위치가 왼발 뒤꿈치 쪽에, 반대로 로 샷을 하고자 할 때는 오른발 쪽에 놓아 주는 것과 같다.

숏게임(Short Game)
어프로치 샷(Approach Shot)

스윙 크기

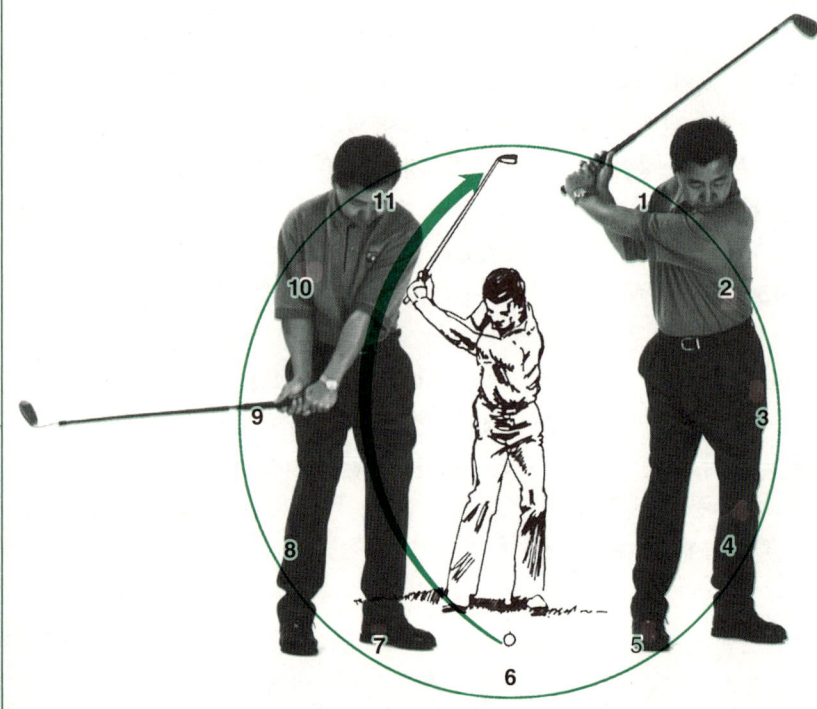

숏게임을 잘하고 못 하고 하는 것은 타고난 소질보다는 노력 여하에 달려 있다. 그래서 "숏게임은 구력이다."라고 말한다. 즉, 숏게임을 잘한다는 것은 그만큼의 구력이 있다는 것이다.

숏게임에서 거리감을 잡는 문제는 완전히 본인에게 달려 있다. 이것은 누가 옆에서 가르쳐 준다고 해서 해결될 문제가 아니다. 본인이 직접 공을 쳐 보면서 얼마나 크게 치면 얼마나 날아가고 하는 나름대로의 느낌을 가지고 있어야 한다. 그래서 숏게임은 실제 풀 스윙보다 어렵다고 말한다. 일반 골퍼들이 가장 싫어하는 거리의 샷은 50~100yards라고 한

조영복의

다. 왜냐하면 풀 스윙을 하면 그린을 지나가 버리게 되고, 살짝 치면 짧아지므로 적당히 컨트롤할 수 있는 실력의 샷을 해야 하기 때문이다. 숏게임에서는 항상 남은 거리가 다르게 나타나게 되므로 그때마다 샷을 컨트롤해야 하기 때문에 실제 풀 스윙보다 어렵다고 말하기도 한다.

숏게임에서 거리의 조절은 스윙의 크기로 해야 한다. 스윙을 크게 하면 자연 비거리가 나게 되며, 반대로 스윙을 적게 하면 비거리는 나지 않게 되는 것이다. 이것을 올바르게 해 주기 위한 방법 중의 하나는 백스윙 시 클럽헤드의 높이를 조절하는 것이다. 백스윙을 하면서 손을 어느 정도의 높이만큼 스윙을 해야겠다는 생각보다는 클럽헤드 높이를 어느 정도 해야겠다는 생각으로 백스윙을 해야 한다는 뜻이다. 즉, 10yards, 20yards, 30yards, 40yards는 각각 클럽헤드의 높이를 어느 정도 높게 스윙을 해야 할 것인가를 알아두는 것이 필요하다.

많은 연습을 통해 시험해 보면 자신의 비밀 무기로 사용할 수 있는 좋은 방법이 될 것이다.

숏게임(Short Game)
어프로치 샷(Approach Shot)

스윙시의 리듬

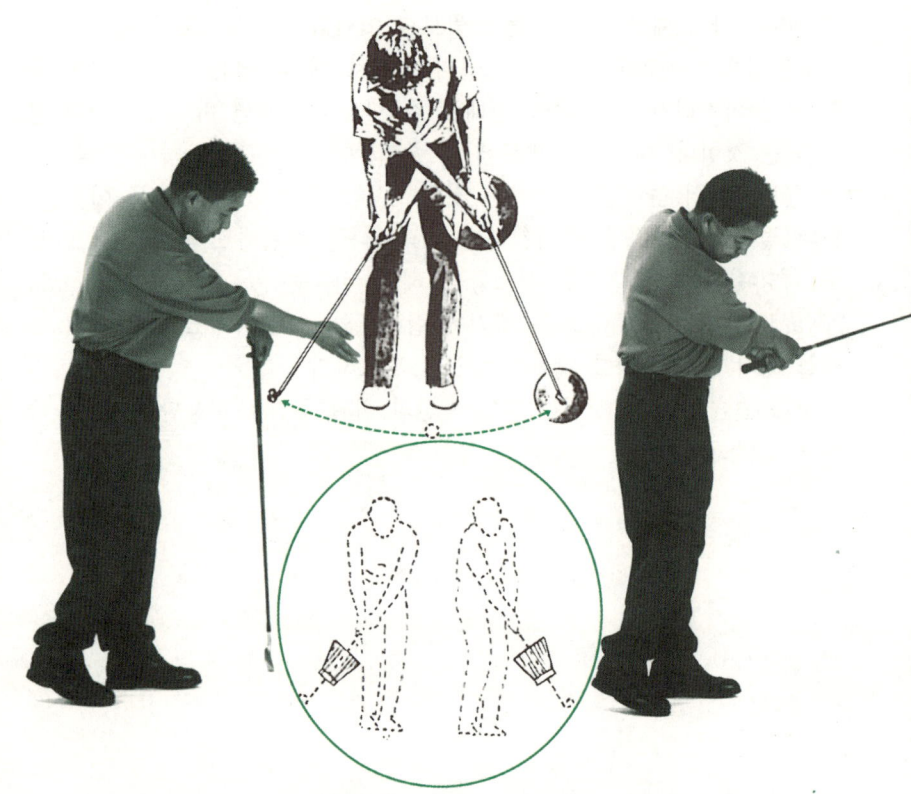

시계추 리듬을 연상하면서 스윙을 하면 리듬을 잃지 않는다

골프에서는 300yards를 날리는 드라이브 샷도 1타로 가산하며, 아주 짧은 거리의 퍼팅도 1타로 가산하게 된다. 그러나 같은 1타라 하더라도 짧은 거리를 실수해서 먹게 되는 1타는 정신적으로 충격이 크다. 짧은 어프로치 샷에서 흔히 일어나는 미스 샷은 거리가 짧거나 아니면 턱없이 길어서 그린을 넘어가 버리는 일이다. 거리가 짧게 되면 다시 한 번 더

조영복의

샷을 해야 하고, 그린을 넘어가 버리면 또 한 번 그린을 향해 샷을 해야 한다. 이런 현상을 '온탕', '냉탕'이라고 우스갯소리를 하기도 한다.

　어프로치 샷을 제대로 하기 위해서는 스윙시 좋은 리듬이 있어야 한다. 즉, 일정한 템포와 일정한 힘의 강도가 있어야 한다는 것이다. 숏게임은 풀 스윙과 달리 정확한 거리와 정확한 방향이 필요하다. 그러기 위해서는 거리를 조절하는 적절한 리듬이 있어야 하는 것이다. 가령 공을 어느 일정한 장소에 던진다고 가정해 보자. 너무 길어도 안 되고 너무 짧아도 안 되고 또 방향이 달라도 안 될 것이다. 딱 맞게 그곳을 맞히기 위해서 일정한 리듬과 컨트롤이 있어야 하는 것과 같이 숏게임은 공을 던지는 요령과 같다고 생각하면 된다. 그래서 시계추의 흔들림을 연상하거나 어린아이들이 타고 노는 그네의 흔들림을 연상하면서 샷을 하면 좋은 결과가 있게 된다.

　모든 스윙의 기본은 위의 시계추나 그네의 흔들림의 리듬을 기본으로 한다. 그리고 백스윙은 가볍게 올라가는 동작이 되어야 하며, 거리나 방향의 컨트롤은 반드시 다운스윙시 한다. 다시 한 번 더 공을 던진다고 생각해 보자. 공을 던지기 위해서 손을 뒤쪽으로 빼 줄 때는 아무런 생각 없이 동작을 하게 된다. 그러나 앞쪽으로 던질 때 힘 조절과 방향 조절을 해 줌으로써 원하는 장소에 공을 맞힐 수가 있게 되는 것과 같이 숏게임의 좋은 리듬은 공을 던지는 느낌으로 시계추의 흔들림과 같이 하면 아주 좋다.

숏게임(Short Game)
어프로치 샷(Approach Shot)

거리 조절

어프로치 샷은 감각 샷이다. 정확한 감을 익히기 위해선 많은 연습이 필요하다

풀 스윙과 숏게임은 약간 다른 느낌으로 샷을 해야 한다. 풀 스윙은 기술적인 면을 많이 생각을 하면서 스윙에 임해야 한다. 즉 어드레스 자세는 어떻게 취하고, 백스윙은 천천히 몸을 꼬아 주는 동작으로, 다운스윙은 체중 이동과 함께 하체의 리드로 시작한다는 등 여러 가지 기술적인 면을 생각하면서 스윙에 임하게 된다는 뜻이다. 그러나 숏게임은 다르다. 기술적인 면보다는 자신의 직감이나 감각으로 샷을 해야 한다. 그것은 숏

조영복의

게임은 일정한 거리를 보내는 컨트롤 샷을 해야 하기 때문에 풀 스윙과는 다른 느낌에서 샷을 해야 하는 것이다.

　일정한 거리에 공을 보내기 위해서는 클럽으로 공을 쳐서 어느 정도 보낸다는 생각보다는 공을 던진다는 생각으로 샷을 하는 것이 좋다. 공을 던진다는 것은 손을 얼마를 올려서 얼마만큼 앞쪽으로 던져야겠다는 것을 일일이 따지지 않고 직감에 따라 자연스럽게 공을 던지는 것이다. 이와 같이 숏게임에서도 공을 던지는 느낌으로 샷을 하게 되면 거리감을 쉽게 잡을 수 있다. 맨손으로 공을 던질 때는 누구나 거리에 맞게 목표를 향해 잘 던지지만 클럽을 손에 잡았다 하면 생각대로 잘 안 되는 것이다. 이것을 해결할 수 있는 것은 오직 연습뿐이다. 그렇다고 막연하게 연습만 할 것이 아니라 맨손으로 공을 던지는 직감으로 클럽을 잡고서 클럽페이스가 손이라는 생각으로 반복 연습을 해야 할 것이다.

　거리에 따라서 가까운 거리에서는 백스윙의 크기가 자연 작아지게 되며, 먼 거리에서는 백스윙의 크기가 커지는 것같이 팔의 흔들림의 크기로 거리 조절을 하는 것이 좋다. 또 맨손으로 공을 던질 경우 우리는 백스윙의 크기에는 그다지 신경을 쓰지 않고 오직 앞쪽으로의 스윙에 대해서 컨트롤하려고 하는 것같이 백스윙은 가볍고 천천히 생각 없이 하고, 앞쪽으로의 스윙시 모든 것을 컨트롤하는 손으로 공을 던지듯이 스윙을 하는 것이 좋다.

숏게임(Short Game)
어프로치 샷(Approach Shot)

스윙(좌우 대칭)

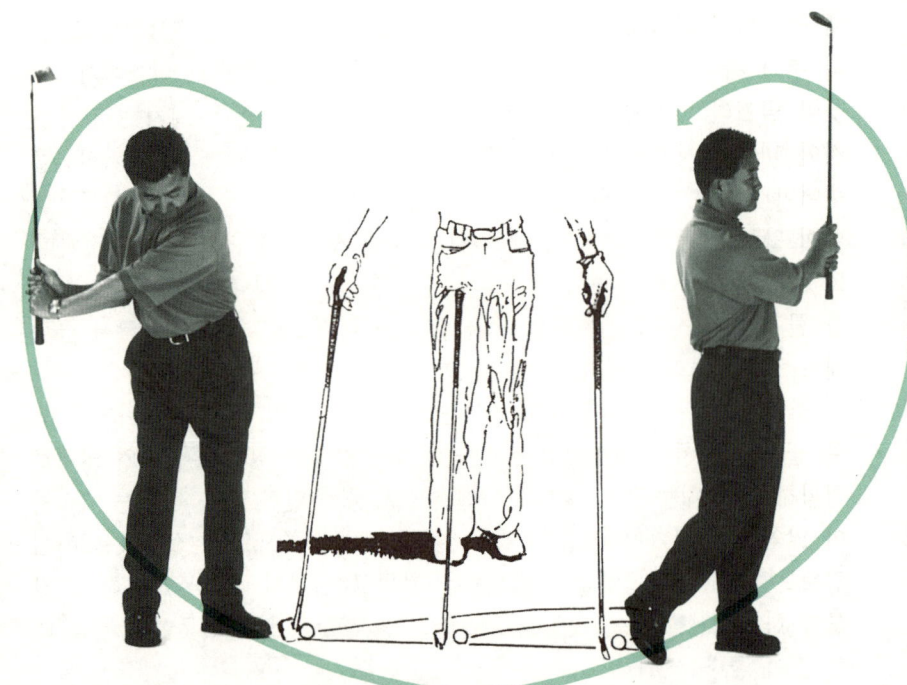

스윙 크기와 힘의 조절을 자유자재로 할 수 있을 때까지 연습하라

　일반 골퍼들은 풀 스윙시 미스 샷이 나오면 몸에 힘이 너무 들어가서 그렇다고 말한다. 또 숏게임에서 미스 샷이 나오면 손목에 힘이 너무 빠져서 그렇다고 말한다. 그것은 맞는 말이다. 풀 스윙시에는 몸에 힘이 빠진 상태에서 스윙을 해 주어야만 원심력이 강해지면서 힘을 낼 수가 있다. 그러나 숏게임에서는 약간 손목에 힘을 주고 방향을 컨트롤하는 것이 바람직하다. 그러나 일반 골퍼들의 대부분은 풀 스윙에서는 힘껏 스윙을 하려고 하고, 숏게임에서는 살짝 공을 퍼올리듯 스윙을 하려고 하기 때문

조영복의

에 많은 미스 샷을 하게 되는 것이다.

　골프의 스윙은 특별한 트러블 샷을 제외하고는 스윙의 크기가 좌우 대칭이 되어야 한다. 즉 백스윙할 때 스윙의 크기나 폴로스루와 피니시할 때 스윙의 크기가 그 모양이나 크기가 똑같아야 한다는 뜻이다. 즉 시계의 추가 좌측으로 흔들거리는 높이와 우측으로 흔들거리는 높이가 똑같듯이 골프의 스윙에서도 똑같이 좌측과 우측이 대칭이 되도록 해 주는 것이 바람직하다. 특히 숏게임에서는 더욱더 대칭이 확실히 되도록 해 주어야 한다.

　어프로치 샷에서의 거리 조절은 스윙의 크기로 조절할 수도 있으며, 또 스윙시 힘의 조절로도 거리 조절을 할 수가 있다. 그래서 어프로치 샷을 끈기 있게 연습을 하게 되면 먼저 연습을 통해 스윙의 크기를 자유자재로 잘 할 수 있게 된다. 그런 후에 스윙의 크기와 힘의 조절로써 임팩트를 조절하게 되므로 좋은 컨트롤 샷을 할 수가 있다. 어프로치 샷은 손으로 공을 홀컵에 던지는 동작과 똑같다고 생각하면 된다. 일정한 거리를 정확하게 던지고자 할 때에 손이 뒤쪽으로 가는 높이와 공을 던진 후 손이 앞쪽으로 가는 높이가 같듯이 백스윙시 클럽헤드가 움직이는 높이와 임팩트 후 폴로스루하는 클럽헤드의 움직이는 높이는 반드시 대칭이 되도록 하는 것이 가장 좋은 방법이다.

숏게임(Short Game)
어프로치 샷(Approach Shot)

피치 샷(Pitch Shot)

피치 샷은 자신있게 빠른 스윙을 할 때 성공한다

　어프로치 샷에는 공을 굴려서 홀컵에 붙이는 방법이 가장 성공률이 높다. 그러나 불행하게도 공의 앞쪽에 벙커가 입을 벌리고 있는 경우에는 공을 높이 띄우는 피치 샷을 해야만 한다. 피치 샷은 공이 높이 뜨면서 그린 위에 떨어져, 굴러가지 않고 그 자리에 멈추게 되므로 위와 같은 경우에 꼭 필요한 샷이다. 그러나 이런 피치 샷은 일반 골퍼에서 프로 골퍼에 이르기까지 가장 어려운 샷임에는 틀림이 없다. 피치 샷을 했을 때 생조영복의

기는 미스 샷은 크게 두 가지 형태로 나타나게 되는데, 하나는 샷이 짧게 되어 공이 제자리에서 떠올랐다가 그만 벙커에 빠지고 마는 경우, 두 번째는 공의 중간 부분을 맞혀서 그만 그린을 넘어가 버리는 홈런 샷을 할 때이다. 이러한 현상에서 첫번째 경우는 벙커만 살짝 넘겨 보려는 마음에 샷을 너무 소심하게 했기 때문에 생기는 현상이며, 두 번째의 경우는 샷은 자신있게 했는데, 그 요령이 잘못되어서 생기는 현상이 대부분이다.

　먼저 피치 샷을 하고자 할 때는 어드레스 자세에서 체중의 분배를 오른발에 60%, 왼발에 40% 정도 실어 주는 것이 좋다. 그리고 오픈 스탠스와 같이 클럽 페이스를 평소 때보다 약간 더 오픈되게 놓아 주어야 한다. 특별히 주의해야 할 것은 스윙을 할 때 손목을 사용하여 공을 퍼올려 주려고 해서는 안 된다. 어디까지나 클럽 페이스의 각도를 믿고 클럽헤드가 공 밑을 빠르게 지나가도록 자신있게 스윙 스루(Swing Through)해 주면 된다.

　다시 말하자면 올바르게 어드레스 자세를 취한 후 클럽 페이스의 각도를 믿고 자신있게 스윙을 하면 클럽 페이스의 각도가 거기에 맞게 공을 띄워 올려 준다는 것이다. 살짝 공만 치려고 해서는 실패만 하게 된다. 그러므로 자신감을 가지고 약간 빠른 스윙을 해야 한다.

숏게임(Short Game)
어프로치 샷(Approach Shot)

러닝 어프로치 샷(Runing Approach Shot)

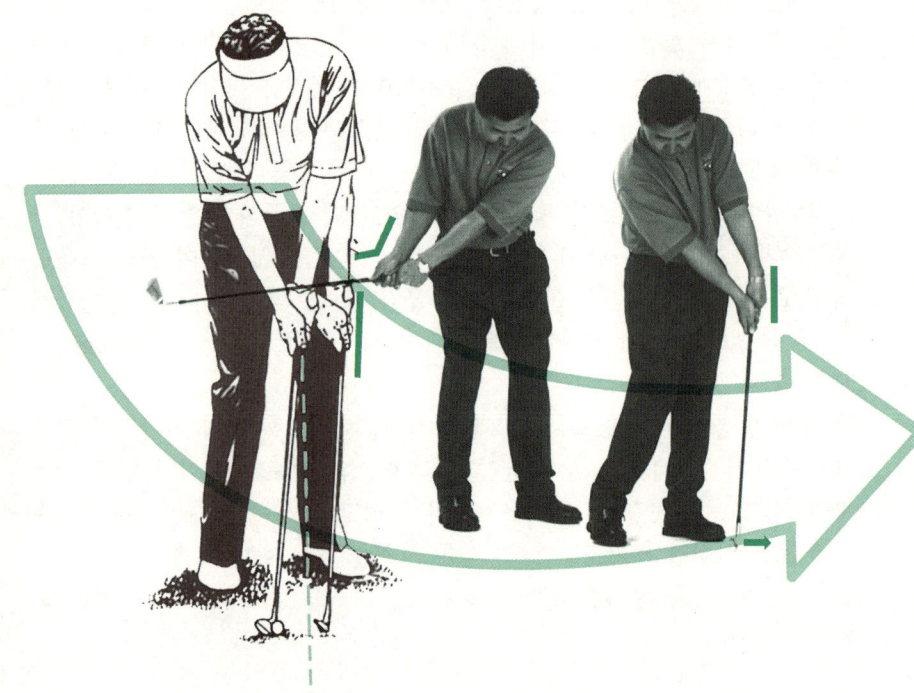

공은 오른발 끝 라인에 위치시키고 클럽헤드는 목표 라인을 따라
일직선으로 움직여 주면 된다

  공을 띄워야 할 경우의 어프로치 샷과 공을 굴려야 할 경우의 어프로치 샷은 상당히 다르다.
  먼저 클럽의 선택에서 공을 띄워야 할 경우에는(피치 샷) 피칭 웨지나 샌드 웨지같이 각도가 높은 클럽을 사용해야 한다. 그러나 공을 굴려야 할 경우에는(러닝 어프로치 샷) 7번 아이언이나 6번 또는 5번과 4번에 이르기까지 클럽의 각도가 낮은 클럽을 선택해야 한다.

어드레스 자세에서도 공을 띄워야 하는 경우에는 스탠스의 폭을 약간 넓게 서 주면서 체중을 오른발에 더 많이 실리게 해 주어야 한다. 그러나 공을 굴리고자 할 때의 어드레스 자세는 띄우고자 할 때와 반대가 되게 왼발에 체중을 더 많이 실어 주어야 하며, 스탠스의 폭도 약간 좁게 서 주는 것이 좋다. 공의 위치 역시 러닝 어프로치 샷에서는 오른쪽 발끝에 일치하도록 해 주는 것이 좋으며, 피치 샷에서는 왼발 뒤꿈치 일치선상에 놓아 주는 것이 좋다. 이와 같이 위의 2가지 샷은 여러 가지 면에서 다르게 해 주어야 한다.

러닝 어프로치 샷을 제대로 해 주기 위해서 어드레스 자세 때 공의 위치가 오른발 끝에 위치하게 되면서 체중이 왼발에 더 많이 실리게 되므로 자연 그립 부분이 공의 위치보다 앞쪽에 위치하게 된다. 이때 이루었던 그 모양을 스윙을 하는 과정에서 그대로 유지하도록 해 주고 백스윙 때와 폴로스루 때 클럽헤드가 목표 라인을 따라 일직선으로 움직이도록 해 주어야 한다. 스윙 도중 하체의 움직임은 최대한으로 억제시켜 주고 팔과 상체로만 스윙을 해 주어야 할 것이다. 거리 조절은 백스윙의 크기와 폴로스루의 크기로 조절하는 것이 좋다. 스윙을 하는 요령은 왼손보다는 오른손을 더 많이 이용하면서 공을 밀듯이 쳐 주는 것이 좋으며, 왼손은 방향을 제대로 잡아 주어야 하므로 손목이 꺾이는 일이 없도록 유의해야 한다.

숏게임(Short Game)
어프로치 샷(Approach Shot)

올바른 스윙 요령

왼발에 미리 무게를 실어 주고, 스윙을 하면 몸통 사용을 억제시킬 수 있다

　어프로치 샷은 비거리를 내기 위한 샷이 아니라 어느 일정한 장소에 공을 정확하게 보내기 위한 샷이므로, 몸의 사용을 억제하고 팔과 상체만을 이용해서 스윙을 하려고 해야 한다. 그래서 어프로치 샷의 어드레스 자세는 일반적인 샷을 할 때의 어드레스 자세와 다르게 취하게 되는 것이다. 즉, 어드레스 자세 때 스탠스를 오픈되게 서면서 체중을 왼발에 더 많이 실리게 하는 것이 어프로치 샷을 하기 위한 어드레스 자세이다. 스

조영복의

 댄스를 오픈시켜 주는 것과 체중을 미리 왼발에 실어 놓고 자세를 취하는 이유는 스윙 도중에 몸의 사용을 줄이기 위해 미리 임팩트의 자세를 만들어 놓고 그 자세에서 상체와 팔만 흔들거리듯 스윙을 해 주기 위해서인 것이다.
 그러나 위의 원칙을 고수하기 위해 너무 몸의 사용을 지나치게 억제하는 것도 좋은 방법은 아니다. 스윙을 할 때 몸을 사용하여서 스윙을 하는 것과 스윙을 하면서 몸이 쓰여지는 것은 다르다. 즉, 풀 스윙에서는 비거리를 내기 위해 몸을 먼저 사용하면서 스윙을 리드하게 된다. 그러나 숏 게임에서는 몸을 먼저 사용해서는 안 되지만 상체와 팔만으로 스윙을 할 때 몸이 자연스럽게 쓰여지는 것은 괜찮다. 그래서 위에서 말한 기본을 철저히 지켜 주면서 어프로치 샷을 할 때 몸이 자연스럽게 쓰여지는 것은 스윙을 보다 더 부드럽게 해 주는 것이 된다. 자연스럽게 움직이는 것이지 과장되거나 작위적인 동작이 되어서는 안 된다. 물이 흐르듯, 즉 춤을 추듯이 부드럽게 연동적으로 움직이는 것을 말한다. 만일 스윙이 끝났을 때 몸의 정면이 목표를 향하고 있고 이와 동시에 그립 엔드(Grip End), 즉 클럽의 손잡이 끝이 자신의 배꼽을 향하고 있으면 몸이 자연스럽게 쓰여지면서 스윙을 했다는 증거가 되는 것이다. 부드러우면서도 리드미컬하게 공을 쳐내 주는 스윙을 해야 할 것이다.

숏게임(Short Game)
어프로치 샷(Approach Shot)

손목 사용

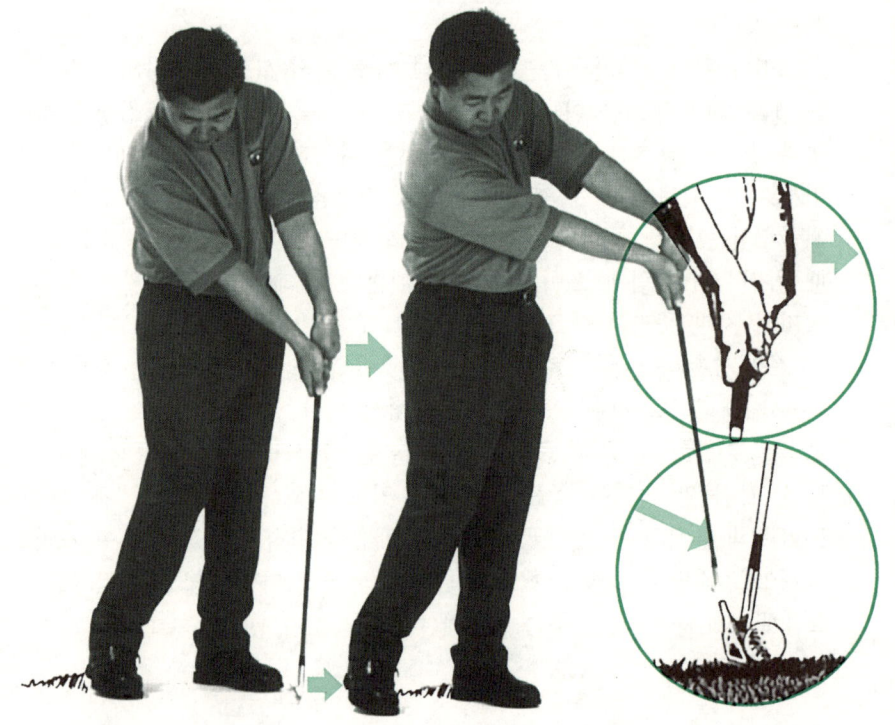

하반신의 움직임은 억제하고 몸의 축을 이용, 손목 사용을
막으며 원피스 스윙을 해야 한다

골프 용어에 에이프런(Apron)이라는 말이 있다. 이것은 그린 앞의 페어웨이를 말하는 것으로, 그린에다 마치 앞치마를 두른 것 같은 모양을 하고 있다고 해서 붙여진 말이다. 이곳은 페어웨이의 연장이므로 잔디가 짧게 잘 깎여져 있어서 이곳에 공이 떨어지면 일단은 안심을 해도 좋은 정도의 안전지역이라 할 수 있다. 그러나 이런 안전지역이라 하더라도 신경을 써서 샷에 임하지 않으면 실패로 끝나기 쉽다. 여기에서 실패로 끝

조영복의

난다는 말은 스윙 도중에 머리를 들거나 급하게 서둘러서 스윙을 하려고 하는 경향이 생기게 되므로 많은 신경을 써야 한다는 것을 말한다. 이는 핀이 바로 눈앞에 놓여 있고, 공이 놓여 있는 장소가 에이프런(Apron)일 경우 잘만 하면 공을 핀에 붙여 버디를 하거나 파를 할 수 있는 절호의 찬스이기 때문에 욕심이 앞설 수 있다. 또 이런 심리적 요인 외에도 손목을 지나치게 사용하여 공을 컨트롤하려고 했을 경우에도 문제가 발생하게 된다. 핀까지의 거리가 가깝고 또 스윙을 작게 해도 공이 닿을 만큼 가까운 곳에 있기 때문에 자연 손목을 사용하여 공을 떠올리려고 하기 때문이다. 그래서 좋은 찬스를 성공으로 연결시키기 위해서는 우선 기본을 철저히 지키면서 보다 더 신중하게 샷에 임해야 한다.

그래서 이런 경우의 올바른 스윙 동작은 손목 사용을 막아 주기 위해 몸 축을 사용한 스윙을 하는 것이 좋다. 가급적 하반신의 움직임을 억제하면서 상체의 회전과 함께 손목이 아닌 팔의 스윙으로 원피스 스윙을 이루는 것이 좋은 방법이 된다. 상체의 양 어깨와 잇는 선을 스윙의 축으로 삼고 몸은 스윙의 리듬에 맞춰서 그네가 흔들거리는 것과 같은 리듬으로 원피스 스윙을 유도하는 것을 말한다.

손으로 공을 들어서 핀 쪽으로 던지는 느낌으로 스윙을 부드럽고 자연스럽게 해 주는 것이 손목의 사용을 줄일 수 있는 방법이다.

숏게임(Short Game)
어프로치 샷(Approach Shot)

하체의 올바른 사용

좋은 어프로치 샷을 위해서는 하체 사용을 억제한 가운데
클럽 로프트를 믿고 자신있게 스윙하면 된다

 일반 골퍼들이 가장 어려워하는 클럽은 드라이브와 롱 아이언이다. 그 다음으로 숏게임 어프로치 샷을 가장 어렵다고 생각한다. 그것은 일반 골퍼들이 클럽헤드의 무게나 클럽의 로프트를 믿고 자신감 있게 스윙에 임해야 하는데 그렇지 못하고, 특히 롱 아이언의 경우 비거리를 내기 위해 자신의 힘, 즉 팔의 힘만으로 공을 치려고 하기 때문에 좋은 샷을 하지 못하는 것이다. 숏게임에서도 마찬가지로 특별히 피치 샷을 할 때 클럽의

로프트를 믿고 자신감 있게 샷에 임해야 하는데 왠지 불안한 생각에 그만 손목을 사용하여 공을 인위적으로 띄우려고 한다.

어프로치 샷에서는 두 가지를 특별히 강조하는 것이 있다. 첫째는 손목의 사용을 절대 금한다. 둘째는 하체, 즉 무릎의 사용을 절대 금하고 있다. 어프로치 샷을 할 때는 무릎이나 허리 등 하반신은 고정시켜 놓고 상체만으로 스윙한다는 것을 원칙으로 한다.

일반 골퍼들 중에는 어프로치 샷을 하면서 오른쪽 무릎을 일부러 안쪽으로 밀어넣어 주려고 하는 경우가 있는데, 그것은 좋은 방법이 아니다. 그 이유는 하반신이 움직이면서 샷을 하게 되면 어드레스 자세 때의 무릎의 높이가 스윙 도중에 무릎을 안쪽으로 밀어넣어 줌으로써 원래의 위치보다 낮아지게 되어 뒤땅을 치거나 공을 강하게 맞히게 되는데, 그것은 무릎의 사용으로 인해 체중 이동이 생겨 공을 세게 때리게 되는 것이다. 따라서 하체는 사용을 억제하고 상체만을 사용하여 샷에 임한다 생각하고 스윙을 하는데, 자연스러운 스윙을 하기 위해 스윙시 하체가 자연스럽게 쓰여지는 것은 오히려 스윙을 부드럽게 해 주게 되므로 아무런 문제가 되지 않는다.

어프로치 샷 때의 올바른 하체의 동작은 사용을 억제하면서 상체만으로 스윙을 유도하고 상체의 부드러운 회전을 위해 하체가 자연스럽게 쓰이도록 스윙을 하면 된다.

숏게임(Short Game)
어프로치 샷(Approach Shot)

위치에 따른 클럽의 선택

라이에 따라 클럽을 제대로 선택해야 보다 정확히 홀컵에 근접시킬 수 있다

공이 놓여 있는 라이와 그린의 상태에 따라 상황에 알맞은 샷을 유도해야 한다. 그래서 때로는 높이 띄우는 샷을 해야 할 때가 있으며, 또 낮게 굴려야 할 때도 있다. 그러나 공이 놓여 있는 위치에 따라 다른 샷을 해 주어야 하는데, 가령 풀의 길이가 긴 러프(Rough)에 공이 있을 경우에는 굴리는 샷보다는 아무래도 공을 띄우는 샷을 유도해야 할 것이다. 반대로 잔디의 길이가 아주 짧거나 맨땅에 공이 놓여 있을 경우에는 공을 띄우려고 하기보다는 낮게 굴리는 샷으로 유도하는 것이 바람직하다.

공을 띄우기 위해서는 클럽의 선택을 로프트가 많은 피칭 웨지나 샌드 웨지를 사용하는 것이 좋으나 공을 굴리고자 할 때는 클럽의 선택을 로프트가 적은 7번 아이언에서 4번 아이언까지를 선택하는 것이 좋다.

그 외에도 그린 주위에서는 공이 놓여 있는 위치에 따라서 여러 가지 다른 클럽을 사용해야 하는데, 가령 그린의 퍼스트 커트(First Cut) 위에 공이 놓여 있는 경우라면 아무래도 퍼터를 사용하여 홀컵에 접근하는 것이 좋으며, 그린 앞의 에이프런(Apron)에 공이 놓여 있을 경우에도 역시 굴리는 쪽이 유리하므로 퍼터나 4번~7번 사이의 아이언을 사용하여 공을 안전하게 굴려 주는 것이 좋다.

또 가끔 공이 한쪽은 러프에 접해 있고, 또 다른 한쪽은 짧게 깎인 잔디 위에 놓여 있을 경우 핀의 위치에 따라서 핀이 멀리 꽂혀 있으면 클럽의 선택을 7번 아이언이나 8번 아이언을 사용해야 하며, 핀이 가깝게 꽂혀 있을 경우 피칭 웨지나 샌드 웨지를 선택해 클럽의 리딩 웨지(Leading Wedge)를 사용하면서 공의 중간 부분을 퍼팅하듯이 스트로크해 주는 것이 좋은 방법이 된다.

이런 경우에는 클럽 페이스를 약간 오픈시켜 클럽의 리딩 웨지와 목표 라인이 직각이 되게끔 세트업을 해 주고, 퍼팅 스트로크로 공의 중간 부분을 맞혀 공이 낮게 굴러가도록 해 주는 것이 요령이다.

숏게임(Short Game)
어프로치 샷(Approach Shot)

목적에 따른 클럽의 선택

　일반 골퍼에서 프로 골퍼에 이르기까지 드라이브나 페어웨이 우드는 공이 낮게 떠서 날아가 볼이 많이 굴러가게 하는 샷을 좋아하고, 어프로치 샷은 공을 높이 띄워서 스핀을 걸어 핀 옆에 멈추게 하는 샷을 좋아하게 된다.
　위의 방법은 그 나름대로 좋을 수가 있겠지만 정반대의 샷을 구사해 보는 것이 오히려 더 좋은 결과를 낳을 수도 있다는 것을 알아두면 좋을 것이다. 즉, 드라이브나 페어웨이 우드 샷의 경우 가장 적당한 런은 케리(Carry:공이 떠서 날아간 거리)에 대해 10% 정도 굴러가서 멈추게 하

는 높이의 구질로 샷을 하는 것이 가장 좋은 탄도라고 말할 수 있다.
　그러나 숏게임은 다르다. 공이 놓여 있는 위치, 핀이 꽂혀 있는 위치, 그린의 경사도 등에 따라서 공이 날아가는 거리와 공이 굴러가는 거리의 차이가 상당히 다르게 나타날 수가 있다. 그러므로 그린 주위에서 어프로치 샷을 할 때에는 목적에 따라서 클럽의 선택을 달리해 주어야 한다. 가령 공을 낮게 굴려서 핀에 접근하고자 할 때는 아무래도 클럽의 로프트가 적은 5, 6, 7번 아이언을 선택하거나 때로는 퍼터를 택하는 것도 좋은 요령이 된다. 또 적당하게 띄워서 적당하게 굴러가게끔 하고자 할 때에는 클럽의 선택을 8번, 9번 아이언 또는 피칭 웨지까지 사용하면서 상황에 맞게 대처해 나가면 된다.
　마지막으로 공을 높이 띄워서 핀 옆에 멈추게 하고자 할 때는 샌드 웨지나 롭 웨지(Lob Wedge)를 사용해야 한다.
　위의 3가지 방법 중 공을 띄워서 핀 옆에 멈추게 하는 것이 가장 어려운 방법이며, 적당히 띄워서 적당히 구르게 하는 방법이 그 다음으로 어렵고, 마지막으로 공을 낮게 굴려서 핀에 붙이는 방법이 가장 좋은 방법이자 일반 골퍼들이 쉽게 할 수 있는 요령이기도 하다. 가장 높은 확률을 가지고 있는 방법이므로 반복 연습을 하여 좋은 결과가 있기를 바란다.

숏게임(Short Game)
어프로치 샷(Approach Shot)

짧은 거리의 샷

짧은 거리에서는 8번이나 9번 아이언을 선택해 핀까지의 중간 지점에 떨어뜨린다는 생각으로 샷을 하면 된다

    일반 골퍼들과 프로 골퍼들의 연습량을 비교해 보면 일반 골퍼들은 장타를 치기 위한 스윙 연습에 많은 시간을 보내고 숏게임이나 퍼팅 연습에는 그다지 연습 시간을 할애하지 않는다. 그러나 프로 골퍼들의 경우에는 풀 스윙보다는 아무래도 퍼팅 그린이나 숏게임 연습에 많은 시간을 보내게 된다.
    일반 골퍼들의 올바른 연습 요령을 설명하자면, 골프 연습장에서 100

조영복의 실 전 골 프

개의 연습공을 친다고 생각했을 때 드라이브 샷을 25% 정도 해 주어야 하면 50%의 미들 아이언 연습과 25%의 어프로치 샷 연습을 반드시 해 주는 것이 좋다. 일반 골퍼들 중에는 드라이브 샷이나 아이언 샷은 프로에 가깝게 샷을 구사하면서 숏게임에서는 초보자 수준에 머물러 있는 사람이 많이 있다. 그것은 풀 스윙 샷에만 많은 연습 시간을 보내면서 숏게임 연습에는 시간을 할애하지 않았기 때문이다. 그러므로 풀 스윙의 실력 향상에 비례해서 반드시 숏게임도 같은 속도로 실력 향상이 있어야 한다는 것을 알아두는 것이 싱글 골퍼로 가는 가장 빠른 길인 것이다.

 어프로치 샷의 정확성은 스코어 메이킹에 결정적인 역할을 한다. 짧은 거리에서 어프로치 샷을 해야 할 경우에는 우선 공을 굴리는 방법을 택해야 한다. 그래서 클럽 9번 아이언이나 8번 아이언을 택하는 것이 좋다. 그리고 어드레스 자세를 취한 후 눈의 시선을 핀과의 거리 중간 지점에 두는 것이 좋다. 가령 시선을 핀에 두게 되면 공이 핀까지 날아가 버려서 핀을 많이 지나가 버리는 경우가 생긴다. 그러므로 시선을 중간 지점에 겨냥하게 되면 공은 중간쯤 날아가서 핀을 약간 지나 멈추게 된다. 즉, 짧은 어프로치 샷의 경우에는 눈의 위치가 많은 영향을 준다는 것을 말하는 것이다. 욕심을 내어 핀만 바라보고 샷을 하게 되면 공이 강하게 맞으면서 핀을 지나가게 되므로 유의해야 한다. 또 한 가지 중요한 것은 짧은 거리의 샷이라고 해서 너무 소심하게 샷을 해서는 안 된다. 자신있게 샷을 하되 눈의 시선 위치에 공을 떨어뜨린다는 생각이면 좋다.

숏게임(Short Game)
어프로치 샷(Approach Shot)

긴 거리의 샷

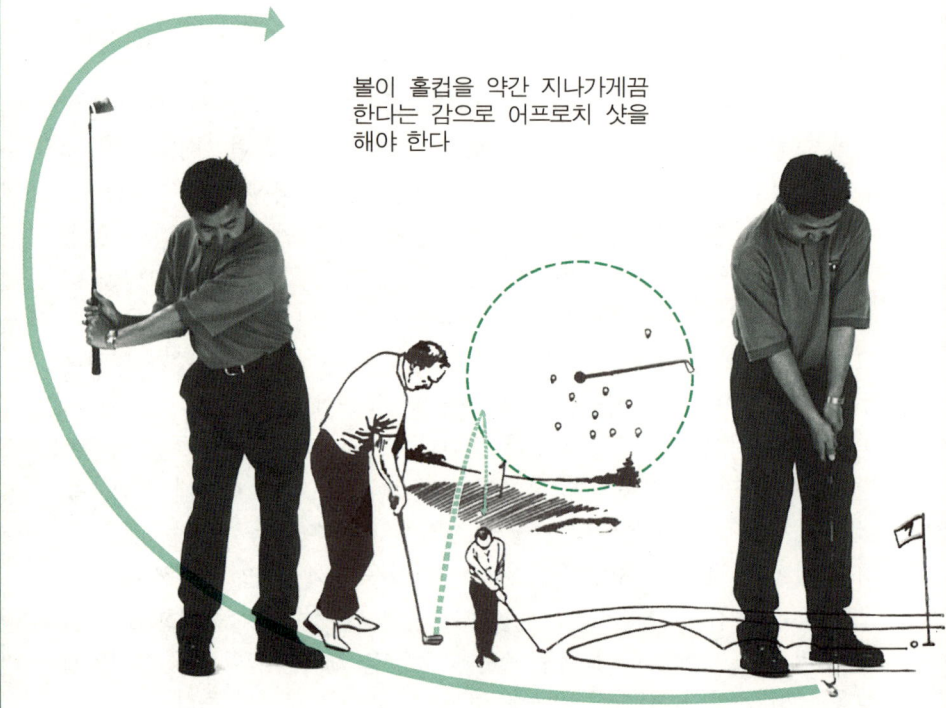

볼이 홀컵을 약간 지나가게끔 한다는 감으로 어프로치 샷을 해야 한다

숏게임에서 가장 중요하게 여기는 것은 스윙시 머리의 움직임이다. 스윙 도중에 머리를 드는 헤드업(Head-Up)을 하게 되면 그 결과 공의 뒤 땅을 치거나 공의 중간 부분을 때리는 토핑(Topping) 현상이 생기게 된다. 이런 현상은 풀 스윙시보다 숏게임시 더 많이 일어나게 되는데, 샷에 대한 자신감 때문에 자신이 한 샷이 궁금하여 너무 급하게 고개를 들어버리기 때문이다. 다시 한 번 강조하지만 숏게임에서 헤드업은 절대 금기사항임을 명심하여야 할 것이다.

조영복의

　30yards 내지 40yards 정도 떨어진 곳에서 어프로치 샷을 해야 할 때 초보자의 경우에는 심하게 뒤땅을 치거나 그린을 넘어가는 홈런 샷을 하는 경우가 대부분이며, 핸디가 18 정도 되는 일반 골퍼들의 경우에는 대부분 짧은 샷을 하게 되는 현상이 생긴다. 그것은 공을 적당한 장소에 떨어뜨려서 굴러가게 하기 위해 샷을 하기 때문이다. 그래서 이런 현상을 막기 위해서는 홀컵의 주위 반경 1~2m 정도의 원 안에 공을 멈추게 한다는 생각으로 핀을 향해 자신있게 샷을 해야 한다.
　프로 골퍼들의 경우 아이언 샷이나 어프로치 샷을 할 때 항상 공이 홀컵을 지나가서 멈추게끔 샷을 한다. 그러나 일반 골퍼들의 경우에는 핀에 못 미쳐서 공이 멈추는 경우가 대부분이다. 특히 18핸디캡 골퍼의 경우 더 많이 일어나고 있는 현상이다. 그러므로 핀 하이 샷을 해야 한다. 즉, 공이 핀을 지나가서 멈추게끔 자신있는 샷을 해야 한다는 뜻이다. 너무 공을 컨트롤해서 샷을 하려다 보면 소심하게 샷을 하게 되는 경우가 생기므로 자신감을 가지고 핀을 지나서 공이 멈추도록 하는 샷이 가장 좋은 방법이다.

숏게임(Short Game)
어프로치 샷(Approach Shot)

벙커 넘기기

벙커 앞에서 공을 띄우려 할 때 잔디 길이에 따라 피칭, 샌드, 롭 웨지 등 클럽 선택을 달리해야 한다

 일반 골퍼에서 프로 골퍼에 이르기까지 가장 싫어하는 샷이라면 아마 벙커 넘기기 어프로치 샷일 것이다. 다행히 핀이 반대편에 꽂혀 있으면서 그린에 충분한 여유가 있으면 아무런 문제가 없겠지만 불행히도 핀이 바로 앞쪽에 꽂혀 있는 경우라면 정말 힘든 샷이 아닐 수 없다.
 위의 경우 샷을 했을 때 예상치도 않게 나타나는 현상은 샷이 짧아 공이 벙커 속에 빠져 버리는 것이다. 그것은 마음속에 공을 잘못 쳐서 공이 조영복의

　벙커 속에 빠져 버리면 어떻게 하나 하는 생각을 하면서 샷을 하기 때문에 스윙의 리듬이 흔들려서 공을 벙커 속에 쳐넣게 되는 것이다. 그러므로 항상 어떤 샷을 하더라도 자신감이 앞서야 하며, 핀 옆에 공이 바짝 붙어서 선다는 생각을 하는 것이 벙커 속에 공이 들어가면 어떻게 하나 하는 생각보다 성공률이 높다. 공을 띄우는 문제는 클럽 페이스의 각도에 맡겨두고, 정상적인 샷을 하되 자신감을 가지고 공이 핀을 지나가게끔 샷을 한다고 생각하고 과감하게 샷을 해야 할 것이다.
　공을 일부러 띄우려고 하다 보면 손목을 사용하게 되고 샷을 소심하게 하게 되므로, 샷을 컨트롤하려고 하지 말고 자신감 있게 약간 길게 친다는 생각으로 클럽의 로프트를 믿고 샷을 해야 할 것이다. 이런 샷을 해야 할 때는 클럽의 선택은 굳이 설명하지 않아도 샌드 웨지나 피칭 웨지를 사용하는 것이라는 것은 누구나 알고 있는 상식이다. 그러나 잔디의 길이에 따라서 클럽의 선택을 달리하는 것도 좋다. 가령 잔디의 길이가 길면서 공이 잔디 위에 잘 놓여져 있는 경우라면 샌드 웨지보다는 피칭 웨지가 좋다. 샌드 웨지의 경우는 클럽헤드가 너무 낮게 빠져 나가게 되므로 자칫 벙커 속에 빠뜨리는 샷을 하게 된다. 또 잔디의 길이가 길고 공이 낮게 가려져 있는 경우라면 아무래도 샌드 웨지나 롭 웨지를 사용하면서 자신있고 과감하게 클럽의 각도를 믿고 샷을 하게 되면 성공할 것이다.

숏게임(Short Game)
어프로치 샷(Approach Shot)

피치 앤드 런 샷(Pitch and Run Shot) 1

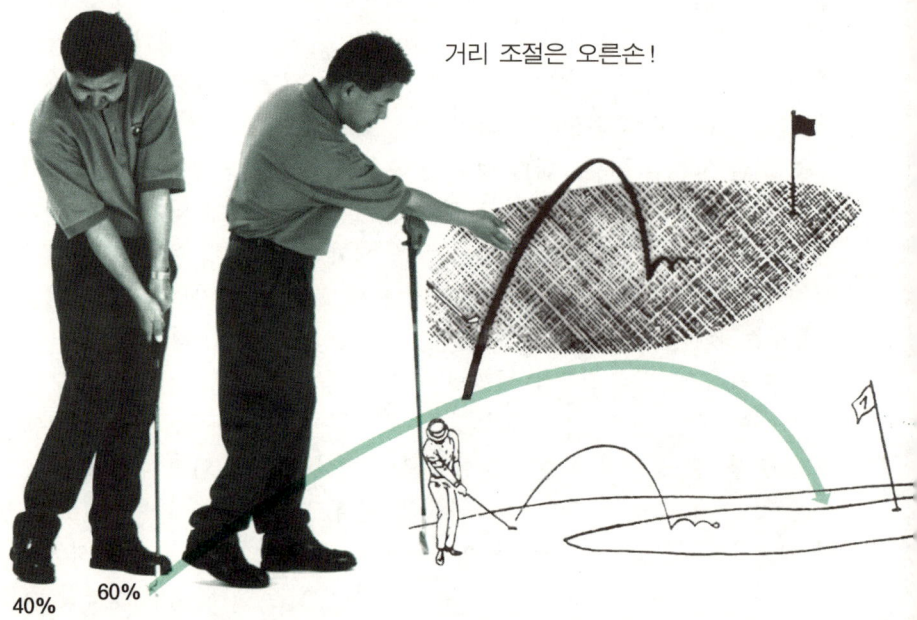

홀컵을 향해 어프로치 샷을 할 때 크게 3가지 방식이 있다고 설명했다. 첫째 공을 굴리는 러닝 샷이 있고, 둘째 피치 앤드 런, 즉 적당히 띄우고 적당히 굴리는 방법을 말한다. 셋째는 피치 샷, 공을 높이 띄워서 핀 옆에 멈추게 하는 것을 말한다. 위의 세 가지 방법 중에서 러닝 샷, 피치 앤드 런 그리고 피치 샷 순으로 샷을 택하는 것이 성공률을 높이는 것이라고 말한 적이 있다.

그 이유는 공을 띄워 목표점에 도달시키는 것보다는 공을 굴려서 접근시키는 것이 보다 안전하고 쉽기 때문이다. 그러나 굴리기가 적합하지 않을 경우에는 적당히 띄워서 적당히 굴리는 피치 앤드 런 샷을 해야 한다.

조영복의 실전골프

피치 앤드 런 샷을 제대로 하기 위해서는 먼저 스탠스를 러닝 샷과 피치 샷의 중간쯤 되게 적당히 벌려 주어야 한다. 그리고 공의 위치를 몸의 중간에 위치하도록 하는 것이 좋다. 그러지 않으면 약간 오른쪽에 위치하도록 하는 것이 좋다. 클럽의 선택은 피칭 웨지가 가장 좋다. 체중은 왼발에 60%, 오른발에 40% 정도로 분배해서 실어 주게 되면 자연히 몸이 왼쪽으로 기울면서 그립을 잡은 손목 부분이 약간 꺾어지면서 손의 위치가 왼발의 허벅지 부분에 위치하게 되면서 공의 위치보다 약간 왼쪽으로 나가 있는 모양을 하게 된다.

위와 같은 어드레스 자세를 취하게 되면 아무래도 클럽 페이스의 각도는 줄어서 공이 날아가는 거리와 굴러가는 거리의 비율이 비슷하게 된다. 거리의 조절은 오른손이 감당하여야 하며, 왼손은 방향을 잡아 주어야 한다. 스윙의 크기는 백스윙의 크기로 조절하는 것이 좋으며, 백스윙의 크기와 폴로스루 스윙의 크기가 대칭이 되도록 하는 것이 좋다. 즉, 오른손 손바닥 속에 공이 들어 있다 생각하고, 그 공을 적당한 거리만큼 던져 준다는 생각으로 샷을 하면 될 것이다.

숏게임(Short Game)
어프로치 샷(Approach Shot)

피치 앤드 런 샷(Pitch and Run Shot) 2

클럽 선택으로 울고 웃는다

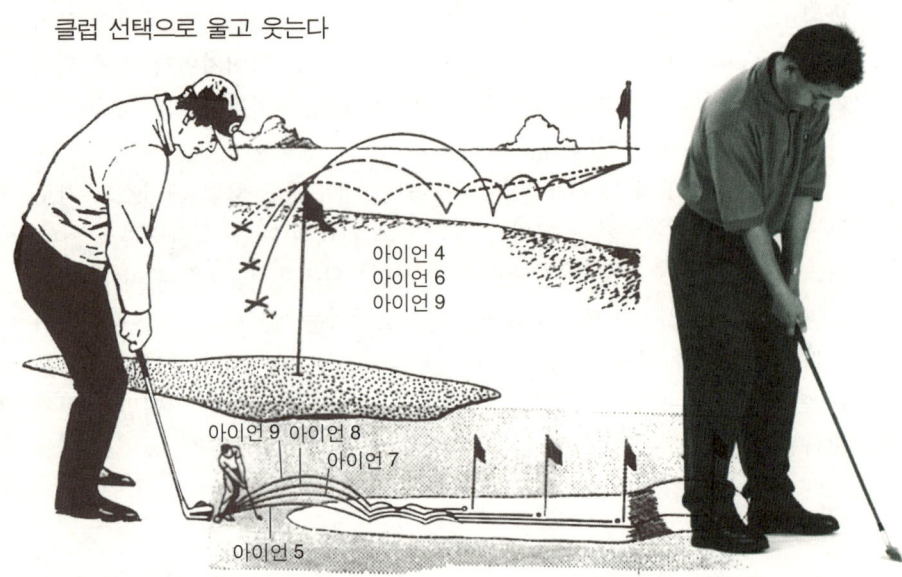

에어 타임 대 그라운드 타임 비율

클 럽	에어 타임	그라운드 타임
샌드 웨지	5	1
피칭 웨지	5	2
9번	5	3
8번	5	5
7번	5	7

 어프로치 샷에서 요령을 제대로 몰라서 실수를 했다면 별 문제될 것이 없겠지만, 요령은 완벽하게 했는데 클럽의 선택이 잘못되어서 실수를 하거나 핀에 가깝게 접근하지 못했을 경우에는 억울한 일이 아닐 수 없다.

조영복의 실전골프

피치 앤드 런 샷을 하기 위해서는 클럽의 선택이 상당히 중요하다. 그것은 클럽에 따라서 공이 날아가는 거리(Air Time)와 굴러가는 거리(Ground Time)가 다르기 때문이다. 그러므로 올바르게 핀에 붙이기 위해서 클럽별 공이 날아가는 거리와 굴러가는 거리의 비율을 알아두는 것이 좋다.

일반적인 평지에서 피칭 웨지의 경우 5:2 정도의 비율이다. 그리고 9번 아이언의 경우에는 5:3 정도의 비율이 일반적인 비율이 된다. 그러나 위의 것은 일반적인 개념이고 자신의 기준에 맞는 클럽별 비율을 알아두는 것이 좋다. 위의 일반적인 개념의 비율에서도 체중을 왼쪽으로 더 많이 실어 주게 되면 아무래도 런이 많이 생기게 되며, 체중을 오른쪽으로 더 실어 주게 되면 자연 공의 런이 줄게 된다. 위의 일반적인 개념의 비율을 다시 한 번 클럽별로 나열하자면 샌드 웨지는 5:1 정도, 피칭 웨지는 5:2, 9번 아이언은 5:3, 8번 아이언은 5:5, 7번 아이언의 경우에는 5:7 정도의 비율이 된다. 위의 비율은 그린의 경사도에 따라서 크게 변하게 되므로 샷을 할 때 유의해야 한다. 그리고 힘의 강도에 따라서도 크게 달라지거나 변할 수 있으므로 그냥 일반적인 개념이라 생각하면 된다. 자신의 기준에 맞는 클럽별 비율이 반드시 필요하다고 생각한다.

위의 클럽별 비율을 알기 위해서는 많은 숏게임 연습을 해야 한다. 몇 번 쳐 보고 대충 '이 정도이다.' 해서는 좋은 스코어를 기대할 수 없으므로 충분한 연습을 통해 정확한 비율을 알아두는 것이 바람직하다.

숏게임(Short Game)
어프로치 샷(Approach Shot)

미스 샷의 교정

어프로치 샷은 점수와 직결된다. 샷을 준비하는 동안 스윙 동작 하나하나를 꼼꼼히 점검해 봐야 한다

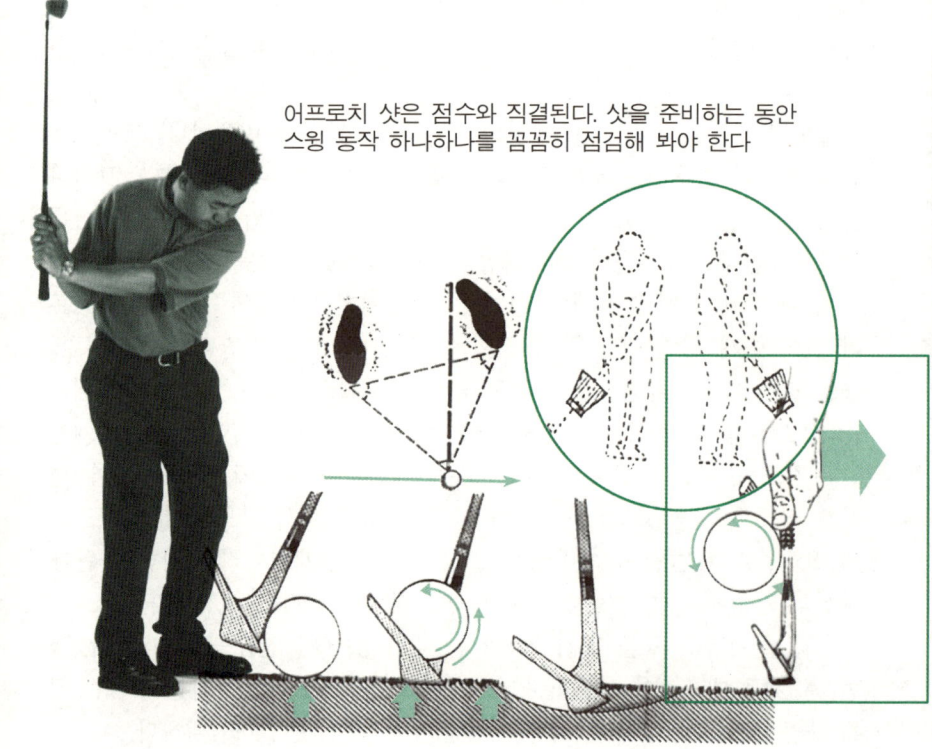

 골프에서 파 4에서 두 번째 샷에 공을 그린 위에 올려놓고, 파 3에서는 첫 샷에 공을 그린 위에 올리고, 파 5에서는 3번째 샷을 그린 위에 올리면서 18홀을 끝냈다면 이는 100% 그린 레귤레이션이 된다. 그러나 100%의 그린 레귤레이션은 프로 골퍼라 할지라도 상당히 어려운 일이다. 일반 골퍼들의 경우 50% 이상의 그린 레귤레이션을 가지게 되면 싱글 골퍼라 할 수가 있다. 프로 골퍼들의 경우 약 75% 정도의 확률을 가

조영복의

지게 된다. 그런 뜻에서 보면 일반 골퍼들의 어프로치 샷의 중요성을 더 많이 실감하게 된다.

어프로치 샷이 잘되는 날은 자연히 스코어가 내려가게 된다. 그런데 잘되던 어프로치 샷이 어느날 갑자기 감을 잊어버리면서 도저히 무엇이 잘못인지를 알지 못할 때가 있다. 이럴 때는 아래에서 말하는 몇 가지를 체크해 보자.

첫째, 공의 뒤땅을 자주 치는 실수를 한다면 우선 체중의 분배를 체크해 봐야 한다. 체중의 분배는 왼발에 6, 오른발에 4 정도의 비율이면 좋다. 또는 스윙시 손목을 사용하여 공을 인위적으로 띄우려고 하는지 체크해 보아야 한다.

둘째, 공의 중간 부분을 맞히는 토핑을 계속해서 한다면 스윙시 헤드 업을 하고 있지 않나 체크해 보라. 아니면 스윙시 손목을 사용했을 때는 토핑 현상이 생기게 된다.

셋째, 거리는 맞는데 방향이 맞지 않는 실수 샷이 계속 될 경우에는 우선 어드레스 자세에서 오픈 스탠스를 취해야 하는데, 스탠스가 클로즈 스탠스가 아닌지 확인해 보라. 또는 어드레스 자세에서 스탠스는 오픈 스탠스이지만 양 어깨 라인은 목표선에 대해 스퀘어가 되어야 하는데, 잘못되어 있지 않나 확인해 보라.

마지막으로 방향은 맞는데 거리가 맞지 않는 경우에는 스윙시 백스윙과 폴로스루의 스윙 크기가 일정하게 대칭이 되었나 체크해 보라.

Part 3

웨지 샷(Wedge Shot)

- 클럽의 구조와 원리 ▶ 146
- 어드레스 자세 ▶ 148
- 백스윙(Back – Swing) ▶ 150
- 백스윙의 정상 ▶ 152
- 다운스윙(Down – Swing) ▶ 154
- 임팩트(Impact) ▶ 156
- 폴로스루(Follow – Through) ▶ 158
- 피니시(Finish) ▶ 160
- 백스핀(Back – Spin) ▶ 162
- 러프(Rough)에서 샷 ▶ 164
- 피칭 웨지와 샌드 웨지 사용처 ▶ 166
- 롭(Lob) 웨지의 사용 ▶ 168

숏게임(Short Game)
웨지 샷(Wedge Shot)

클럽의 구조와 원리

9번 아이언과 달리 샌드 웨지는 모래 속을 미끄러지듯 빠져 나오도록 디자인되어 있다

 현대의 골프 장비는 발전의 발전을 거듭해 왔다. 불과 몇 년 전의 클럽과 현재의 클럽은 많은 차이를 보이고 있다. 드라이브(1번 우드)의 발전은 날을 거듭할수록 급속도로 발전하고 있으며, 이제는 더 이상 다른 스

타일이 나올 것이 없겠구나 하고 생각될 정도로 많은 변화와 발전이 있었다. 그에 못지않게 숏게임에 사용되는 웨지인 피칭 웨지와 샌드 웨지 역시 많은 변화를 가져온 것도 사실이다. 1930년 이전만 하더라도 벙커 샷을 할 때는 9번 아이언을 사용하여 샷을 해야 했었다. 그러다가 1930년 미국의 유명 프로 골퍼인 진 새러젠이라는 프로가 비행기가 날으는 모습을 보고 비행기의 날개 모양을 닮은 클럽을 고안해 냈다. 그렇게 해서 새롭게 탄생한 웨지는 현재의 샌드 웨지까지 발전을 가져오게 된 것이다.

샌드 웨지는 다른 클럽에 비해 클럽헤드의 밑부분(Sole)이 한결 두껍고, 무게를 많이 달아 놓아서 마치 비행기 날개의 단면같이 둥글게 되어 있는 특징이 있다. 이렇게 디자인된 샌드 웨지는 9번 아이언과 달리 모래 속을 깊숙이 파고들지 않고 잘 미끄러지면서 모래의 폭발력과 함께 공을 위로 뜨게 해 줌으로써 모래 속에 있는 공을 바깥쪽으로 탈출시키는 데 꼭 필요한 클럽이 된 것이다. 이렇게 벙커용으로 디자인된 샌드 웨지가 페어웨이에서도 사용하기 유리하게 디자인을 바꾼 것이 바로 피칭 웨지라고 생각하면 된다. 이 클럽은 주로 100yards 이내에서 샷을 하거나 숏게임 때 꼭 있어야 하는 필수적인 클럽이 된 것이다. 이 클럽은 공을 높이 띄워 주기도 하고 잔디가 긴 러프에서도 공을 쉽게 빼낼 수 있으며, 숏게임에서 없어서는 안 될 중요한 몫을 차지한다.

현대의 골프는 숏게임의 시합이라고 말할 수 있다. 실력의 평준화로 인해 샷을 하는 데는 그다지 큰 차이를 보이지 않는다. 그러나 숏게임에서 그날의 시합이 결정되기 때문에 피칭 웨지나 샌드 웨지의 중요성을 더 실감하게 되는 것이다.

숏게임(Short Game)
웨지 샷(Wedge Shot)

어드레스 자세

웨지 샷은 다운 블로 샷으로 내려찍듯 쳐야 하므로
공을 오른쪽에 위치시키는 것이 좋다

올바른 샷을 하기 위해서는 어드레스 자세를 바르게 해 주어야 한다. 그래서 어드레스 자세를 단추의 첫 단추라고 비유하기도 한다. 즉, 첫 단추가 잘못 끼워지면 다른 단추 모두가 잘못 끼워지듯이 어떤 샷이든 어드레스 자세가 잘못되면 좋은 샷을 기대할 수가 없다.

조영복의 실전골프

  어드레스 자세를 올바르게 해 주기 위해서는 기본적으로 몇 가지를 꼭 확인해야 하는데, 바로 스탠스의 넓이, 스탠스의 종류, 체중의 분배, 공의 위치, 클럽의 세트업 등이다. 웨지 샷에서도 마찬가지로 위의 기본적인 것들을 철저히 지켜 주어야 한다. 숏아이언 샷은 공을 위에서부터 내려치는 다운 블로(Down Blow) 샷을 해 주어야 한다. 그러기 위해서는 거기에 알맞은 어드레스 자세가 필요하다.

  먼저 어드레스 자세에서 스탠스의 폭은 자신의 허리폭이 가장 이상적이다. 일반적으로 자신의 어깨 넓이를 기준으로 하지만 웨지 샷은 자신의 허리폭 넓이 정도로 약간 줄여 주는 것이 좋다. 그리고 스탠스는 약간 오픈 스탠스 자세를 취해야 한다. 그것은 백스윙의 컨트롤이 용이하며 동시에 폴로스루를 크게 해 줄 수 있게 되므로 좋은 이점이 있기 때문이다. 우선 앞뒤 체중의 분배는 약간 발의 앞쪽, 즉 발가락의 뿌리 부분에 체중이 실리도록 하는 것이 좋으며, 좌우 분배는 좌우 균일하게 실어 주는 것이 좋다. 공의 위치는 중앙에서 약간 오른쪽에 위치하도록 놓아 주는 것이 좋다. 이는 공을 찍어치듯 해야 하므로 클럽헤드가 공을 먼저 콘택트(Contact)해 주기 위해서이다. 또 오픈 스탠스를 취하게 되면 자연히 공의 위치가 오른쪽으로 옮겨진 느낌이 들기도 한다. 클럽의 세트업은 스탠스를 오픈시켜 주게 되므로 자칫 클럽페이스가 닫힐 우려가 있다. 그러므로 클럽페이스를 약간 오픈시켜 주는 느낌으로 클럽을 세트업해 주면 자연히 클럽페이스는 직각으로 놓이게 된다.

  마지막으로 머리의 위치와 시선이다. 머리는 공의 바로 위에서 공을 정면으로 내려다볼 수 있게끔 위치해 주고 시선은 양 눈으로 공을 직접 바라볼 수 있게끔 해 주면 완벽한 어드레스 자세가 된다.

숏게임(Short Game)
웨지 샷(Wedge Shot)

백스윙(Back-Swing)

웨지 샷은 퍼팅만큼 정확성을 요구한다. 따라서 하체의 움직임은 자제하고 팔만으로 스윙한다는 느낌이면 좋다

 골프 스윙의 원리는 퍼팅에서부터 풀 스윙인 드라이브 샷까지 그 기본 동작은 똑같다. 그래서 스윙에 문제가 생기게 되면 먼저 퍼팅의 자세로 돌아가서 조금씩 스윙을 키워 가면서 똑같은 원리로 스윙에 임해야 한다.

　드라이브 샷이나 페어웨이 우드 샷 그리고 롱 아이언 샷은 비거리를 내는 데 사용하는 클럽이다. 그러므로 스윙에서 비거리를 낼 수 있도록 풀 스윙을 해야 한다. 그러나 미들 아이언이나 숏아이언은 비거리보다는 정확한 장소에 공을 떨어뜨려 주는 컨트롤이 필요하다. 그래서 파워보다는 정확성을 더 필요로 하는 것이다. 웨지 샷을 하기 위해서는 먼저 공을 정확하게 핀을 향해 보내는 데 알맞은 스윙을 해야 한다. 그러므로 퍼팅을 할 때 홀컵을 향해 공을 정확하게 보내려고 하는 것과 똑같은 마음가짐으로 샷에 임해야 한다. 일반적인 샷을 할 때와 같이 웨지 샷에서도 어드레스 자세에서 백스윙의 시작은 원피스 테이크백(Take Back)을 해야 한다. 이때 가장 중요한 부분은 아무래도 몸의 스웨이 현상을 막아 주는 일이다. 서두에서 말했듯이 공을 정확하게 보내야 하므로 몸의 스웨이 현상이 일어나서는 안 되는 것이다. 어드레스 자세에서 머리의 위치를 잘 고정시켜 주면서 상체의 회전으로 양팔과 클럽이 함께 움직이는 테이크백을 해 주어야 한다. 그러나 웨지 샷은 일반적인 샷과 달리 손목의 코킹이 약간 일찍 이루어지게 된다. 그것은 클럽의 길이가 짧기 때문에 클럽헤드가 그려 주는 원의 크기가 적게 되므로 자연히 코킹이 일찍 이루어지게 되므로 자연스럽게 손목의 코킹을 일찍 이루는 것이 좋다. 그리고 몸의 움직임은 가능한 한 줄이고 팔만 사용하여 백스윙을 이루는 느낌으로 백스윙을 하되 몸이 경직되지 않고 약간 부드럽게 해 주기 위해 상체의 회전이 자연스럽게 이루어지도록 하는 것이 좋다.

　그러므로 웨지 샷의 백스윙은 어드레스 자세에서 오른발 무릎의 고정을 단단히 해 주고 팔만으로 백스윙을 한다는 생각으로 스윙을 하면서 자연스럽게 상체가 움직이는 원피스 테이크백을 하는 것을 말한다.

숏게임(Short Game)
웨지 샷(Wedge Shot)

백스윙의 정상

웨지 샷에서는 정확한 리듬이 특히 강조된다.
3박자 템포를 유지하면 좋다

100yards 안쪽에서 하는 웨지 샷은 일반적인 샷의 풀 스윙 때와는 스윙의 크기가 약간 다르게 된다. 일반적인 샷의 풀 스윙 때에는 클럽의 샤프트가 지면에 대해 수평 관계가 되도록 유지해 주는 것을 기본으로 한다면 드라이브 샷의 경우에는 수평에서 15° 아래까지 내려가는 것까지를 허용하기도 한다. 그러나 웨지 샷은 비거리를 내기 위해서 하는 스윙이

조영복의 실전골프

아니라 정확하게 원하는 장소로 공을 보내는 것을 해야 하므로 그다지 백스윙이 클 필요는 없다. 그러므로 백스윙의 정상에서 클럽의 샤프트는 지면에 대해 45° 정도 목표 방향으로 기울어져 있는 듯한 스리 쿼터 (Three Quarter) 정도의 백스윙 크기면 아주 좋다. 이때 클럽의 샤프트는 시계 문자판을 몸 뒤쪽에 두고 스윙을 한다고 가정했을 때 1시 방향이거나 2시 방향에 머물 정도의 크기면 아주 적합하다.

   그리고 웨지 샷에서 중요시하는 것은 무엇보다도 스윙의 리듬이다. 즉, 템포가 좋아야 한다. 먼저 출간된 《조영복의 파워골프》에서 몇 차례에 걸쳐 설명했던 기억이 있다. 풀 스윙의 전체를 3등분의 스윙 박자에 맞게 스윙을 해야 한다. 어드레스 자세에서 백스윙의 두 번째 동작까지가 '하나', 백스윙의 정상에서 약간 멈추듯 하면서 '둘', 그리고 다운스윙에서 피니시까지 순간적으로 스윙을 하면서 '셋', 이렇게 3박자의 리듬을 꼭 지켜 주어야 한다. 웨지 샷에서는 백스윙은 조금 하고 폴로스루를 제대로 해 주려고 하는 느낌으로 스윙을 하는 것이 좋다. 가령 공을 손으로 잡고 어느 일정한 장소를 향해 던진다고 생각해 보자. 그때 누구라도 손이 뒤쪽으로 가는 백스윙은 상당히 감각적으로 이루어지게 된다. 그러나 앞쪽으로 공을 던지고자 할 때 정확한 장소를 향해 컨트롤하게 되는 것과 같이 웨지 샷에서도 백스윙은 가볍고 천천히 하면서 감각적이어야 하며, 폴로스루를 제대로 해서 컨트롤해야 한다.

숏게임(Short Game)
웨지 샷(Wedge Shot)

다운스윙(Down-Swing)

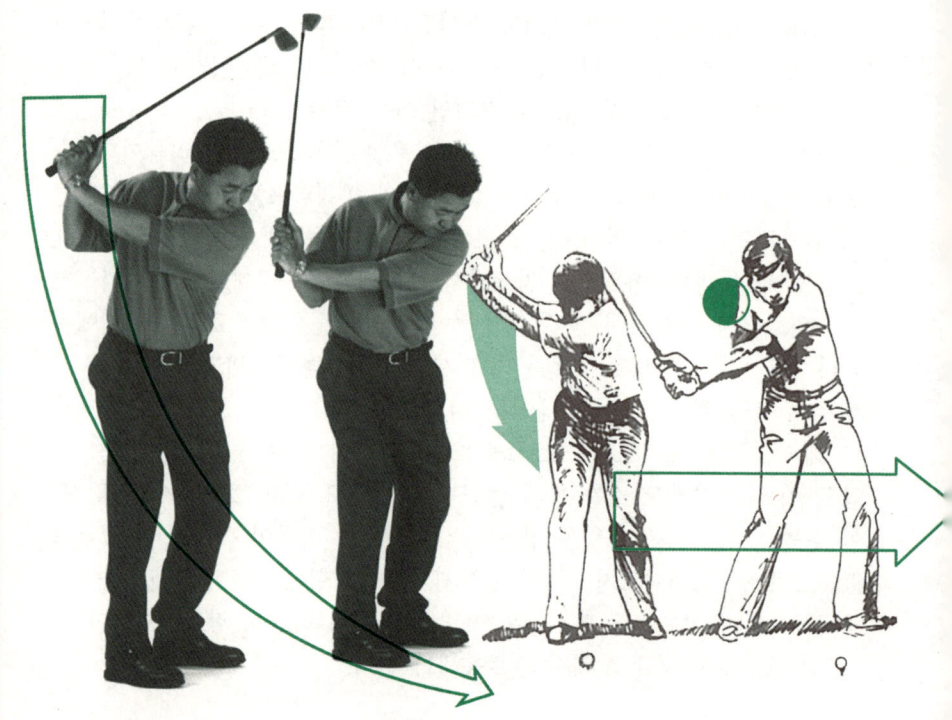

짧은 웨지 샷의 다운스윙은 왼쪽 무릎의 부드러운 리드로 컨트롤하면 된다

풀 스윙에서 스윙의 전체를 6가지로 등분하게 되는데 어드레스 자세, 백스윙, 다운스윙, 임팩트, 폴로스루 그리고 피니시 동작이다.

위의 6가지 동작은 어느 하나 소홀히 해서는 좋은 샷을 기대할 수 없다. 어드레스 자세와 백스윙 동작은 스윙을 하기 위한 준비 동작이다. 또 다운스윙, 임팩트, 폴로스루 동작이 스윙을 실행으로 옮기는 동작이라면 피니시 동작은 스윙의 결과를 말해 주는 동작이다. 그러므로 어느 한 동

작이라도 소홀히 해서는 좋은 샷을 할 수 없다. 그러나 위의 6가지 동작 중에서 가장 중요한 동작을 말하라고 한다면 그것은 바로 다운스윙이라고 할 수 있다. 백스윙의 정상에서 피니시 동작까지는 짧은 순간에 일련의 동작으로 스윙이 이루어지게 된다. 그러므로 스윙의 출발을 제대로만 해 주게 되면 그 다음 동작은 순간적으로 따라서 움직이게 되므로 잘 이루어질 수가 있다.

일반 골퍼들의 대부분은 백스윙의 정상에서 다운스윙의 리드를 양손으로 하려고 하는 경향이 많이 있다. 그렇게 했을 경우에는 클럽헤드가 먼저 내려오면서 뒤땅을 치거나 잘 맞았다 하더라도 슬라이스가 심하게 나게 된다. 그러므로 백스윙의 정상에서 다운스윙의 올바른 리드는 반드시 체중 이동과 함께 허리의 회전으로 시작하는 것이 좋다. 즉, 백스윙의 정상에서 다운스윙의 시작시 먼저 몸의 중심을 왼쪽으로 옮겨 주면서 체중 이동을 먼저 이루어야 한다. 그런 다음 허리의 회전과 함께 스윙이 이루어져야 올바른 샷을 할 수가 있다. 특히 웨지 샷을 할 때는 반드시 체중 이동이 있어야 한다. 체중 이동을 해 주어야만이 다운 블로(Down Blow) 샷을 이룰 수가 있기 때문이다. 그러나 남은 거리가 그다지 멀지 않은 경우에서 웨지 샷을 할 경우 지나친 체중 이동을 하게 되면 공이 강하게 맞게 된다. 그런 경우에는 체중 이동을 부드럽게 해 주기 위해서는 왼쪽 무릎의 리드로 스윙을 컨트롤할 수도 있다. 남은 거리에 따라서 체중 이동과 함께 허리를 회전시켜 다운스윙을 리드하거나 왼쪽 무릎의 리드로 스윙을 부드럽게 해 보기 바란다.

숏게임(Short Game)
웨지 샷(Wedge Shot)

임팩트(Impact)

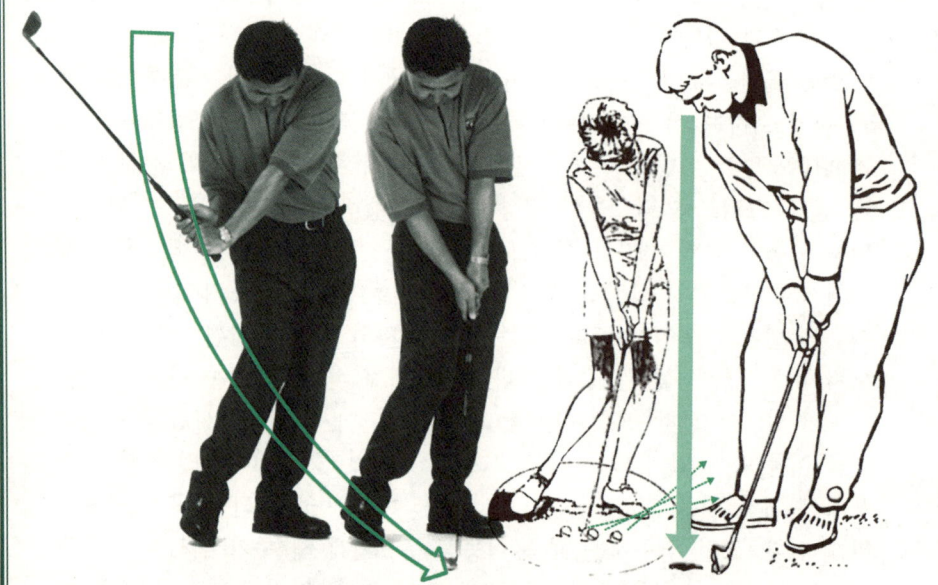

웨지 샷은 상체만으로 스윙을 한다는 느낌으로 해야 정확한 샷을 구사할 수 있다

　골프 스윙을 제대로 하기 위해서는 스윙의 원리와 스윙이 이루어지는 순서를 잘 알고 그대로 지켜 주는 것이 최상의 방법이다. 풀 스윙에서 스윙의 순서는 클럽헤드의 움직임을 시작으로 손, 팔, 어깨 그리고 허리까지 원피스로 움직이면서 백스윙의 정상에 도달하게 된다. 다운스윙에서는 백스윙의 역순으로 스윙을 해야 한다. 그래서 먼저 체중 이동을 해 주기 위해 왼발 뒤꿈치의 착지를 시작으로 왼쪽 무릎, 왼쪽 허리, 어깨, 팔, 손 마지막으로 클럽헤드가 끌려내려와 공을 맞히게 된다.

조영복의

풀 스윙에서와 같이 웨지 샷을 해야 할 때도 스윙의 순서는 똑같다. 그러나 클럽헤드가 그려 주는 원의 크기가 작기 때문에 직접 느끼는 느낌은 약간 다르게 나타나기도 한다. 백스윙에서 손목의 코킹이 일찍 이루어지는 것과 다운스윙에서 공을 찍어치듯 스윙을 해야 하는 것 등은 클럽의 길이 때문에 생기는 현상에 불과하다. 그러므로 인위적으로 손목을 미리 꺾어서 손목 코킹을 하려고 하거나 인위적으로 공을 힘껏 찍어치려고 해서는 안 된다.

웨지 샷에서 다운스윙의 리드는 체중 이동과 함께 왼쪽 무릎의 리드로 스윙을 이루는 것이 좋다. 그런 후에 왼손이 클럽을 아래로 끌어내려 스윙을 해 주어야 한다. 왼손이 클럽을 끌어내리듯 스윙을 리드해야 하는 것은 공을 다운 블로 샷으로 치기 위한 것이다. 가령 오른손을 사용하여 스윙을 하게 되면 자연히 덮어 때리거나 스쿠핑(Scooping) 현상이 일어나게 된다. 그리고 임팩트 동작에서 가장 유의하여야 할 것은 헤드업(Head Up)이다. 공을 치다 보면 아무래도 자신의 샷에 대한 궁금증 때문에 자연히 머리가 들리기 십상이다. 따라서 머리는 공의 수직 위쪽에 위치하면서 스윙 도중 움직임을 막아 주고 시선은 공을 정면으로 봐 주면서 몸의 정면에서 공을 맞히는 임팩트 순간을 맞이하여야 한다. 웨지 샷은 지나친 몸의 사용을 줄이고 상체를 이용하여 스윙을 한다는 생각으로 스윙을 리드하고 몸의 유연성을 위해서 몸이 자연스럽게 회전하는 느낌으로 스윙을 하면 좋다.

숏게임(Short Game)
웨지 샷(Wedge Shot)

폴로스루(Follow-Through)

짧은 거리 샷에서는 힘이 아닌 스윙 크기로 비거리 조절을 해야 한다

 짧은 거리의 샷을 할 때 미스 샷으로 연결되는 가장 큰 원인은 너무 소심하게 스윙에 임하는 것 때문이다. 아무리 짧은 거리의 샷이라 하더라도 거기에 필요한 스윙의 크기와 임팩트, 그리고 폴로스루가 꼭 있어야 한다. 손목을 사용하여 샷을 컨트롤하려고 한다거나 힘 조절을 하면서 스윙을 컨트롤하려고 해서는 안 된다. 비거리의 컨트롤은 스윙의 크기로 하는 것이 가장 좋다.
 골프의 스윙은 클럽헤드가 공을 쳐서 일정한 장소에 공을 보내는 것이

전제이다. 이 동작을 가장 쉽게 하기 위해서는 공을 손으로 던지는 동작을 연상해 보면 한결 이해가 쉽다. 짧은 거리의 위치에 공을 던질 때, 중간 거리, 먼 거리 이렇게 3종류의 거리에 공을 던질 때 우리는 손의 흔들림의 크기로 컨트롤을 하게 된다. 손의 흔들림을 작게 하면 공이 조금 날아가고 손의 흔들림을 크게 하면 공이 멀리 날아가게 된다.

웨지 샷에서도 마찬가지로 정확하게 공을 보내기 위해서는 스윙의 크기로 조절하는 것이 가장 좋은 방법이다. 클럽헤드가 손의 흔들림과 같이 크게 그리면 멀리 날아가고 작게 흔들면 작게 날아가는 것처럼 스윙을 해야 하는 것이다.

앞쪽 페이지 임팩트 부분에서 웨지 샷의 임팩트 동작은 머리의 위치가 공의 수직 정면이 되어야 하고 시선은 양쪽 눈으로 공을 똑바르게 봐 주어야 하며, 몸의 정면에서 공을 맞히는 느낌으로 스윙을 하되 몸은 유연성을 위해 자연스럽게 움직여 주어야 한다고 했다. 그 다음 동작은 폴로스루 동작이나 풀 스윙에서 늘 강조했듯이 폴로스루는 낮고 길게 목표 방향을 클럽헤드가 빠져 나가도록 해 주는 것이 좋다고 했었다. 웨지 샷에서도 폴로스루는 낮고 길게 해 주는 것이 최상이다. 임팩트 순간에 멈추어 버리듯 스윙을 해서는 안 된다. 공을 던질 때와 같이 클럽헤드가 목표물 쪽으로 쭉 빠져 나가도록 폴로스루해야 한다. 그렇게 하면 공이 멀리 날아가 버리지 않겠냐 하는 의구심이 생길지도 모른다. 피칭 웨지나 샌드 웨지는 클럽의 디자인이 공을 멀리 날려보낼 수 없도록 되어 있다. 그래서 힘껏 스윙을 할 때와 그냥 편안하게 스윙을 할 때의 비거리는 그다지 차이가 없다. 그러므로 자신감을 가지고 낮고 긴 폴로스루를 시도해 보라.

숏게임(Short Game)
웨지 샷(Wedge Shot)

피니시(Finish)

짧은 거리 웨지 샷은 백스윙 높이로 거리를 조절해야 하며, 이때 피니시가 끝나는 높이는 백스윙의 정상 높이만큼 이루어져야 한다

골프의 스윙은 컴퍼스가 원을 그리는 것에 비유를 하게 된다. 컴퍼스가 대를 축으로 연필이 회전하면서 정확하게 동그란 원을 그리는 것같이 골프의 스윙도 몸을 축으로 클럽헤드가 정확하게 동그란 원을 그리면서 움직여 주어야 한다. 동그란 원의 지름을 기준으로 해서 반을 잘랐을 때 오른쪽으로 원의 반쪽 모양과 크기가 왼쪽의 반쪽 모양과 그 크기가 똑같다.

골프 스윙에서도 마찬가지로 몸의 중앙에서 오른쪽으로 가는 백스윙의 모양과 스윙의 크기가 공을 맞힌 임팩트에서부터 폴로스루, 그리고 피니시까지의 모양과 스윙 크기가 양쪽이 대칭이 되게 똑같아야 한다. 그러므로 백스윙의 시작을 클럽헤드가 지면을 스치듯 낮고 길게 시작하여 클럽헤드가 크게 원을 그리면서 백스윙의 정상에 도달하여야 한다. 또 폴로스루 역시 백스윙의 반대 동작으로 클럽헤드가 낮고 길게 빠져 나가면서 피니시까지 도달해야 하는 것을 말한다.

웨지 샷에서도 마찬가지이다. 몸의 중앙을 중심으로 해서 오른쪽으로 움직이는 백스윙의 크기와 모양이 왼쪽으로 움직이는 폴로스루, 그리고 피니시까지의 모양이 백스윙 때의 모양과 반대 방향으로 대칭이 되어야 하는 것이다. 피니시 동작은 스윙의 결과를 말해 준다. 피니시 동작을 보면 스윙을 얼마나 완벽하게 했나 하는 것을 쉽게 알 수 있다. 웨지 샷을 할 때 피니시의 크기를 어느 정도 해야 할까 하는 궁금증이 생길 수 있다. 그것은 앞에서 설명했듯이 백스윙의 정상(Top) 높이만큼만 해 주면 된다. 남은 거리에 따라서 백스윙의 높이가 낮으면 자연히 피니시의 높이는 대칭이 되게 낮아야 하며, 백스윙의 높이가 높으면 거기에 비례해서 피니시의 높이도 높아야 한다.

짧은 거리의 웨지 샷을 해야 할 경우에는 항상 스윙의 크기로 샷을 컨트롤하려고 해야 하며, 백스윙 정상의 높이와 피니시가 끝나는 높이는 똑같게 대칭이 되도록 스윙을 해 주는 것이 가장 좋은 웨지 샷 스윙이 된다. 백스윙을 많이 하고 피니시를 낮게 하거나 백스윙을 조금 하고 피니시를 높이 하는 것은 올바른 방법이 아니다.

숏게임(Short Game)
웨지 샷(Wedge Shot)

백스핀(Back-Spin)

다운 블로 샷으로 공을 먼저 맞힌 후 땅을 10~20cm 퍼내듯
폴로스루 스윙하면 멋진 백스핀 샷을 구사할 수 있다

일반 골퍼들의 그린 공략 방법과 프로 골퍼들의 그린 공략 방법은 약간 다르게 나타난다. 가령 핀이 그린 중앙에 꽂혀 있을 경우 일반 골퍼들은 그린 앞쪽에 공을 떨어뜨려 굴러가서 핀에 붙도록 작전을 세우게 된

조영복의  실전골프

다. 그러나 프로 골퍼들은 핀의 뒤쪽에 공을 떨어뜨려서 홀컵 쪽으로 끌어당기듯이 백스핀을 걸어서 그린을 공략한다. 그것은 프로들이나 하는 것이지 어찌 일반 골퍼들이 그렇게 할 수 있을까? 하는 반문이 생길지도 모른다. 그러나 그것은 그렇지 않다. 백스핀이 걸리는 샷은 꼭 프로 골퍼들만이 하는 전유물은 아니다. 일반 골퍼들도 할 수 있는 샷이다. 즉, 샷의 요령만 확실하게 알면 누구라도 얼마든지 할 수 있다는 말이다.

백스핀이 걸리는 샷은 대개 짧은 거리의 웨지 샷에서 가장 많이 나타난다. 그것은 웨지라는 클럽의 기능에 따라서 백스핀이 걸리도록 샷을 하기 때문이다. 백스핀이 걸리는 웨지 샷을 하기 위해서는 우선적으로 스윙시 몸의 흔들림을 최대한 없애야 한다. 즉, 스윙의 축을 일정하게 해 주어야 한다. 그리고 공을 다운 블로 샷을 해야 한다. 여기에서 가장 중요한 것은 클럽헤드가 공을 먼저 콘택트하고 공의 앞쪽 10~20cm까지 낮고 길게 쏜살같이 빠져 나가야 한다. 스윙시 손목을 사용하여 컨트롤하려고 하거나 공을 쓸어치듯이 해서는 안 된다. 찍어치듯이 하면서 공을 먼저 콘택트하고 계속해서 클럽헤드가 낮게 땅을 파면서 빠져 나가야 하는 것이다. 샷을 할 때 자신감을 가지고 자신있게 샷에 임해야 하며, 공이 너무 세게 맞아서 그린을 넘어가 버리지나 않을까 하는 염려 때문에 소심하게 샷을 해서는 안 된다. 웨지 클럽은 공을 멀리 날려보내는 클럽이 아니다. 공을 띄우기 위한 클럽이므로 웬만큼 강하게 쳐도 실제 거리는 그다지 많이 나지 않는다. 남은 거리에 따라서 클럽 페이스를 약간 오픈시켜 주고 스탠스 역시 약간 오픈되게 서 주며, 백스윙시 오른쪽 무릎의 단단한 고정과 함께 백스윙을 이루고 자신감 있게 스윙 스루(Swing Through)하면 완벽하리라 생각된다.

숏게임(Short Game)
웨지 샷(Wedge Shot)

러프(Rough)에서 샷

공이 그린 옆 긴 러프에 빠졌을 때는
1. 샌드 웨지를 선택하고
2. 클럽을 평소보다 짧게 잡고
3. 그립은 강하게 잡아
4. 업라이트 스윙을 하면 실수 없이 빠져 나올 수 있다

그린을 공략하다 보면 트러블 샷으로 연결될 때가 있다. 트러블 샷은 대개 공이 벙커에 들어가거나 풀이 긴 러프에 빠지거나 아니면 공이 맨

땅 위에 놓이게 되거나 하는 것이다.

  우선 위의 3가지 트러블 샷은 첫째는 풀이 긴 러프, 둘째는 벙커 샷, 셋째는 맨땅에서의 샷의 순으로 어렵다고 할 수 있다. 그러나 일반 골퍼들은 약간 다른 생각을 가진다. 가장 어려운 샷은 벙커 샷, 둘째는 맨땅에서의 샷, 셋째는 풀이 긴 러프에서의 샷이라고 생각할 것이다. 꼭 어느 것이 쉽고 어느 것이 어렵다고 단정할 수는 없다. 그러나 프로 골퍼들의 경우 러프에 공이 빠지게 되면 공을 컨트롤하기가 가장 어렵다고 말한다. 공이 러프에 빠졌을 경우에는 가능하면 샌드 웨지를 사용해야 한다. 그것은 클럽헤드의 밑바닥이 두껍고 헤드 무게 또한 무거울 뿐만 아니라 다른 클럽에 비해 클럽의 각도가 높아서 공을 빼내기가 쉽기 때문인 것이다. 공이 러프에 빠져 있을 때는 우선 클럽을 약간 짧게 잡아 주는 것이 좋다.

  그리고 그립도 평소 때보다는 약간 더 강하게 잡아 주는 것이 풀의 저항을 막을 수 있다. 스윙은 플랫 스윙의 패턴보다는 업라이트 스윙으로 샷을 해야 한다. 즉, 클럽헤드가 수직으로 위쪽으로 올라갔다가 위에서부터 공을 향해 수직으로 떨어지면서 공을 쳐 주는 것을 말한다. 이렇게 하면 클럽헤드는 보다 예각으로 내려와 공을 맞히고 풀과의 접촉이 적게 되어 공을 쉽게 띄우면서 클럽헤드 역시 잘 빠져 나가게 된다. 러프에서의 샷은 아무래도 백스핀이 적게 걸리게 된다. 그래서 평소 때의 웨지 샷보다는 런이 더 생긴다는 것을 감안해야 할 것이다.

  러프에 공이 빠졌을 경우 공이 풀 위에 곱게 올려져 있는 경우가 있다. 이런 때는 공을 쓸어치듯이 해야 한다. 중간쯤에 들어가 있을 경우에는 부드럽게 평소 때의 스윙을 하면 되지만, 공이 낮게 가라앉아 있을 경우에는 약간 깊이 찍어 주듯이 스윙을 해야 할 것이다.

숏게임(Short Game)
웨지 샷(Wedge Shot)

피칭 웨지와 샌드 웨지 사용처

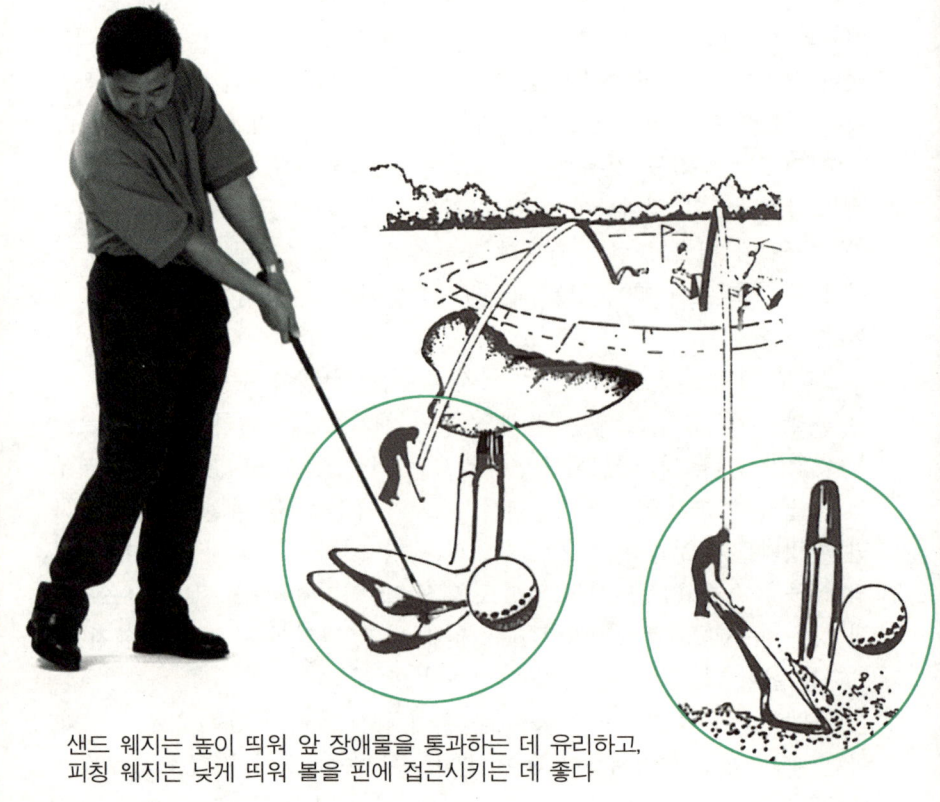

샌드 웨지는 높이 띄워 앞 장애물을 통과하는 데 유리하고, 피칭 웨지는 낮게 띄워 볼을 핀에 접근시키는 데 좋다

일반 골퍼들의 경우 100yards 안쪽에서의 샷을 할 경우 피칭 웨지를 사용할 것인가, 샌드 웨지를 사용할 것인가 하는 갈등에 놓이게 된다. 사실 일반 골퍼들의 경우 샌드 웨지를 제대로 다루기가 쉬운 일은 아니다. 클럽의 로프트가 높고 클럽이 짧으면서 무겁기 때문에 자칫하면 그만 형편없이 짧은 샷을 할 때가 많다. 그래서 피칭 웨지를 선호하게 된다.

그러나 꼭 샌드 웨지를 사용해야 할 때가 있다. 그것은 ① 공을 높이 띄워서 그린을 공략해야 할 경우 ② 전방에 피할 수 없는 나무가 서 있어서 그 나무를 넘겨야 할 경우 ③ 그린이 높이 위치해 있고 그 앞쪽에 벙커가 입을 벌리고 있을 경우 ④ 풀이 긴 러프에 공이 빠져 있을 경우 ⑤ 공이 그린 주위의 벙커 속에 들어가 있을 경우 ⑥ 공을 사뿐히 그린 위에 안착하도록 하고자 할 경우 ⑦ 공이 디벗 속에 빠져 있을 경우 ⑧ 공에 백스핀을 걸고자 할 경우 등 여러 가지가 있을 수 있다.

위와 같은 경우에 처해 있을 때면 반드시 샌드 웨지를 사용하는 것이 바람직하다. 그러나 공을 굴리고자 할 때나 탄도 낮게 샷을 해야 할 경우, 라이가 좋은 곳에 공이 놓여 있는 경우 등에는 아무래도 피칭 웨지를 사용하는 것이 좋다. 샌드 웨지를 사용해야 할 경우를 분석해 보면 대개 공을 높이 띄우거나 공을 부드럽게 컨트롤해야 할 경우가 대부분이다. 피칭 웨지의 사용은 약간의 남은 거리가 있거나, 공을 낮게 띄우거나 굴리고자 할 때 사용하게 된다. 그러나 그린의 위치가 높고 그 앞쪽에 장애물인 벙커가 입을 벌리고 있는 경우에는 가능하면 샌드 웨지를 사용하여야 하며, 스윙은 자신있고 과감하게 해야 할 것으로 본다. 샌드 웨지를 긴요하게 사용해서 위에서 나열한 상황에 잘 대처할 수 있기를 기대한다.

숏게임(Short Game)
웨지 샷(Wedge Shot)

롭(Lob) 웨지의 사용

보다 확실히 공을 핀에 붙이는 데는 롭 웨지가 좋다

    보다 더 좋은 스코어를 내기 위해 장비에 대한 연구가 대단하다.
    종전에는 샌드 웨지이면 모두 56°의 로프트 한 가지로 통일되어 있었으나 요즘에는 샌드 웨지도 54°, 56°, 58°, 60° 이렇게 세분화되어 있으며, 그 이상의 로프트를 만들어서 롭(Lob) 웨지라고 칭하고 있다. 롭 웨지는 대개 60° 이상의 로프트에서 64°, 심지어는 66°까지의 롭(Lob) 웨지를 본 기억이 있다. 필요에 따라서 여러 각도의 클럽을 사용하면 좋겠지만 골프

룰에서는 14개 클럽만 가지고 경기에 임해야 하므로 모두 가지고 경기할 수는 없다.

 일반 골퍼들이 가장 사용하기에 편한 클럽들의 각도를 선택하려고 하면 샌드 웨지는 56°의 각도가 가장 적합하며, 롭 웨지는 60°의 각도이면 좋다. 샌드 웨지나 롭 웨지를 사용하여 공을 제대로 컨트롤하기는 그다지 쉬운 일은 아니다. 첫째, 각도가 큰 클럽을 사용하게 되면 거리 조절이 힘들어진다. 아주 짧은 샷을 할 때가 대부분이며 때로는 그린을 넘어가 버리는 홈런 샷을 할 때가 많이 있다. 각도가 큰 웨지를 사용해야 할 때는 공이 러프에 깊숙이 들어가 있거나 그린 앞쪽에 벙커가 입을 벌리고 있고 핀이 벙커 쪽에 바짝 붙어서 꽂혀 있을 경우, 공을 아주 부드럽게 안착시켜 그린에 멈추게 할 경우 등이다.

 위와 같은 샷을 제대로 하기 위해서는 상당한 기술이 필요하며, 피나는 연습량이 있어야 한다. 그러나 의외로 롭(Lob) 웨지를 잘 사용하는 일반 골퍼들도 많이 있다. 그것은 공을 띄우기가 쉬우므로 한 번 사용했더니 쉽게 공이 빠져 나와 좋은 샷으로 연결되었던 기억 때문에 계속 사용하게 된다. 이런 경우는 좋게 연결된 샷은 기억 속에 남아 있지만, 잘못된 샷으로 연결되었던 것은 잊어버리고 있기 때문이다. 그러므로 롭(Lob) 웨지는 꼭 사용해야 할 경우에만 사용하고, 그 외의 경우에는 샌드 웨지나 피칭 웨지를 사용하는 것이 바람직하다.

Part 4

벙커 샷(Bunker Shot)

- 어드레스(Address) ▶ 172
- 스탠스(Stance) ▶ 174
- 올바른 세트업 ▶ 176
- 체중의 분배 ▶ 178
- 샷의 요령 1 ▶ 180
- 샷의 요령 2 ▶ 182
- 샷의 요령 3 ▶ 184
- 샷의 요령 4 ▶ 186
- 샷의 요령 5 ▶ 188
- 모래 질에 따른 벙커 샷 ▶ 190
- 모래 속에 묻힌 공 ▶ 192
- 굳은 모래 위에서의 샷 ▶ 194
- 오르막 경사에서의 벙커 샷 ▶ 196
- 내리막 경사에서의 벙커 샷 ▶ 198
- 턱이 높은 벙커에서의 샷 ▶ 200
- 턱이 낮은 벙커에서의 샷 ▶ 202
- 페어웨이(Fairway) 벙커 샷 ▶ 204
- 페어웨이 벙커 샷(클럽의 선택) ▶ 206
- 페어웨이 벙커 샷(샷하는 요령) ▶ 208
- 50~100yards 안쪽의 벙커 샷 요령 ▶ 210

숏게임(Short Game)
벙커 샷(Bunker Shot)

어드레스(Address)

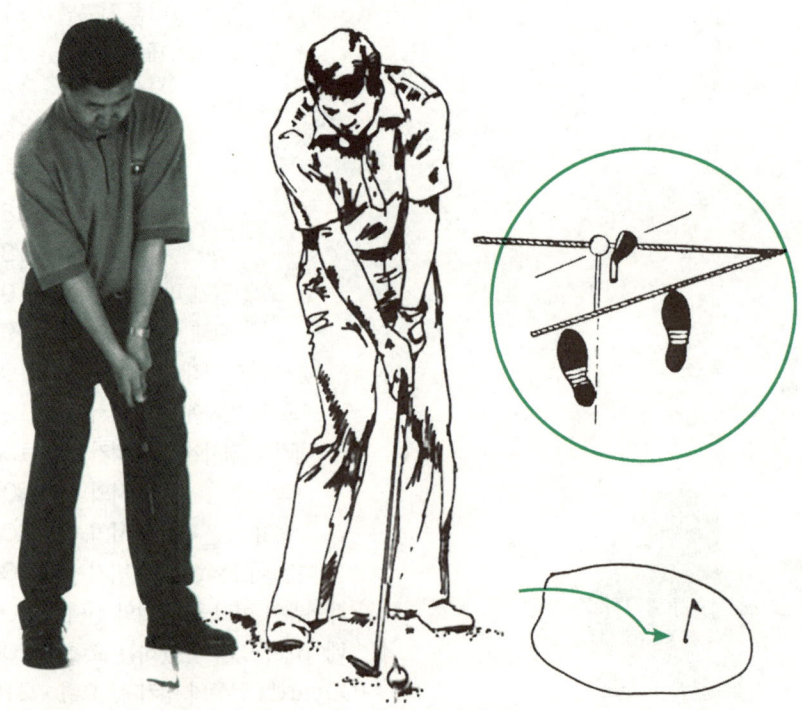

발은 비벼 모래 속에 묻고 스탠스를 오픈시킨 후
자신있게 샷을 하면 멋진 벙커 샷이 된다

　스트레스(Stress)를 풀기 위해 골프를 한다는 골퍼들이 많이 있다. 그러나 실상은 골프를 하면서 스트레스를 더 많이 받는 경우가 있다. 스트레스나 프레셔라는 말은 '압박감', '중압감'이란 말로 표현되지만 실제 프레셔는 '긴장감'이고, 스트레스는 '욕구 불만'에서 생긴다고 한다. 가령 어떤 일을 하기 위해 상당한 프레셔를 받는다. 그러나 그 일이 성공적으로 끝나면 기분이 좋아진다. 하지만 잘 안 되어 실패로 끝나게 되면 그

조영복의 실전골프

것이 곧 스트레스가 되는 것이다. 골프에서도 마찬가지이다. 자신이 원하는 방향으로 원하는 거리만큼 공이 날아가 주면서 완벽한 게임을 한다면 무슨 스트레스가 있겠는가? 오직 즐거움뿐이지……. 그러나 그게 뜻대로 안 되니까 스트레스 아니겠는가?

 그러나 이러한 스트레스를 이기는 일은 평소 꾸준한 연습과 자신감뿐이다. 스코어를 줄여서 스트레스를 풀기 위해서는 숏게임에 능해야 한다. 숏게임에는 여러 가지가 있겠지만 그중에서 트러블 샷인 벙커 샷에 대해서도 나름대로 확실한 요령을 터득하고 자심감 있게 대응하는 것이 좋다.

 벙커 샷을 하기 위한 어드레스는 일반 샷을 할 때의 어드레스 자세와 다소 다른 점이 있다. 공이 모래에 들어갔을 때는 먼저 양발을 모래 속에 비벼 넣어 주어야 한다. 그리고 발이 모래 속에 묻힌 만큼 클럽을 짧게 잡아야 한다.

 스탠스는 오픈 스탠스로 잡아야 하며 공의 위치는 왼발 뒤꿈치 안쪽 연장선에 오도록 놓아 주어야 한다. 체중은 왼발 쪽에 약간 더 실리도록 해 주고 클럽을 잡은 그립 부분은 공의 바로 위쪽에 위치하도록 해야 한다. 하체의 무릎은 약간 낮추어 주는 듯하며, 특히 주의하여야 할 것은 스탠스를 오픈 스탠스로 취하였다 하더라도 상체의 어깨를 잇는 선은 목표선으로 평행되게 해 주어야 한다. 벙커 샷이 일반적인 샷과 다른 가장 특이한 점은 공을 직접 때리지 않고 모래와 함께 공을 퍼내듯이 샷을 하는 것이다. 그러므로 샷을 올바르게 해 주기 위해서는 우선 위의 기본을 잘 지켜 주어야 하며 자신감을 확실히 가져야 한다. 공이 모래 속에 들어갔다고 하여 미리 겁을 먹고 공만 살짝 걷어내려고 한다거나 자신감 없이 너무 소심하게 샷을 하게 되면 그것은 백발백중 실패로 끝난다. 그러므로 위의 기본을 잘 지키면서 자신감 있게 샷을 해 보기 바란다.

숏게임(Short Game)
벙커 샷(Bunker Shot)

스탠스(Stance)

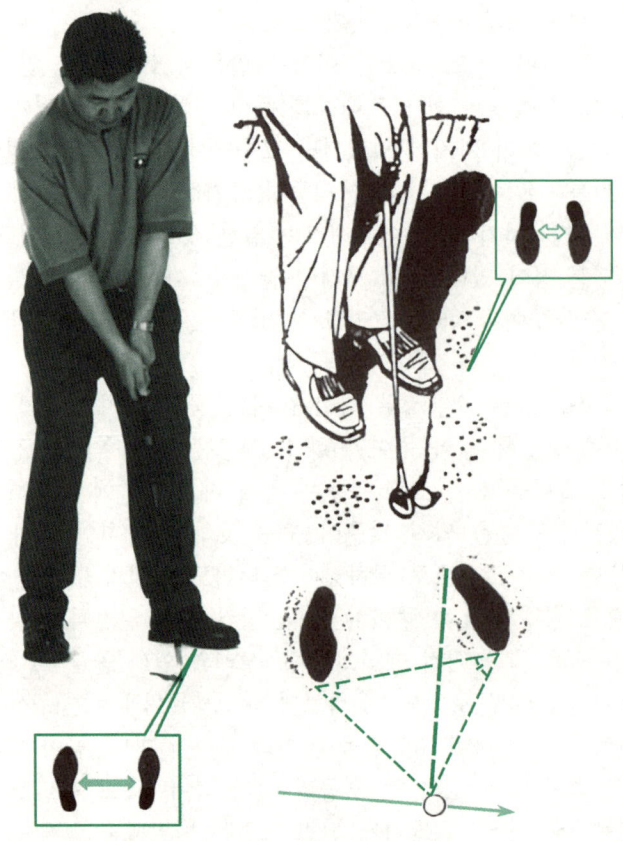

그린까지의 거리가 가까울 때는 넓은 스탠스,
멀 때는 좁은 스탠스를 취해 주는 것이 요령이다.

사람은 누구나 건강하게 오래 살기를 원한다. 그래서 몸에 좋다는 이 상한 약품들이나 건강 식품을 선호하게 된다. 그러나 그러한 보약보다는 걷는 것이 건강에 더욱 좋다. 그래서 우리 나라에서 유행하는 만보계라

조영복의

는 것이 있다. 한 발자국 움직일 때마다 눈금이 하나씩 올라가서 만 (10,000) 걸음을 걷는다는 것이다.

그렇다면 골프를 18홀 라운드하는 데 걷는다면 가령 몇 보나 될까? 사람마다 약간씩 다르겠지만 약 2만5천 보 정도 된다고 한다. 다리가 튼튼해야만이 즐겁게 장수할 수 있다. 그렇다면 카트를 이용하는 것보다 걸어서 라운드를 하는 것이 장수의 비결이 아니겠는가?

벙커에서 효과적으로 탈출하기 위해서는 평소에 벙커 샷에 대한 연습을 충분히 해 두어야 한다. 기초를 잘 다져놓지 않은 상태에서는 좋은 샷을 기대할 수가 없다. 일반적으로 벙커 샷은 클럽헤드가 공을 직접 때리지 않고 공의 뒤쪽 모래 밑을 파고 들어가게 함으로써 이에 따라 발생하는 폭발력으로 인해 공이 모래와 같이 튀어나오는 익스플로전 샷 (Explosion Shot)을 하는 것이다. 그러므로 벙커 샷은 일반적인 샷, 즉 잔디 위에서 치는 샷의 비거리에 비해 3분의 1 정도밖에 날아가지 않게 된다. 위의 샷을 제대로 모래와 같이 퍼내듯이 하는 샷을 하기 위해서는 어드레스 자세 때 지켜야 할 기본을 꼭 지켜 주어야 한다. 그중에서 스탠스가 차지하는 비중은 크다.

스탠스는 우선 오픈 스탠스를 잡아 주는 것을 기본으로 한다. 그러나 그린까지의 거리가 가까운 경우에는 폭을 조금 더 넓게 해 주고 거리가 먼 경우에는 스탠스의 폭을 약간 좁게 해 주는 것이 좋다. 이는 스탠스의 폭이 넓게 되면 하체의 사용이 둔하게 되면서 상체로만 스윙을 하게 되므로 그만큼 파워가 약해져서 거리가 짧게 나게 되며, 반대로 스탠스의 폭이 좁게 되면 아무래도 하체의 사용이 생기게 되어 체중 이동과 함께 샷을 해야 하므로 비거리가 더 나게 된다.

그러나 스탠스를 좁게 선 상태에서 샷을 할 때 일부러 체중 이동을 하려고 하면 공을 먼저 맞히는 경우가 생기게 되므로 유의해야 한다. 스탠스는 좁게 서 주지만 자연스럽게 상체만을 사용하여 샷을 하는 느낌으로 샷을 할 때 자연스럽게 하체가 쓰여지는 느낌이면 좋다.

숏게임(Short Game)
벙커 샷(Bunker Shot)

올바른 세트업

스탠스를 45° 오픈시킨 만큼 클럽 페이스도 4° 오픈시킨 모습.
클럽 페이스를 오픈시키지 않으면 공을 바로 맞히게 된다

　골프 인구의 증가에 따라서 여성 골퍼들의 참여도가 상당히 높아졌다. 필자의 경우에도 많은 여성 학생들을 가르쳐 왔고, 또 가르치고 있다.

조영복의

"집사람이 골프를 시작하더니 마음도 밝아졌고 몸도 상당히 건강해졌다."라고 말하는 남편들이 상당히 많다. 여성들은 남성들에 비해 파워를 65%~75% 정도밖에 낼 수가 없다. 그래서 보기에도 힘없는 스윙의 골프를 하게 된다. 그러나 골프는 정신건강과 육체 건강에 큰 효능이 있는 것만은 사실이다. 또 여성들의 스트레스 해소를 위해서는 골프가 최고라고 많은 전문가들이 말한다.

밝은 태양과 푸른 초원의 맑은 공기는 젊음을 배가시키는 좋은 활력소가 된다. 그러므로 몸이 불편하다, 신경통으로 몸이 쑤신다, 머리가 아프다고 하는 사람들은 골프를 한 번 열심히 해 보는 것이 어떨지?

일반적으로 벙커 샷을 할 때는 스탠스를 오픈시켜 주는 것을 기본으로 한다. 그리고 스탠스를 열어 주는 것에 비례해서 클럽 페이스 또한 열어 주어야 한다. 즉, 스퀘어 스탠스에서 오픈 스탠스를 취하면서 스탠스를 목표선에 비해 45° 정도 오픈시켰다면 클럽 페이스 또한 목표선에 비해 직각이 아니라 45° 정도 오픈 페이스를 해 주어야 한다(그림 ❶ 참조). 스탠스만 오픈 자세를 취하고 클럽 페이스는 목표선에 대해 직각으로(그림 ❷ 참조) 놓은 상태에서 샷을 하게 되면 공을 먼저 맞히거나 상당한 비거리가 나게 되어 있다. 그리고 공의 위치도 왼발 뒤꿈치 일치선상에 놓아 주어야 좋다.

다시 한 번 자세히 설명하자면 먼저 벙커 안에 들어가서 목표선과 일치되게 선다. 그리고 스탠스를 45° 정도 오픈시켜 주고 클럽 페이스 또한 45° 정도 오픈시켜 준다. 그리고 자세를 약간 낮추듯이 하면서 어드레스 자세를 취한다. 이때 발이 모래 밑을 약간 파고 들어가도록 비벼 준다. 발이 모래 속에 들어간 것만큼 클럽을 짧게 잡아 준다. 이렇게 어드레스 자세를 취했을 때 공의 위치는 왼발 뒤꿈치 일치선상에 오게 하는 것을 말한다. 이때 유의하여야 할 것 하나는 스탠스는 비록 오픈 스탠스를 취했다 하더라도 양 어깨를 잇는 선과 상체의 가슴은 목표선에 대해 일치되게 해 주어야 한다는 것이다.

숏게임(Short Game)
벙커 샷(Bunker Shot)

체중의 분배

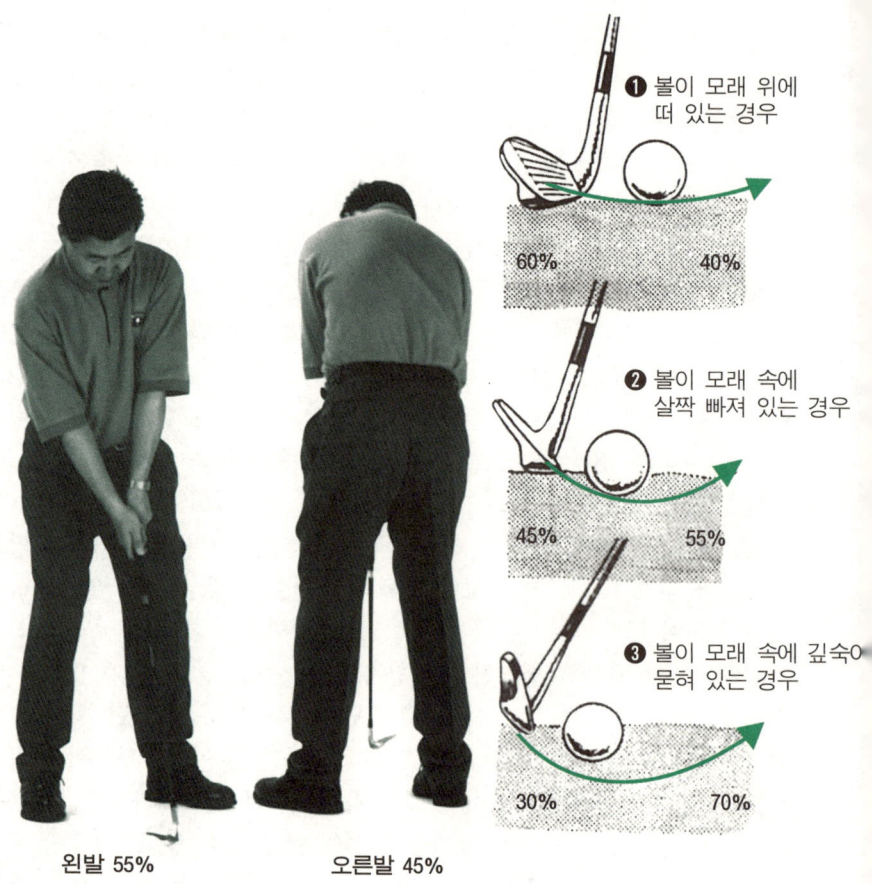

왼발 55%   오른발 45%

❶ 볼이 모래 위에 떠 있는 경우
60%   40%

❷ 볼이 모래 속에 살짝 빠져 있는 경우
45%   55%

❸ 볼이 모래 속에 깊숙이 묻혀 있는 경우
30%   70%

건강 이야기를 하다 보니 계속해서 건강 이야기를 하게 되는 것 같다. 건강을 지키기 위해서는 3가지의 원칙이 있다. 첫째, 잠을 깊이 자야 한다. 둘째, 아무 음식이나 맛있게 먹어야 한다. 셋째, 변을 시원하게 보아야 한다는 것이다. 이 3가지 원칙을 잘 지키기 위해서는 적당한 운동이

조영복의

꼭 필요하다. 그래서 의사는 "건강을 위해 평생 즐기면서 할 수 있는 운동을 하나 가져라."고 말한다. 나이가 들면서 생기는 성인병인 당뇨병은 적당한 운동으로 치료할 수 있다. 그 외에도 많은 질병들은 적당한 운동과 정신력으로 충분히 물리칠 수 있다. 거기에 가장 적합한 운동이 바로 골프가 아니겠는가 하는 생각을 해 본다.

벙커에 공이 들어갔을 때 얌전히 놓여 있으면 아무래도 쉽게 느껴진다. 그러나 공이 모래 속에 약간 묻혀 있거나 잘못 놓여져 있을 경우에는 상당히 어렵게 느껴지게 된다. 이렇게 상황이 다른 때에 샷을 하기 위한 어드레스 자세는 체중의 분배를 확실히 해 주는 것이 좋다. 그것은 체중의 분배에 따라서 다른 결과가 나올 수 있기 때문이다.

보통 공이 얌전히 놓여져 있을 때는(그림 ❷ 참조) 어드레스 자세 때 체중의 분배를 왼발에 55%, 오른발에 45% 정도 실어 주는 것이 가장 좋다. 그러나 공이 모래 속에 약간 깊이 묻혀 있을 때에는(그림 ❸ 참조) 체중의 분배를 왼발 70%, 오른발 30% 정도로 왼발에 더 많이 실어 주는 것이 좋다. 또 반대로 공이 살짝 올려져 있고 그린에 가깝게 있을 경우에는(그림 ❶ 참조) 체중의 분배를 왼발에 40%, 오른발에 60% 정도 실어 주면서 샷을 부드럽게 해 주는 것이 좋다. 또 체중의 앞뒤 분배에서도 공이 깊이 묻혀 있는 경우에는 발바닥 전체에 실어 주는 것이 좋다. 또 공이 곱게 잘 놓여 있고 그린에 가까운 경우라면 체중을 발뒤꿈치 쪽에 약간 더 실어 주는 것이 좋다. 그러나 일반적인 샷에서 양발의 체중 분배는 왼발이 55%, 오른발이 45%면 좋고, 앞뒤 분배에서는 발바닥 전체, 즉 중앙에 실어 주는 것이 좋다.

숏게임(Short Game)
벙커 샷(Bunker Shot)

샷의 요령 1

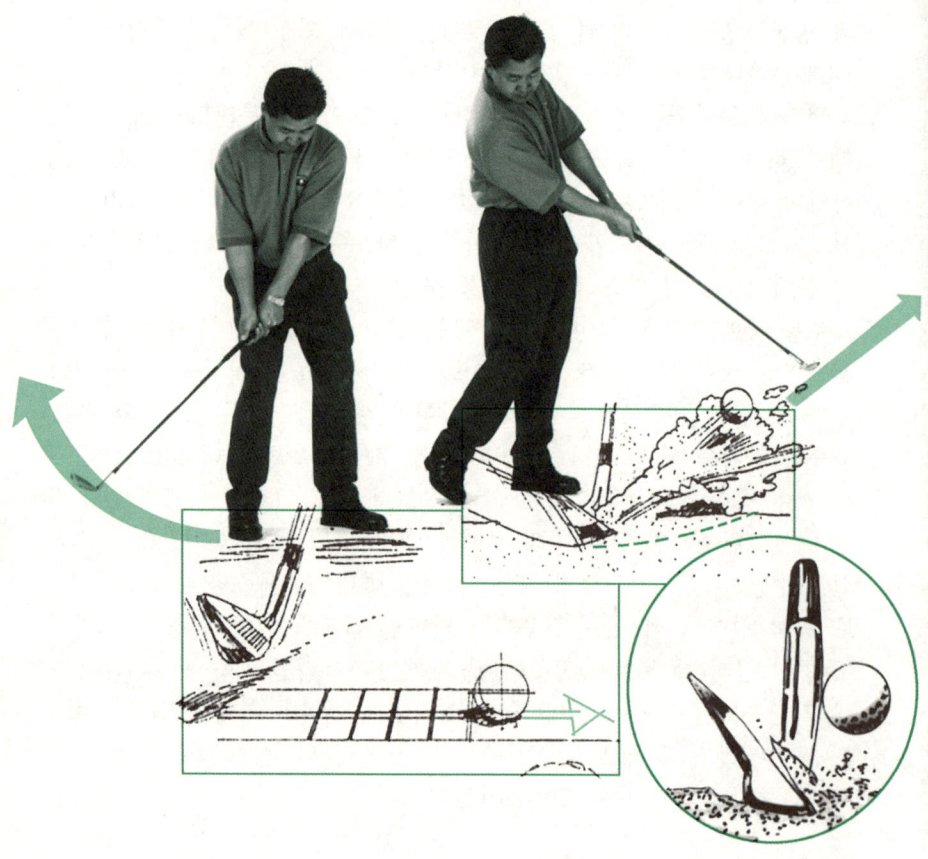

　스트레스(Stress)는 모든 병의 근원이다. 인간은 이 스트레스를 이기지 못해 인생을 일찍 마감하게 된다. 그러나 자신이 좋아하는 특별한 취미가 있으면 스트레스를 극복할 수 있다고 한다. 가령 테니스, 등산, 낚시 등 야외에서 즐길 수 있는 것이면 더욱 좋다. 그중 골프는 소음의 도시 환경 속에서 벗어나 자연을 사랑하고 수목이 무성한 넓은 산야에서 일을

조영복의 실전골프

모두 잊고 유유히 백구를 쫓으며 맑은 공기와 푸른 초장을 걷는 것이므로, 스트레스를 해소하기 위한 어느 것보다 좋은 운동이라고 자랑하고 싶다.

　공이 벙커에 들어가게 되면 겁을 먹는 사람들이 의외로 많다. 그래서 아예 포기하다시피 샷을 하는 경우도 있다. 그래서 벙커에서 잘못되는 미스 샷의 문제점은 오히려 정신력에 있다고 말한다. 따라서 벙커 샷을 할 때는 먼저 자신감을 갖고 대담하게 할 줄 알아야 한다.

　벙커 샷을 자신감 있게 하기 위해서는 클럽에 대한 신뢰감이 있어야 한다. 다시 설명하자면 샌드 웨지(Sand Wedge)는 클럽헤드의 밑바닥 부분(Sole)이 다른 일반적인 클럽에 비해 두껍게 만들어져 있다. 그렇기 때문에 클럽헤드가 모래 속으로 너무 깊이 파고 들어가지 않고 공 밑을 잘 빠져 나가게끔 되어 있어서 공을 띄우는 데 용이하다. 따라서 이런 클럽의 기능을 믿고 기본적인 원리에 따라 스윙을 하게 되면 벙커 샷은 생각처럼 어렵지가 않다.

　벙커 샷에서는 스탠스를 오픈되게 서 주어야 한다고 했다. 그리고 클럽 페이스 역시 목표선에 대해 오픈시켜 주어야 한다. 그렇게 하면 클럽 헤드가 공 밑을 쉽게 빠져 나가면서 공을 잘 띄워 주게 된다. 체중은 왼발에 조금더 실어 주고 클럽을 약간 짧게 잡아 주는 것이 좋다. 그리고 가장 중요한 것은 샷을 할 때 공을 바로 맞히는 것이 아니라 공의 1~2인치 뒤쪽을 쳐서 모래와 공이 함께 날아가게끔 해 주어야 한다. 이때 클럽 페이스가 오픈되어 있는 상태로 목표선을 향해 일직선으로 쏜살같이 빠져 나가도록 자신있게 샷을 해야 하는 것이다. 평지에서의 샷보다 3분의 1 정도 거리가 나오게 되므로 정확하게 공의 1~2인치 뒤쪽의 모래를 약하지 않게 쳐 주는 것을 말한다.

숏게임(Short Game)
벙커 샷(Bunker Shot)

샷의 요령 2

커트(Cut)

아웃사이드에서 인사이드로 스윙 궤도를 그리며 샷을 하면 된다

 골프는 그 사람의 성격을 아주 잘 나타내 준다. 특히 트러블 샷이 생겨서 그 위기를 빠져 나가기 위해 대처할 때 더 잘 드러나게 된다. 가령 티샷을 했는데 OB선으로 공이 날아갔다. 이럴 때 성격이 온순하고 차분한 사람은 잠정구를 치고 나가겠다고 한다. 그러나 성격이 급하거나 본심이 좋지 못한 사람은 그냥 가서 확인부터 하겠다고 나서는 경우가 많다. 그

런 후에 룰에도 없는 룰을 적용해서 한 타의 벌타만 부가하고 그 자리에서 그냥 쳐 버리고 만다. 이런 현상은 로스트 볼인 경우에 더 확실하게 나타나게 된다. 그래서 '골프는 그 사람을 보여 주는 거울이다.' 라는 표현까지 한다.

벙커에 공이 들어갔을 때는 클럽헤드가 샷을 하기 전에 모래에 닿으면 두 타의 벌타를 받게 된다. 그러나 샷을 한 후 공이 벙커를 빠져 나온 후에는 클럽이 몇 번이고 닿아도 상관없다. 벙커 샷을 할 때 모래를 지나치게 많이 퍼내어서 폭발력이 약해 벙커를 탈출하지 못할 때가 있다. 이런 경우에 대처하기 위해 어드레스 자세를 오픈 스탠스로 취하게 되고 클럽페이스로 오픈시켜 주게 된다. 그리고 스윙을 할 때에도 아웃사이드에서 인사이드로 해 주는 것이 좋다. 자세히 설명하자면 어드레스 자세 때 기본적인 동작들을 잘 지키면서 어드레스 자세를 취하고 백스윙을 시작할 때 손목을 일찍 꺾어서 코킹을 이루는 것이 좋다. 이때 백스윙의 시작을 목표선과 일치되게 곧장 뒤쪽으로 뽑아 주고 약간 아웃사이드로 백스윙을 하는 느낌이면 좋다. 또 다운스윙 때에는 지나친 체중 이동을 피하고 팔로만 스윙을 한다는 생각으로 아웃사이드에서 인사이드로 스윙 궤도를 그려 주면서 공을 커트(Cut)로 하듯이 스윙을 해 주라는 것이다. 그리고 스윙을 할 때는 자신의 팔의 힘보다는 클럽헤드의 무게를 최대한 이용하여 클럽헤드가 위에서 아래로 떨어지듯이 하면서 모래 속을 파고들도록 해 주어야 한다. 또 이때 반드시 공의 1~2인치 정도 뒤쪽을 치고 빠지도록 확실하게 스윙을 해 주는 것이 바람직하다.

그렇다고 너무 힘껏 공을 쳐내려고 하지 말아야 한다. 너무 지나치게 힘을 가해 스윙을 하게 되면 클럽헤드가 정확하게 파고들지 못하고 아무 곳이나 파고들기 때문에 실패하는 경우가 많다. 상체를 부드럽게 해 주면서 클럽헤드의 무게를 이용하여 아웃사이드 인으로 커트하듯이 스윙을 해 주면 쉽게 된다.

숏게임(Short Game)
벙커 샷(Bunker Shot)

샷의 요령 3

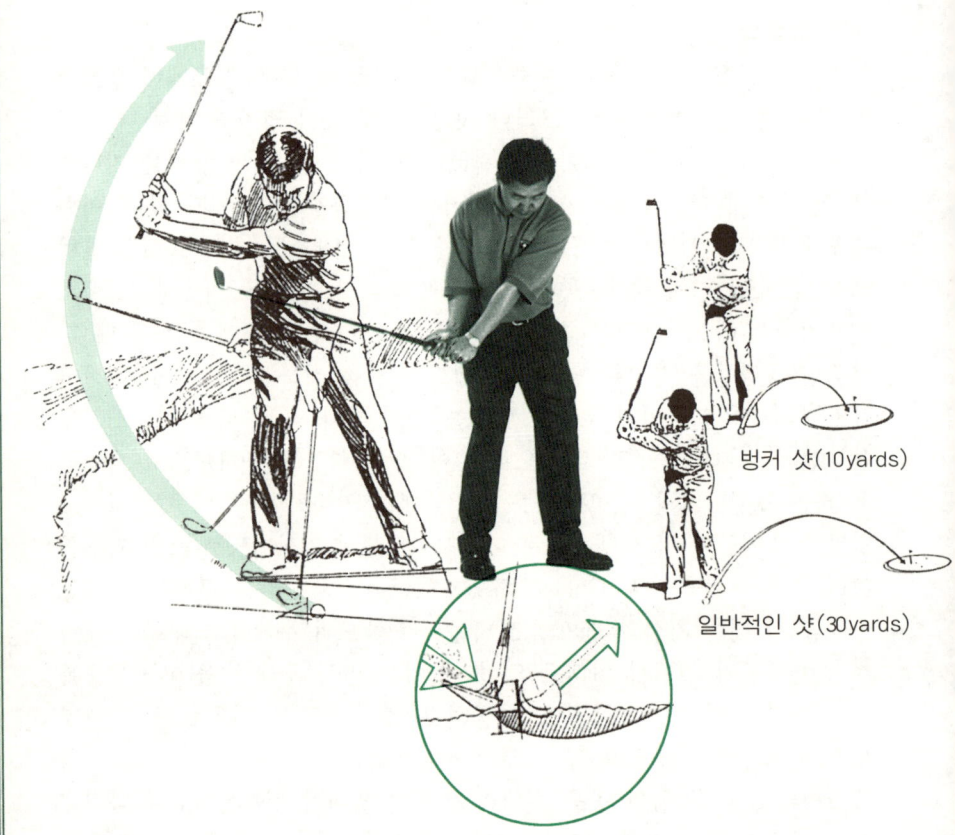

벙커 샷(10yards)

일반적인 샷(30yards)

라운드를 하다 보면 가끔 화나는 일이 생긴다. 이때 화를 내지 않고 경기를 잘 이끌어 갈 줄 아는 자신의 관리가 필요하다. 골프 게임에서 화를 내는 일이 얼마만큼 자신의 골프에 마이너스가 되는지 알아두어야 한다. 화를 내면 낼수록 자신을 더욱 궁지로 몰아넣게 되며, 결국 게임을 모두 망치게 되는 것이다. 화를 내야 할 일이 있을 때는 웃거나 입으로 노래를

조영복의 실전골프

부르면서 기분 전환을 잘해 경기가 의외로 잘 풀리도록 하는 여유가 있어야 한다.

 프로 골퍼들은 벙커를 그린의 일부라고 생각하고 벙커 샷에 임한다. 일반 골퍼들 역시 이와 같은 생각을 가지고 샷을 하게 되면 더 쉽게 빠져 나올 수 있으리라 생각한다. 공이 벙커 속에 들어갔을 경우 공을 어떻게 쳐낼 것인가 하는 문제는 공이 놓여 있는 상황과 벙커의 모양 그리고 모래의 종류에 따라서 약간씩 다르다. 보편적인 벙커 샷에서는 공의 1~2인치 뒤쪽의 모래를 공과 함께 퍼내듯이 샷을 해야 한다고 설명했다. 그러나 일반 골퍼들 중에는 공의 뒤쪽 1~2인치 지점을 파고들어야 한다는 생각에 너무 집착하면서 스윙을 하다 보면 그만 모래만 파고 공이 빠져 나오지 못하는 실수를 하는 경우가 있다. 그래서 너무 공의 뒤쪽에 대해 집착하지 말고 공을 포함한 공 밑의 모래를 빈대떡 크기만큼 얇고 길게 떠낸다는 생각으로 샷을 하는 것이 좋다. 또 일반 골퍼들은 적당한 양의 모래와 공을 퍼내기 위해서는 어느 정도의 힘으로 샷을 해야 하는지 잘 모르고 있다. 벙커 샷은 공을 직접 맞히지 않고 모래와 같이 공을 퍼내듯이 하기 때문에 자연 공이 날아가는 거리가 짧다. 이때의 비거리는 일반적인 샷에 비해 약 3분의 1 정도밖에 되지 않는다. 그래서 10yards의 벙커 샷을 해야 한다면 잔디 위에서 30yards 샷을 한다고 가정했을 때의 힘이면 좋다.

 위의 샷을 제대로 해 주기 위해서는 많은 연습량이 필요하다. 연습 요령은 모래 위에 하나의 줄을 그어놓고 그 라인 위에 정확하게 클럽헤드를 떨어뜨리는 연습을 하는 것이 좋고, 또 모래 위에 빈대떡만한 크기의 원을 그려놓고 그 원 안에 있는 모래만 살짝 떠내는 스윙 연습을 하게 되면 샷을 하는 데 많은 도움이 된다.

숏게임(Short Game)
벙커 샷(Bunker Shot)

샷의 요령 4

피니시 동작은 필요 없지만 폴로스루 동작은 확실히 해 주어야 나이스 샷이 된다

　스포츠(Sports)란 말의 원뜻은 '일에서 떠나다(Disporten)'의 뜻이다. 그런 면에서 본다면 스포츠를 한다는 것은 바로 즐긴다는 뜻도 될 수 있다. 그러므로 일을 열심히 하는 것과 운동을 열심히 하는 것은 몸을 많이 사용한다는 면에서는 같을지 모르지만, 일은 노동이며 고통이고, 스포츠는 운동이며 즐기는 것이라고 할 수 있다. 그러므로 힘든 일은 뒤로 미루고 스포츠를 한 번 즐겨 보는 것이 풍요로운 인생이 아니겠는가?

조영복의

평소에 벙커에 대한 연습이 부족하고 이에 대한 확실한 기초를 다져 놓지 못한 상태에서 실전에서의 벙커 샷에서는 좋은 샷을 기대할 수가 없다. 특별히 연습할 기회가 거의 없고 일주일에 한 번 코스에 나가서 플레이만 하게 되는데, 이때 벙커에 공이 들어가면 굉장히 곤혹스럽게 된다. 벙커 샷을 제대로 하기 위해서는 일반적인 샷의 경우에서와 마찬가지로 머리의 움직임이 가장 중요하다. 즉, 이 말은 스윙 도중에 몸의 흔들림이 있어서는 안 된다는 뜻이기도 하다.

벙커 샷의 경우에는 풀 스윙 때와 달리 몸의 움직임이 그다지 많이 필요하지 않다. 따라서 어드레스 자세 때 양눈의 시선이 공을 향해 정면을 봐 주어야 하며, 그 상태를 잘 유지해 주면서 백스윙과 다운스윙 그리고 폴로스루까지 해야 한다. 몸을 많이 사용하려고 하지 말고 팔과 상체 그리고 클럽헤드의 무게만을 사용하여 스윙을 한다는 느낌이면 좋다. 그리고 공을 치고 클럽헤드가 목표 쪽으로 잘 빠져 나갈 수 있도록 폴로스루를 잘해 주어야 한다.

가끔 일반 골퍼들 중에는 공 밑을 힘껏 내리치고는 그만 동작을 멈추어 버리면서 폴로스루를 하지 않는 경우가 많이 있는데, 그런 샷을 했을 때는 대부분 실패로 끝나게 된다. 따라서 클럽헤드가 공 밑을 확실하게 치고 빠져 나가도록 낮고 긴 폴로스루를 해 주는 것이 좋다. 그러나 피니시는 할 필요는 없다. 특히 스윙 도중에 머리의 움직임을 억제시켜 주고 상체와 팔 그리고 클럽헤드의 무게를 이용하여 클럽헤드가 공 밑을 확실하게 치고 빠져 나가도록 폴로스루를 해 주는 것이 최상의 방법이다.

숏게임(Short Game)
벙커 샷(Bunker Shot)

샷의 요령 5

임팩트 후 손목을 쭉 펴 주면서 손목 사용 없이 폴로스루 동작으로 연결한다

"골프는 자연과의 싸움이다."라고 표현한다. 그러나 싸움이라는 표현보다는 오히려 "자연에 적응하는 것이다."라고 표현하는 것이 좋을 듯싶다. 우리 나라에는 뚜렷한 사계절이 있다. 여름에는 더위에 적응해야 하며 겨울에는 추위에 적응해야 하는 것이지 더위와 싸운다, 추위와 싸운다는 말은 잘 어울리지 않는 것 같다. 계절에 잘 적응하기 위해서는 겨울에는 겨울에 맞는 연습을, 여름에는 여름에 맞는 연습을 해 주는 것이 좋다.

조영복의

즉, 겨울에는 날씨도 춥고 체력 소모도 많으므로 급격한 드라이브 연습은 피하고 숏아이언이나 숏게임 연습을 하는 것이 좋으며, 여름에는 체온도 올라가고 몸에 땀도 많으므로 주로 롱 샷을 연습하는 것이 좋다.

일반 골퍼들 중에는 공이 벙커에 들어갔을 때 손목을 사용하여 공만 살짝 걷어내려고 하는 경우가 많이 있다. 다행히 공이 모래 위에 곱게 잘 올려져 있을 때는 성공할 때도 있다. 그러나 조금만 공이 가라앉아 있으면 그것은 실패로 끝나게 된다. 일반적으로 벙커 샷은 모래를 쳐서 그 모래가 폭파되는 힘을 이용해서 공이 튀어나오도록 해 주는 것이다. 그런데 손목을 사용하여 공만 살짝 걷어내려고 해서는 좋은 샷을 기대할 수가 없다. 그러므로 어드레스 자세 때 그립을 약간 짧게 잡아 주면서 단단하게 잡아 주는 것이 좋다. 그렇다고 너무 지나치게 강하게 잡아서는 곤란하다.

그리고 백스윙의 정상에서 클럽헤드가 떨어지면서 공 밑의 모래를 잘 치고 빠져 나갈 수 있도록 손목을 쭉 펴 주는 느낌으로 릴리스를 시켜 주어야 한다. 그러면서 폴로스루를 길게 해 주는 것이어야 한다. 앞에서도 설명했듯이 평지에서의 샷보다 약 3분의 1 거리밖에 날아가지 않게 되므로 3배의 강하기로 샷을 한다고 생각하면 좋다. 따라서 자신감을 가지고 손목 사용을 피하면서 클럽헤드가 확실하게 공 밑을 치고 빠져 나갈 수 있도록 약간 강하게 스윙을 해 주어야 하며, 반드시 폴로스루를 해 줌으로써 클럽헤드를 확실히 치고 빠지게 해 주어야 한다. 또 그립을 약간 강하게 잡아 주어야 하며, 손목 사용은 피하는 것이 좋다.

숏게임(Short Game)
벙커 샷(Bunker Shot)

모래 질에 따른 벙커 샷

딱딱한 모래   중간 모래   부드러운 모래

모래가 부드러운 벙커에서는 볼이 많이 묻혀 있게 마련이기 때문에 볼 뒤쪽 1~2인치 지점을 가격해야 한다

골프의 전체를 정신적인 멘탈과 기술적인 테크닉의 2가지로 비중을 나누자면 멘탈이 80%, 테크닉이 20%라고까지 할 만큼 골프에서 멘탈이 차지하는 비중은 크다. 특히 초보자일수록 멘탈이 더 약해지게 되면서

테크닉 면에서까지 자신감을 잃게 되는 것이다. 똑같은 기술을 가진 두 사람이 있다면 어느쪽의 정신력이 강한가에 따라서 결과가 다르게 나타난다. 그러므로 항상 자신감에 넘치는 자세를 보이는 것이 좋다. 이런 자신감은 특히 벙커 샷을 할 때 더 많은 필요성을 느끼게 된다.

같은 벙커라 할지라도 골프장마다 모래의 질이 모두 다르다. 골프장에 따라서 모래의 결이 아주 부드러운 바닷모래로 메워 놓은 곳도 있으며, 모래의 결이 거친 시냇가 모래로 메워 놓은 곳도 있다. 이처럼 각 골프장마다 벙커 내의 모래의 질이 다른 경우에는 그에 따라 벙커 샷도 달리 해야 한다. 가령 모래의 결이 아주 부드러운 벙커에서 샷을 할 때에는 먼저 평소 때와 같이 오픈 스탠스를 취하고 공의 위치를 평소 때의 왼발 뒤꿈치 일치선상에서 약간 왼쪽으로 옮겨 주어야 한다. 그것은 모래가 부드럽기 때문에 클럽헤드가 쉽게 빠져 나올 수 있기 때문이다. 그러나 모래가 부드러우면 공이 모래 속에 약간 묻혀 있게 되므로 반드시 공의 1~2인치 뒤쪽을 쳐서 클럽헤드가 빠져 나가도록 해 주어야 한다. 모래가 부드럽다고 해서 너무 소심하게 샷을 하거나 손목을 사용하여 공을 퍼올리려고 하거나 공 밑을 치고 동작을 멈추어 버리거나 해서는 안 된다. 평소 때의 벙커 샷보다 조금 더 강하게 치는 듯하는 것이 좋다. 또 반대로 모래의 결이 거친 벙커에서의 경우 평소 때와 같은 요령으로 샷을 해 주면 된다. 그러나 모래의 알이 굵어서 클럽헤드가 밑으로 치고 빠져 나가지 못하여 공을 바로 맞히는 경우가 생기므로 스윙시 체중 이동을 줄이고 상체와 팔을 사용하여 클럽헤드의 무게를 최대한으로 이용하여 스윙을 해 주는 것이 좋다. 모래가 굵은 경우에는 그다지 강한 스윙은 필요 없다. 아주 부드럽게 스윙에 임하면 좋다.

숏게임(Short Game)
벙커 샷(Bunker Shot)

모래 속에 묻힌 공

모래 속에 묻힌 공은 스탠스를 좁게 서고,
약간 오픈해 모래와 함께 폭발시키면 된다

우리 나라 사람들은 타민족에 비해 성격이 상당히 급한 편에 속한다. 무엇을 하든지 당장 그 자리에서 해 주길 바라는 편이다. 골프에서도 마찬가지다. 필자가 골프를 가르치다 보면 상당히 성격이 급한 사람들이 많다는 것을 느낄 수 있다. 골프 레슨 몇 시간 받고 프로와 비슷한 스윙을 하기를 원하는 것이다. "3년 앞을 위하여 연습하라."라는 말이 있다. 오늘 받은 레슨이 내일 당장 성과를 내지는 못하지만 상당한 세월이 흐르면서 꾸준하게 연습을 하면 좋은 결과가 있게 된다.

조영복의 실전골프

　샷을 한 공이 높이 떠서 날아가 벙커에 떨어지게 되면 공이 모래 속에 박히게 된다. 그렇지 않으면 공이 떨어지는 충격으로 인해 공 주위에 있는 모래가 모두 흩어져 마치 달걀을 프라이한 것 같은 모양을 하게 될 때가 많다. 이런 때에는 아무래도 일반적인 벙커 샷보다 어렵다고 말할 수 있다.
　먼저 어드레스 자세를 취할 때 스탠스를 평소 때보다 조금 적게 오픈해 주어야 한다. 그리고 스탠스의 폭 역시 약간 좁게 서 주는 것이 유리하다. 체중의 분배에서는 왼발의 체중을 80%로 해 주고 오른발은 20% 정도로 해 주는 것이 좋다. 그리고 클럽 페이스를 평소 때보다 약간 닫아 주어서 클럽헤드의 밑바닥(Sole) 부분을 사용해서 치려고 할 것이 아니라 헤드의 에지(Edge)를 사용하여 공 밑을 파고 들어가서 모래와 함께 공이 튀어나오도록 해 주어야 하는 것이다. 그러기 위해서는 백스윙을 시작할 때 손목의 코킹을 일찍 해 주면서 클럽헤드가 수직으로 위쪽으로 올라가는 것처럼 하는 것이 좋다. 또 다운스윙에서도 위쪽에서 수직으로 클럽헤드가 공의 뒤쪽을 향해 떨어지면서 모래를 폭파시켜 주도록 하는 것이 좋다. 이때는 평소보다 더 많은 힘이 필요하게 된다. 그래서 오른손을 사용하여 약간 강하게 내리치듯 해 주는 것이 좋다. 그리고 공을 친 후에는 구태여 폴로스루를 많이 하려고 애쓸 필요가 없다. 그냥 모래만 폭파시켜 주고 동작을 멈추어 버리는 듯이 스윙을 하면 그만이다.

숏게임(Short Game)
벙커 샷(Bunker Shot)

굳은 모래 위에서의 샷

굳은 모래 벙커 샷에서는 공 뒤쪽을 가격해 모래를 살짝 걷어내
폴로스루로 연결해야 한다

  골프의 장비는 급속도로 발전을 하고 있다. 그 발전에 비례해서 가격 또한 상당히 상승세를 타고 있다. 예전에는 클럽 하나에 30, 40만 원 정도면 상당히 고가였는데, 요즘 일본에서 제작된 클럽들 중에는 150만 원 이상 가는 클럽이 상당수 있다. 자기 취미 생활을 위해 돈을 쓰는 것이야 좋은 일이지만, 너무 지나친 과용은 피하는 것이 좋을 듯싶다. 어떤 클럽으로 샷을 하느냐가 아니라 어떤 스윙으로 샷을 하느냐가 중요하다는 것

을 알아두었으면 한다.

　비가 내린 후 날이 개면서 젖었던 모래가 마르면 벙커의 표면은 딱딱하게 굳는다. 이런 벙커에 공이 들어가게 되면 상당히 조심해서 샷을 해야 한다. 왜냐하면 모래 밑에는 아직도 물이 묻어 있어 클럽헤드가 모래를 빠져 나가는 것을 방해하기 때문에 자칫하면 공을 먼저 맞히는 경우가 생기게 된다. 이런 때는 평소 때와 같이 오픈 스탠스를 잡아 주고 어깨 라인은 목표선에 대해 일치되도록 해 주어야 한다. 또 클럽 페이스는 너무 많이 오픈시키지 말고 약간만 오픈시켜 주는 것이 좋다. 그리고 공의 위치는 평소보다 하나 정도 오른쪽으로 옮겨 주는 것이 좋다. 그것은 아무래도 젖은 모래라서 모래를 폭파시키는 힘이 약해지게 되므로 모래를 얇게 떠서 공과 같이 벙커 속을 빠져 나오게 해 주기 위해서이다. 부드러운 모래에서의 샷은 공의 위치가 약간 왼쪽이 되었지만, 딱딱한 모래나 젖은 모래의 경우에는 공의 위치를 약간 오른쪽으로 옮겨 주는 것이 좋다. 그리고 샷을 할 때는 보통 잔디 위에서의 샷과 같이 비슷한 스윙을 해 주면 된다. 일찍 손목을 꺾어서 코킹을 이루지 말고 자연스럽게 백스윙을 해 주면서 공의 바로 뒤쪽에 클럽을 떨어뜨려서 모래 약간과 공을 함께 떠내는 것 같은 스윙이면 좋다. 그러기 위해서는 공의 뒤쪽을 친 클럽헤드가 낮고 긴 폴로스루와 함께 목표선을 향해 쏜살같이 빠져 나가도록 해 주어야 한다. 즉, 클럽헤드가 손보다 먼저 공의 위치를 지나 빠져 나가도록 하는 것을 말한다. 너무 깊이 파고들려고 하지 말고 공만 살짝 걷어내는 듯하게 모래와 같이 공이 가볍게 나오도록 스윙을 해 주는 것이 좋다.

숏게임(Short Game)
벙커 샷(Bunker Shot)

오르막 경사에서의 벙커 샷

체중 이동 없이 상체가 약간 뒤로 넘어지듯 콤팩트 스윙을 해야 한다

　일반 골퍼들은 프로 골퍼들과 달리 트러블에 빠지면 자기의 능력이나 솜씨를 고려하지 않고 단번에 리커버리 샷을 노린다. 트러블에서 단번에 빠져 나오고 싶은 소박한 감정이야 나무랄 일이 아니지만, 자신의 능력이나 솜씨를 고려해서 지혜롭게 대처하는 두뇌 골퍼가 되어야 할 것이다.

조영복의 실전골프

　벙커에 공이 들어갔다고 해서 항상 같은 조건에서 샷을 하는 것은 아니다. 편편한 곳에서 샷을 해야 하는 경우도 있지만, 운이 좋지 못한 날에는 벙커 안에서도 경사진 곳에서 샷을 해야 할 경우가 종종 있다. 왼발이 놓인 곳이 오른발이 있는 곳보다 더 높은 오르막 경사의 벙커, 즉 업힐 라이에서는 먼저 샷을 하기 위한 어드레스 자세부터 달라야 한다. 이런 경우 어드레스 자세를 취할 때는 먼저 양 어깨의 기울기가 경사면과 평행을 이루도록 해 주어야 한다. 또 스탠스도 오픈시켜 주어야 하며, 클럽 페이스도 오픈형으로 잡아 주는 것이 한 요령이다.
　공의 위치는 몸의 중앙에 오도록 놓아 주고 이때 양발의 체중의 분배는 오른발에 60%, 왼발에 40% 정도 실어 주는 것이 좋다. 이는 왼쪽으로 업힐이기 때문에 극히 자연스러운 일로써 굳이 벙커가 아니라도 일반적인 경사도의 샷에서도 같은 요령으로 체중의 안배가 필요하다. 샷을 할 때 스윙의 크기를 일부러 크게 해 주려고 할 필요는 없다. 물론 남은 거리에 따라서 다르겠지만 일반적인 샷에서는 백스윙의 크기가 양손이 오른쪽 어깨 이상 올라가지 않도록 콤팩트 스윙을 해 주는 것이 좋다. 그리고 스윙 도중 특별히 체중 이동을 하려고 하지 말고 어드레스 자세 때의 체중의 안배를 잘 지켜 주면서 클럽헤드가 벙커의 경사도를 따라 빠져 나갈 수 있도록 스윙을 하는 것이 좋다. 상체가 약간 뒤쪽으로 넘어지듯이 스윙을 하는 것을 말한다.
　특별히 유의해야 할 것은 클럽헤드가 공을 치고 빠져 나가는 폴로스루시의 클럽헤드 높이의 위치가 벙커의 턱보다 높게 하이 폴로스루해 주어야 한다는 것이다. 그렇게 했을 때 공이 높이 뜨면서 벙커의 턱을 넘어 그린에 올라가게 된다.

숏게임(Short Game)
벙커 샷(Bunker Shot)

내리막 경사에서의 벙커 샷

벙커 샷 중 다운힐 벙커 샷은 가장 다루기 힘든 샷 중 하나이다. 자칫 잘못하면 공을 먼저 맞히기 십상이기 때문이다

스포츠 중에서 담배를 피우면서 하는 것은 골프뿐일 듯싶다. 담배를 입에 물고 플레이를 하는 것은 본인은 멋있다고 생각할지 모르지만 사실 보기에는 좋지 않다. 골프의 황제 잭 니클러스는 하루에 2갑의 담배를 피우는 골초이다. 그러나 그는 경기 중에는 절대 담배를 입에 물지 않는 다고 한다. 그것은 본인 스스로가 플레이를 하면서 담배 피우는 것은 보

기에도 좋지 않을 뿐만 아니라 스코어에도 상당한 영향을 끼친다는 것을 너무나 잘 알고 있기 때문이다.

  공이 벙커 속에 들어갔을 때는 모래를 얇고 길게 떠내는 느낌으로 샷을 해야 한다. 그러나 이는 좋은 라이에서의 경우를 말한다. 벙커 속에서 경사도의 샷은 약간 다르다. 벙커 샷 중에서 내리막 경사의 샷, 즉 다운힐 라이에서 샷은 업힐 라이에서보다 훨씬 어렵다. 그것은 클럽헤드가 모래를 치고 밑으로 빠져 나가야 하는데, 지면의 경사도 때문에 자칫하면 공을 먼저 맞히거나 공을 띄우기가 어렵다. 이런 경우에는 먼저 어드레스 자세 때 체중의 분배를 왼발에 60%, 오른발에 40%를 실어 주는 것이 좋다. 그런 자세를 취하게 되면 양쪽 어깨의 라인이 지면의 경사도와 평행을 이룰 수 있기 때문이다.

  스탠스와 클럽 페이스는 보통때와 같이 오픈형으로 취해 주어야 한다. 그리고 왼발의 무릎은 약간 펴 주는 듯하고 오른발은 약간 낮추어 주는 듯하는 것이 좋다. 백스윙을 할 때는 약간 아웃사이드 테이크백을 하여야 한다. 그리고 백스윙의 정상 높이는 구태여 높게 할 필요는 없다. 오른쪽 어깨 높이 정도이면 좋다. 다운스윙시에는 약간의 체중 이동과 함께 스윙의 궤도를 아웃사이드에서 인사이드로 커트를 하듯이 스윙을 해주어야 한다. 그것은 클럽헤드가 경사도를 따라 빠져 나가야 하기 때문이다. 스윙의 크기를 작게 하면서 콤팩트 스윙을 해야 하며, 폴로스루는 경사도를 따라 낮고 길게 빠져 나가도록 약간 강하게 치는 듯하는 것이 좋다. 이런 때는 백스핀이 걸리지 않아 공이 많이 굴러가는 경우가 생기므로 거리에 따라서 힘 조절을 잘해야 할 것이다.

숏게임(Short Game)
벙커 샷(Bunker Shot)

턱이 높은 벙커에서의 샷

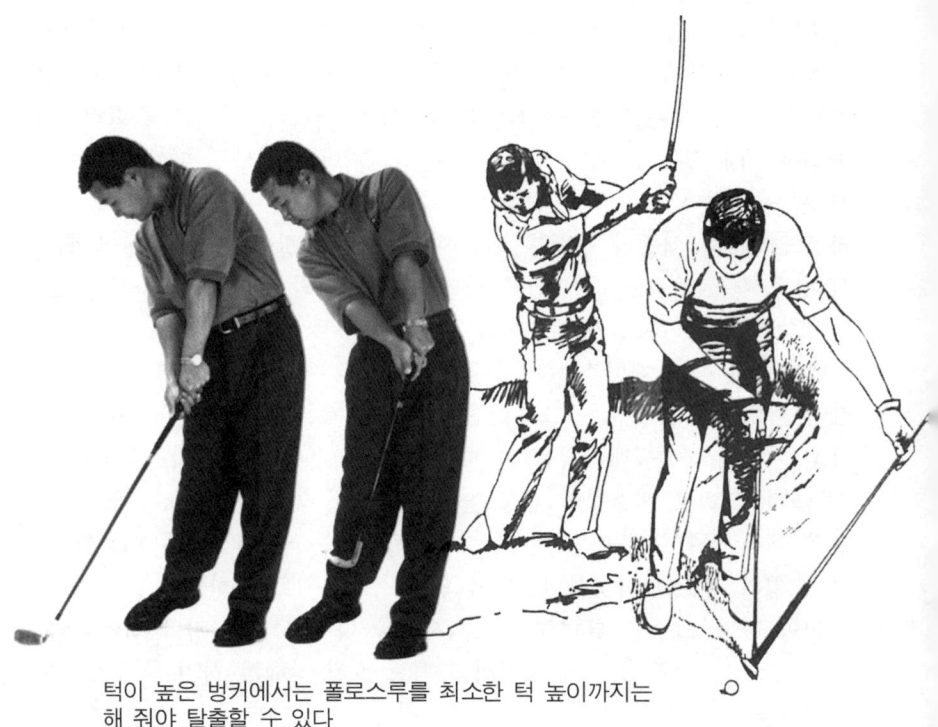

턱이 높은 벙커에서는 폴로스루를 최소한 턱 높이까지는 해 줘야 탈출할 수 있다

　담배를 피우면서 플레이를 할 때는 담배의 니코틴에 의해 혈액순환이 나빠지면서 집중력이 떨어진다고 한다. 그렇다면 맥주를 한 캔 마시고 담배를 피우면서 플레이를 한다면 어떻게 될까? 하는 궁금증이 생긴다. 전문지에 따르면 술 안에 있는 알코올은 혈압을 올려 주면서 뇌를 혼돈시켜 판단력을 흐리게 한다고 한다. 그리고 담배는 집중력을 떨어뜨린다 하니 피할 수 있으면 피하는 것이 멋있는 골프를 하는 것이 아니겠는가?
　골프 코스는 다양하다. 어떤 골프장은 경사가 심하면서 휨이 많은 코

조영복의 실전골프

스가 있다. 이런 골프장에서 플레이할 때 그린 주위의 벙커의 턱은 대체적으로 상당히 높은 편이다. 이런 벙커에 공이 들어갔을 경우에는 공을 높게 띄워야 한다. 그것은 벙커 자체가 사면에 비스듬히 위치해 있기 때문에 높은 공을 쳐 주지 못하면 벙커 턱에 걸릴 위험이 크기 때문이다. 그리고 이런 경우에는 핀이 벙커 가까이에 있기 때문에 비거리는 필요 없게 된다. 이런 하이 샷을 하기 위해서 먼저 스탠스를 오픈 스탠스 자세로 취해 주면서 몸 전체도 오픈되게 서 주어야 하는데, 상체의 어깨선은 가급적 목표선에 일치되게끔 서 주는 것이 좋다. 이때 체중의 분배에서는 오른발에 체중을 조금 더 실어 주는 느낌이어야 하며, 클럽 페이스 역시 평소 때보다는 약간 더 오픈 되게 놓아 주는 것이 좋다.

　백스윙시 정상의 높이를 너무 높게 하려고 해서는 안 된다. 어드레스 자세에서 클럽헤드의 움직임을 목표선에 대해 일직선으로 백스윙을 시작하여 백스윙의 정상이 오른쪽 어깨 높이까지 올라가게끔 해 주면 된다. 다운스윙시 체중 이동을 하려고 하지 말고 제자리에서 아웃사이드-인사이드로 커트하듯이 스윙을 하며, 폴로스루와 피니시를 벙커 턱의 높이보다 높게 올라가도록 완벽하게 해 주어야 한다. 가령 폴로스루 동작이 벙커 턱보다 아래쪽에서 멈추어 버리게 되면 이것은 틀림없이 실패로 끝난다. 반드시 벙커 턱보다 높게 폴로스루한다는 것을 명심하기 바란다.

숏게임(Short Game)
벙커 샷(Bunker Shot)

턱이 낮은 벙커에서의 샷

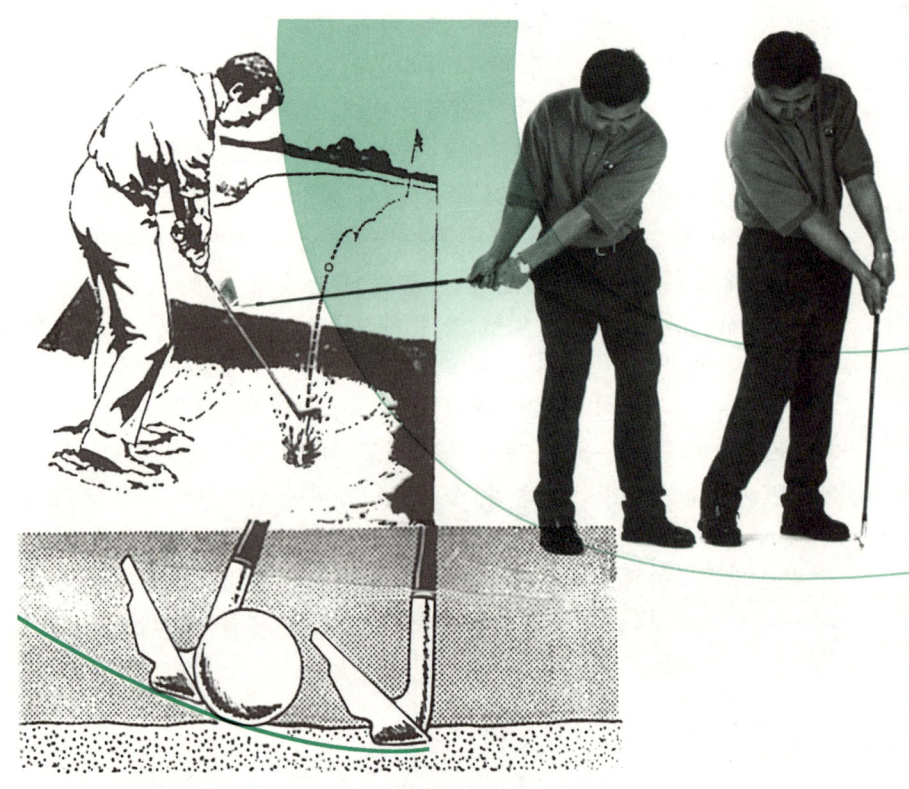

턱이 낮은 벙커에서는 아이언이나 퍼터를 이용하면
보다 정확히 벙커를 빠져 나올 수 있다

골퍼들의 매너를 담배꽁초에 비유한 내용이 있어서 소개한다. 매너가 가장 나쁜 골프장에는 담배꽁초를 버리는 사람만 있고 줍는 사람은 없다. 그보다 조금 나은 골프장에는 버리는 사람도 있고 줍는 사람도 있다. 가장 매너가 좋은 골퍼들이 모여서 즐기는 골프장에는 버리는 사람은 없고

조영복의

줍는 사람만 있다. 과연 독자들은 어느쪽인가? 버리는 쪽인가, 아니면 줍는 쪽인가?

  골프장은 지형에 따라 모두 다르게 설계되어 있다. 지형이 아주 편편한 곳에 있는 골프장의 벙커는 대부분 지형과 같이 벙커의 턱이 낮게 되어 있다. 이런 벙커에 공이 들어갔을 경우에는 아무래도 안심은 된다. 우선 쉽게 보이면서 자신감이 생기기 때문에 대체적으로 성공적인 샷을 하게 되는 것이다. 그래서 무슨 샷을 하든지 우선 쉽게 생각하면서 자신감을 가지고 샷에 임하는 것이 성공률을 높이는 것이 된다. 벙커 턱이 낮은 벙커 속에 공이 들어갔을 경우 샷을 하기 이전에 먼저 몇 가지를 생각해 볼 필요가 있다. 첫째, 공이 놓인 상태를 파악해야 한다. 둘째, 공이 놓인 상태에 따라서 어떤 방식으로 샷을 할 것인가를 정해야 한다. 셋째, 공과 홀컵과의 거리를 잘 생각하고 그린의 경사도를 잘 파악해야 한다.

  공의 라이가 좋지 않은 경우에는 평소 때와 같이 공과 모래를 함께 퍼내듯이 하는 익스플로전 샷(Explosion Shot)을 해야 한다. 그러나 라이도 좋고 벙커의 턱이 낮은 경우에는 샌드 웨지만 고집하지 말고 피칭 웨지나 9번 아이언 또는 퍼터를 사용하여 공을 안전하게 빼내는 방법이 좋다. 이런 샷을 하고자 할 때는 우선 샷을 할 때 클럽헤드가 공을 먼저 맞히는 것이 좋다. 벙커 샷처럼 공의 1~2인치 뒤쪽의 모래를 쳐서는 공이 나오지 못한다. 그래서 그립을 잡을 경우 퍼터 그립을 잡으면서 롱 퍼팅을 한다는 느낌으로 공을 먼저 맞히면서 스트로크해 주면 쉽게 벙커를 빠져 나올 수 있다.

숏게임(Short Game)
벙커 샷(Bunker Shot)

페어웨이(Fairway) 벙커 샷

페어웨이 벙커 샷은 모래 속에 발을 파묻은 만큼 클럽을 짧게 잡아 주고 상체를 세워 클럽헤드 무게로 휘두른다

 일반 사람들은 골프가 상당히 쉬운 운동이라고 생각하는 경우가 많다. 테니스나 볼링 같은 것은 오랫동안 제대로 배워야 한다고 생각하면서 골프는 혼자서도 충분히 해낼 수 있다고 쉽게 생각하는 경우가 있다는 것이다. 골프를 쉽게 생각하고 자신감만으로 혼자서 오랜 시간 연습을 하여 1년~3년이 지난다면 그는 평생 동안 현재의 스윙으로 골프를 해야 한다. 즉, 골프는 시작한 지 1년 안에 스윙의 기본을 잘 익혀야 한다. 3년

이 지나면 그 스윙은 고치기가 힘들다는 뜻이다. 그러므로 처음부터 기초를 착실히 익히는 것이 좋다.

벙커의 종류는 두 가지로 나뉜다. 그것은 그린 주위의 벙커와 페어웨이 벙커이다. 페어웨이 벙커에 공이 들어갔을 경우에는 일반적으로 공을 힘껏 치려고 하는 경향이 있어서 그만 모래만 퍼내고 공은 제자리에 있는 경우가 종종 있다. 공이 페어웨이 벙커 속에 들어갔을 경우에는 먼저 어드레스 자세를 일반적인 샷 때와 같이 스퀘어 스탠스 자세로 취하는 것이 좋다. 그리고 양발을 비벼서 모래의 부드럽기를 체크하고 약 1인치 정도가 들어가게 하면서 스윙시 모래가 밀리지 않도록 단단히 다져 주는 것이 좋다. 그리고 발이 모래 속으로 1인치 들어간 것만큼 클럽을 짧게 잡아 주는 것이 좋다. 그리고 자세를 낮추지 말고 약간 일으켜 세우는 듯하면서 상체의 가슴을 펴 주고, 그립을 부드럽게 잡아 주는 것이 좋다. 상체는 최대한으로 부드럽게 해 주면서 자신의 힘을 가해 공을 때리려고 하지 말고 클럽헤드의 무게와 움직이는 스피드를 이용해서 공을 맞힌다는 느낌으로 클럽헤드를 공을 향해 휘둘러 뿌리치듯 해 주는 것이 좋다.

가장 중요한 것은 클럽헤드가 공을 먼저 맞히는 일이다. 공을 찍어치려고 해서는 안 되며, 공을 클럽헤드로 쓸어 버리듯이 공만 날려보내려는 마음으로 샷을 해야 하는 것이다. 때리는 것이 아니라 휘두르는 것이라고 생각하면 바람직하다.

숏게임(Short Game)
벙커 샷(Bunker Shot)

페어웨이 벙커 샷(클럽의 선택)

페어웨이 벙커에서는 홀까지의 남은 거리로 클럽을 선택하기에 앞서 벙커 상황을 먼저 고려해야 한다

상대가 하는 말 중에 칭찬하는 말, 모욕당하는 말, 그리고 무시당하는 말, 이 세 가지 중에서 가장 견디기 힘든 말은 무시당하는 말일 것이다. 같이 플레이를 하다 보면 어떤 이는 "나이스 샷!"이라는 말이 끊어지지 않으면서 줄곧 칭찬만 하는 사람이 있는가 하면 어떤 이는 약간의 실수

도 지적하면서 무엇 때문에, 왜 그랬다 하면서 무시하는 말을 하는 경우가 있다. 무시하는 말보다는 아무래도 칭찬을 해 주면서 용기와 자신감을 가지게 하는 것이 좋지 않겠는가?

그린 주위에 있는 벙커를 가드 벙커(Guard Bunker)라고 하고 페어웨이 중간에 있는 벙커를 페어웨이 벙커(Fairway Bunker) 또는 크로스 벙커(Cross Bunker)라고 부른다. 페어웨이 벙커는 페어웨이 중간쯤에 위치하고 있기 때문에 그린과는 상당히 떨어져 있다. 그래서 충분한 비거리를 낼 수 있도록 샷을 해 주어야 하기 때문에 평소 때의 샷과 같이 풀 스윙을 해 주어야 하는 것이다. 공과 그린과의 남은 거리에 따라서 클럽의 선택을 달리해야 하겠지만, 거리가 상당히 떨어져 있는데 벙커 턱 옆에 공이 놓여 있다거나 공이 모래 속에 묻혀 있다거나 벙커의 턱이 높은 경우에는 우선 주어진 상황에 맞게 클럽의 선택을 달리해야 한다.

가령 200yards 페어웨이 벙커 샷을 해야 할 경우, 공의 라이도 좋고 벙커의 턱이 낮을 때는 페어웨이 우드를 사용하여 샷을 하는 것도 좋다. 그러나 공의 라이는 좋으나 벙커의 턱이 높은 경우에는 공이 뜨는 각도를 생각하여 그 높이에 맞는 클럽을 선택하는 것이 좋다. 우선 벙커에서 빠져 나가고 보자는 식이 되어야 한다. 또 공의 라이도 좋지 않고 벙커의 턱도 높은 경우에는 피칭 웨지나 샌드 웨지를 사용하여 일단 페어웨이로 나와서 다음 샷을 잘하려는 계획을 세우는 것이 좋다. 멀리만 보내려고 무리하게 클럽을 선택하는 것은 좋은 방법이 되지 못한다. 그리고 클럽이 선택되었으면 풀 스윙을 하면서 클럽헤드가 공을 먼저 맞혀야 할 것이다.

숏게임(Short Game)
벙커 샷(Bunker Shot)

페어웨이 벙커 샷(샷하는 요령)

상체와 팔의 힘을 완전히 빼고 편안하게 스윙하면 된다

골프를 한 라운드 끝내고 나면 라운드 중에 가장 멋있게, 마음에 흡족하리만큼 좋은 샷이 한두 개 생각날 때가 있다. 그중에서 페어웨이 벙커에 공이 들어갔을 때 페어웨이 벙커 샷을 아주 멋지게 하여 공이 홀컵 옆에 딱 붙게 되면 며칠이 지나도록 머릿속에서 지워지지가 않게 된다.

그것은 페어웨이 벙커 샷이 상당히 어렵다고 생각하면서 샷에 임했기 때문에 그 어려운 벙커 샷이 그만 100% 성공하여 마음에 흡족한 결과를 얻었기 때문인 것이다.

 일단 공이 페어웨이 벙커에 들어가게 되면 우선 자신감을 가져야 한다. 그리고 공의 라이와 벙커의 턱 높이를 확인하여 클럽을 선택하는 것이 좋다. 클럽의 선택이 끝났으면 벙커 밖에서 한두 번 연습 스윙을 하여 스윙의 느낌을 찾아야 한다. 그런 후에 벙커 속으로 들어가 먼저 양발을 모래 속으로 비벼 넣어 주면서 모래의 부드럽기를 확인하는 것이 좋다. 그러면서 발 밑의 모래를 단단히 다져 스윙 도중 발이 밀리지 않도록 해야 한다.

 스탠스는 스퀘어 스탠스 자세를 취하면서 일반적인 샷을 할 때와 똑같이 해 주어야 한다. 발이 모래 속에 묻힌 만큼 클럽을 짧게 잡아 주고, 상체를 일으켜 세우듯 하면서 가슴을 펴 주어서 자세를 높게 잡아 주는 것이 좋다. 무릎을 낮추게 되면 스윙시 뒤땅을 칠 우려가 있으므로 약간 탑핑을 한다는 생각으로 샷을 해야 하기 때문이다. 백스윙의 시작은 평소 때와 같이 낮고 길게 테이크백하여야 하며, 상체의 충분한 꼬임이 있어야 한다. 이때 상체와 팔에는 힘이 빠져서 아주 편안한 자세가 되도록 해야 한다. 다운스윙시는 체중 이동과 함께 빠른 허리의 회전으로 스윙을 리드해야 하며, 공의 상단 부분을 맞힌다는 생각으로 클럽헤드를 자신있게 뿌리치듯 공을 향해 휘둘러 주어야 한다. 어느 한 곳에 힘을 가하려고 하지 말고 일정한 힘의 강도와 빠른 스피드로 공을 맞힌다고 생각하면서 스윙을 하면 될 것이다.

숏게임(Short Game)
벙커 샷(Bunker Shot)

50~100yards 안쪽의 벙커 샷 요령

50~100yards 거리 안쪽 벙커에 빠졌을 때는
로프트가 적은 클럽을 선택해 클럽을 길게 잡고 스윙해야 한다

프로 골퍼들과 일반 골퍼들은 상당히 다른 생각을 하는 경우가 있다. 즉, 프로 골퍼들은 공이 벙커에 들어가는 것이 깊은 러프에 들어가는 것

보다 훨씬 쉽다고 생각하고 벙커를 전혀 두려워하지 않는다. 오히려 풀이 긴 러프를 더 두려워한다. 그러나 일반 골퍼들은 벙커에 공이 들어가게 되면 아주 어렵게 생각하게 되며, 오히려 풀 속에 공이 들어가 있으면 다행이라고 생각한다. 그러나 아무리 벙커 샷에 능한 프로 골퍼라 하더라도 50~100yards 안쪽의 벙커 샷은 만만치 않다.

일반 골퍼들의 경우에는 벙커 속이 아니라 페어웨이에서라도 50~100yards의 샷이 무척 어렵게 느껴지는데, 하물며 공이 모래 속에 있으면서 50~100yards 샷을 한다는 것은 누구를 막론하고 어렵다. 그러나 아래에서 설명하는 것만 제대로 익힌다면 어려운 것만도 아니다.

50~100yards의 벙커 샷을 해야 할 때는 먼저 클럽의 선택을 달리하는 것이 좋다. 즉 샌드 웨지를 고집하지 말고 클럽의 로프트가 적은 피칭 웨지나 9번 아이언을 선택하는 것이 좋다. 그리고 페어웨이 벙커 샷과 같이 스퀘어 스탠스를 취하는 것이 좋다. 양발을 비벼서 모래 속에 1~2인치 정도 묻히게 해 주고, 클럽을 짧게 잡지 말고 끝을 잡아야 한다. 가령 피칭 웨지를 사용할 경우라면 클럽 페이스를 약간 오픈시켜 주고 공의 1인치 뒤쪽을 겨냥하는 것이 좋다.

백스윙은 지나치게 크게 하려고 할 필요는 없다. 평소 벙커 샷을 할 때처럼 오른쪽 어깨 높이 정도이면 좋다. 그리고 다운스윙을 시작할 때는 체중 이동과 함께 허리를 회전시켜 주면서 공의 1인치 뒤쪽을 자신감 있게 약간 강하게 쳐 주어야 한다. 그리고 반드시 폴로스루와 피니시 동작이 있어야 하며, 약간 하이 피니시 동작이 나오도록 해 주는 것이 좋다. 홀컵이 그린의 앞쪽에 있다고 해서 홀컵에 맞추어 공을 떨어뜨리려 하지 말고 무조건 공을 그린 위에다 올려만 놓겠다는 생각으로 자신있게 샷을 하면 좋은 결과가 있을 것이다.

제 **2** 부

실전편

1. 경사도에서의 샷 ·· 216

2. 트러블 샷 ··· 258

Part 1

경사도에서의 샷

다운힐(Downhill) ▶ 216
    어드레스 ▶ 216
    공의 위치 ▶ 218
    스윙 요령 ▶ 220
    샷의 요령 1 ▶ 222
    샷의 요령 2 ▶ 224
    샷의 요령 3 ▶ 226

업힐(Uphill) ▶ 228
    어드레스 ▶ 228
    공의 위치 ▶ 230
    스윙 요령 1 ▶ 232
    스윙 요령 2 ▶ 234
    샷의 요령 1 ▶ 236
    샷의 요령 2 ▶ 238

사이드힐 다운(Sidehill Down) ▶ 240
    어드레스 ▶ 240
    공의 위치 ▶ 242
    샷의 요령 1 ▶ 244
    샷의 요령 2 ▶ 246

사이드힐 업(Sidehill Up) ▶ 248
    어드레스 ▶ 248
    공의 위치 ▶ 250
    샷의 요령 1 ▶ 252
    샷의 요령 2 ▶ 254

실전편
경사도에서의 샷

다운힐(Downhill)
어드레스

　연습장에서 연습을 할 때에는 샷이 마음에 드는데, 왠지 골프장에서는 연습장 때의 샷이 되지 않는지 모르겠다고 불평하는 골퍼들이 많이 있다. 연습장에서는 매트(Mat) 위에서 공을 치기 때문에 약간 잘못된 미스 샷이라 할지라도 공은 잘 나가게 되어 있다.
　그러나 골프장의 잔디 위에서 샷을 할 때에는 다르다. 공을 먼저 맞히면서 정확하게 때려 주지 않으면 좋은 샷이 되지 않는다. 그래서 실전에 조영복의

서의 좋은 샷은 연습장에서의 30% 정도밖에 나타나지 않는다고 한다. 그것도 공이 평지에 놓여 있을 경우에 30%이지, 경사도의 샷을 해야 되거나 풀이 긴 러프에서 샷을 해야 하는 경우라면 그것마저도 못 미치게 되는 것이다.

  공이 경사도에 놓여 있을 때에는 우선 기본적인 동작을 잘 알아두는 것이 좋다. 먼저 어드레스 자세에 왼발이 오른발보다 낮은 경사도에서는 몸의 체중을 왼발에 더 많이 실리게 해 주어야 한다. 그리고 경사도에 맞게 왼쪽 무릎은 약간 더 펴지는 듯하게 해 주고 오른발은 조금 낮추어 주는 듯하게 해 주어야 한다. 그리고 양 어깨의 라인은 지면의 경사도에 맞게 서 주는 것이 좋다.

  공의 구질은 대개 슬라이스성 구질이 나타나게 되므로 스탠스 역시 약간 오픈 스탠스를 취해야 하며, 목표선보다 약간 왼쪽으로 돌아서서 어드레스 자세를 취하는 것이 좋다. 이때 상체는 일으켜 세워서 몸을 펴 주는 것이 좋으며, 스탠스의 넓이도 평소보다는 약간 넓게 서 주는 것이 유리하다. 스윙의 축은 왼발이 되므로 왼발을 약간 펴서 스윙시 몸의 흔들림이 생기지 않도록 단단히 받쳐 주는 것이 좋다. 그립은 평소보다 더 부드럽게 잡아 주어야 하며, 특히 상체가 상당히 이완되어야 한다.

  이러한 것들이 우선적으로 꼭 지켜야 할 어드레스 자세의 기본이라고 할 수 있다.

NOTE | 다운힐(Downhill) : 왼발이 오른발보다 낮은 경사도의 샷.

실전편
경사도에서의 샷

다운힐(Downhill)
공의 위치

경사도의 샷은 크게 4가지로 나뉜다. 그것은 ① 왼발이 오른발보다 낮은 경사도의 샷, ② 오른발이 왼발보다 낮은 경사도의 샷, ③ 발 앞쪽이 뒤꿈치보다 낮은 경사도의 샷, ④ 발 뒤쪽이 앞쪽보다 낮은 경사도의 샷

이다.

　위의 4가지 샷은 모두 어려운 샷들이다. 그러나 어려운 순서대로 다시 정리하라고 하면 첫째는 발 뒤쪽이 앞쪽보다 낮은 경사도의 샷(Sidehill Up), 둘째는 왼발이 오른발보다 낮은 경사도의 샷(Downhill), 셋째는 발 앞쪽이 뒤쪽보다 낮은 경사도의 샷(Sidehill Down), 마지막이 오른발이 왼발보다 낮은 경사도의 샷(Uphill)이라고 말할 수 있다.

　경사도의 샷 중에서 왼발이 오른발보다 낮은 경사도의 샷에서는 지면의 경사도에 맞게 어드레스 자세를 취해야 한다. 즉, 어드레스 자세에서 양쪽 어깨가 잇는 선이 지면의 경사도와 평행되도록 해 주어야 한다는 것을 말한다. 그리고 체중은 경사도에 따라서 자연히 왼발에 더 걸리게 되어 있으므로 자연스럽게 왼발에 더 걸리도록 해 주는 것이 좋다. 또 스탠스의 넓이에서도 발판이 평지가 아니어서 스윙시 몸의 흔들림이 생기게 되므로 평소보다 약간 넓은 스탠스를 취하는 것이 하체의 안정을 위해 더 유리하다. 몸이 약간 왼쪽으로 쏠리는 듯하게 되기도 한다. 그러나 머리의 위치는 공의 수직 위쪽에 위치하도록 해 주는 것이 좋다. 공의 위치는 클럽의 길이에 따라서 달라질 수가 있겠지만 위의 경사도의 샷에서는 롱 아이언이나 페어웨이 우드 등 클럽의 길이가 긴 것은 몸의 중앙에 오도록 놓아 주거나 약간 오른쪽에 가깝게 놓아 주어야 한다. 그리고 미들 아이언이나 숏아이언은 오른발 뒤꿈치 일치선상에 오도록 놓아 주는 것이 좋다. 공의 위치가 오른쪽으로 옮겨진 만큼 왼발을 뒤쪽으로 빼내 주어서 오픈 스탠스를 취하는 것이 좋다. 공의 구질이 자연 슬라이스성 페이드 구질이 나게 되므로 목표선에 대해 약간 왼쪽을 겨냥해 주기 위해서이기도 하다.

실전편
경사도에서의 샷

다운힐(Downhill)
스윙 요령

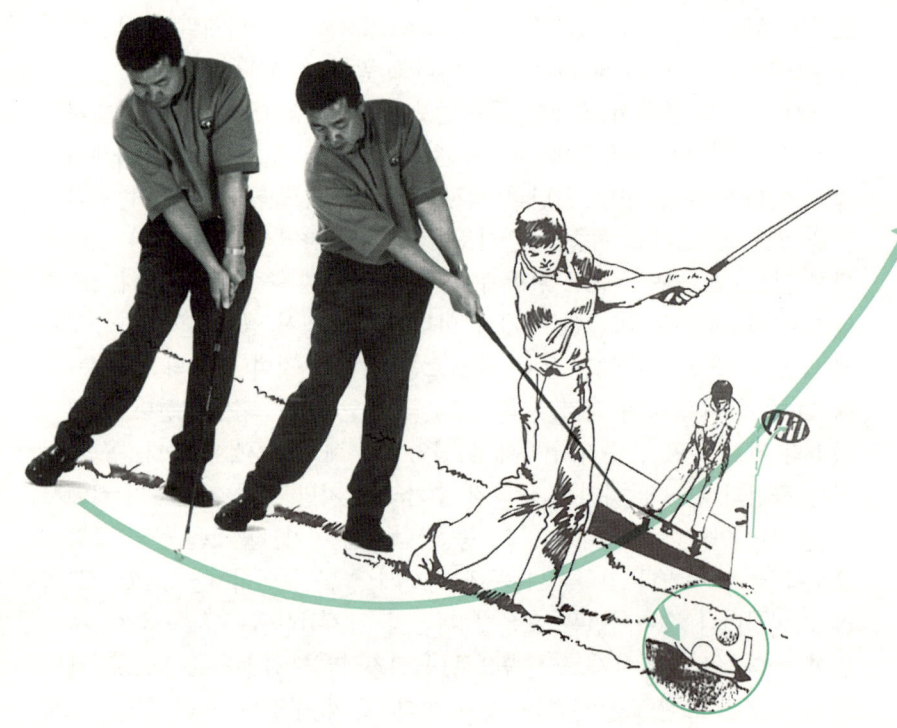

　공이 놓여 있는 위치가 왼발이 오른발보다 낮은 경사도에서 공을 칠 경우 타구는 슬라이스성 페이드 볼이 나게 되는 경향이 대부분이다.
　슬라이스가 나는 정도는 경사도에 따라서 달라지게 되는데, 경사도가 심하면 심할수록 슬라이스가 많이 나게 되며, 경사도가 작으면 작을수록 페이드성으로 날아가게 된다. 따라서 공을 치기 전에 미리 이런 속성을 알고 목표의 왼쪽을 겨냥하면서 샷을 하는 것이 현명한 방법이다.
　경사도의 샷에서 우선 어드레스 자세 때 양 어깨가 잇는 선이 경사도

의 지면과 평해되게 서 주는 것은 하나의 상식이다. 또 스탠스의 폭 역시 평소 때보다는 더 넓게 서 주어야 하며, 몸의 체중 분배 역시 왼발에 더 걸리도록 실어 주는 것이 좋다. 그리고 공의 위치는 롱 아이언이나 페어웨이 우드의 경우 몸의 중앙에, 숏아이언이나 미들 아이언의 경우에는 오른발 뒤꿈치 일치선상에 위치하도록 놓아 주는 것이 좋다. 경사도의 샷에서는 욕심을 버려야 한다. 그리고 지금의 위기로부터 탈출하는 것이 최고의 방책이라고 생각해야 한다. 그러므로 무리하게 샷을 시도하려고 한다면 계속해서 트러블 샷으로 연결될 소지가 크므로 유의하는 것이 좋다.

왼발이 오른발보다 낮은 경사도의 샷에서는 공을 내리막길 아래쪽으로 쳐내야 하므로 폴로스루가 지면의 경사도를 따라 낮고 길게 빠져 나가야 한다. 이렇게 샷을 하게 되면 자연히 피니시 자세를 할 수 없게 된다. 또 몸의 중심이 왼쪽에 더 실려 있는 상태에서 샷을 하게 되므로 자칫 몸이 왼쪽으로 쏠리게 되는 경우가 있다. 그러므로 왼발을 잘 지탱해 주면서 스윙시 몸의 체중이 왼쪽으로 넘어오는 것을 잘 버텨 주어야 한다. 그리고 스윙시에는 체중 이동을 가급적 억제하도록 하고, 상체의 회전만으로 콤팩트 스윙을 시도하는 것이 좋다. 클럽헤드는 지면의 경사도를 따라 움직여야 하므로 아웃사이드 인 스윙을 해 주는 것이 좋다.

실전편
경사도에서의 샷

다운힐(Downhill)
샷의 요령 1

일반 골퍼들 중에는 경사도의 샷에서 많은 실패를 하면서도 제대로 그 요령을 알지 못하는 경우가 있다. 경사도의 샷에 대해서는 당연히 어려

조영복의

운 샷이기 때문에 쉽게 포기하듯이 샷을 하기도 한다. 그래서 실패의 샷으로 연결되어도 당연히 그런 것이라고 생각해 버린다. 그러나 경사도의 샷에 대해 기본적인 동작이나 그 샷에 대한 요령만 확실하게 알아두면 그다지 어려운 샷인 것만은 아니다.

  평지가 아닌 경사도의 샷은 조금만 잘못 쳐도 미스 샷으로 연결되기 쉽다. 그리고 이런 곳에서 샷을 할 경우 공을 치기 전에는 샷에 대한 요령이 잘 생각나지 않다가 미스 샷을 한 후에야 "참! 그렇지, 그렇게 할 걸……" 하면서 후회를 한다. 그래서 경사도의 샷에 대해서 평소 상황에 맞는 요령을 확실히 알아두는 것이 좋은 스코어를 내는 데 도움이 된다. 왼발이 오른발보다 낮은 경사도의 샷에서 일어나는 미스 샷은 공의 머리를 치는 토핑(Topping)을 하거나 뒤땅을 치는 경우가 대부분이다. 그 이유는 경사도에 따라 샷을 하게 되므로 공이 잘 뜨지 않게 된다. 그래서 자신도 모르게 손목을 사용하여 공을 퍼올리듯 스윙을 하려고 하기 때문에 생기는 현상이다.

  또 일반적인 샷과 같이 인사이드에서 아웃사이드로 스윙을 하려고 하기 때문에 일어나는 현상일 수도 있다. 따라서 이런 미스 샷을 방지하기 위해서는 먼저 공을 인위적으로 띄우려고 해서는 안 된다. 즉, 손목의 사용을 절대 금해야 한다는 뜻이다. 그리고 스윙의 궤도를 아웃사이드에서 인사이드로 해 주어야 한다. 이는 지면의 경사도를 따라 클럽헤드가 낮고 길게 빠져 나가야 하므로 어드레스 자세에서 백스윙의 시작을 지면의 경사도를 따라 아웃사이드 인으로 스윙을 해 주게 되면 자연히 클럽의 각도에 의해 순리적으로 공이 뜨게 되는 것이다.

실전편
경사도에서의 샷

다운힐(Downhill)
샷의 요령 2

 트러블 샷은 공이 풀이 긴 러프에 들어 있다거나, 벙커 속에 있거나, 맨 땅에 놓여 있거나, 나무 밑에 놓여 있거나 하는 것 등을 말한다.
 그렇다면 경사도의 샷은 트러블 샷이 아닌가?
 그렇다. 경사도의 샷 역시 트러블 샷에 속한다. 그러므로 앞에서 나열

　한 트러블 샷에서와 같이 샷에 대한 지나친 욕심을 버려야 한다. 즉 트러블 샷에서 욕심을 내어 샷에 임하게 되면 미스 샷으로 연결되거나 아니면 더 나쁜 상황에 놓인다는 것을 말한다. 경사도의 샷에서 일어나는 미스 샷의 현상은 공의 머리를 때리는 토핑을 하거나 뒤땅을 치는 더핑(Duffing)의 미스 샷을 하게 된다. 이것을 방지하기 위해서는 먼저 클럽헤드가 지면의 경사도를 따라서 아웃사이드에서 인사이드로 움직이도록 스윙을 해 주어야 한다고 했다.

　그리고 폴로스루는 지면의 경사도를 따라 낮고 길게 빠져 나가도록 해 주어야 클럽의 각도에 의해 순리적으로 공이 떠서 날아가게 된다. 그러나 공의 구질은 슬라이스성 구질이거나 페이드성 구질의 샷으로 나타나게 된다. 공이 휘는 폭은 경사도에 따라서 다르게 나타나는데, 경사가 심하면 심할수록 공의 휨이 많게 된다. 그러므로 어드레스 자세에서 스탠스를 약간 오픈되게 서 주면서 목표 방향보다 약간 왼쪽을 겨냥하는 것이 좋다. 이것 역시 경사도에 따라서 약간 더 오픈시켜 주고 덜 오픈시켜 주는 요령이 필요하다.

　공의 위치는 중앙에서 오른쪽 방향에 위치하도록 해 주어야 하며, 체중의 분배는 왼발에 더 걸리도록 해 주어야 한다. 스윙의 요령에서는 백스윙시 손목의 코킹을 약간 일찍 이루는 것이 좋다. 이것은 클럽헤드가 지면의 경사도를 따라 쉽게 잘 빠져 나가기 위해서이다. 다운스윙은 하반신을 잘 고정시켜 주면서 상체만을 이용하여 업라이트 스윙을 유도하면서 아웃사이드 인으로 스윙을 이루는 것이 좋은 요령이 된다.

실전편
경사도에서의 샷

다운힐(Downhill)
샷의 요령 3

경사도의 샷에서는 오르막 샷이든 내리막 샷이든 모두 어렵다. 오르막 샷과 내리막 샷 중에서 어느 쪽이 더 어려운지를 말하라면 당연히 내리막 샷이 더 어렵다고 말할 수 있다. 그것은 어드레스 자세를 경사도에 맞추어 하게 되므로, 발을 딛고 선 지역이 비탈길이어서 몸의 균형을 잡으면서 공을 쳐 주어야 하기 때문이다. 다운힐 경사도의 샷에서는 몇 가지 꼭 유의해야 할 점들이 있다.

　그 첫째는 어드레스 자세 때 그립을 약간 짧게 잡아 주는 것이 좋다. 그리고 양 어깨의 선을 잇는 라인이 지면의 경사도와 평행되도록 어드레스 자세를 취해 주어야 한다. 또 공의 위치는 약간 오른쪽에 위치하도록 해 주어야 하며, 공의 구질이 슬라이스성 구질이 나타나게 되므로 약간 오픈되게 세트업해 주는 것이 좋다. 몸의 체중은 왼발에 더 많이 실리도록 해 주는 것이 좋으며, 오른쪽 무릎은 평소보다 약간 더 구부려 주고 왼쪽 무릎은 약간 펴진 듯하게 자세를 잡아 주는 것이 좋다. 이렇게 하면 어드레스 자세가 보다 더 안정감이 있게 되므로 스윙시 몸의 흔들림을 막을 수 있다.

　이렇게 경사도의 각도에 따라 어드레스 자세를 취한 후 백스윙은 어드레스 자세를 한 모양대로 목표선에 대해 아웃사이드로 올라가게 해 주어야 한다. 하체의 사용은 가능하면 줄이고 상체와 팔로만 스윙을 하려고 유도하는 것이 좋다. 또 다운스윙시에는 클럽헤드가 지면의 경사도를 따라 빠져 나갈 수 있도록 아웃사이드 인으로 스윙을 해 주어야 하며, 폴로 스루 역시 지면의 경사도를 따라 낮고 길게 빠져 나가도록 해 주는 것이 좋다.

　특별히 중요한 부분은 스윙시 무릎의 높이를 잘 유지해 주는 것이다. 무릎을 사용하고 체중 이동을 하려고 하거나 스윙시 무릎이 펴지거나 해서는 곤란하다. 큰 스윙을 하지 말고 콤팩트 스윙을 유도하면서 상체와 팔만을 사용하여 스윙을 하려고 하는 것이 좋다.

**실전편
경사도에서의 샷**

업힐(Uphill)
어드레스

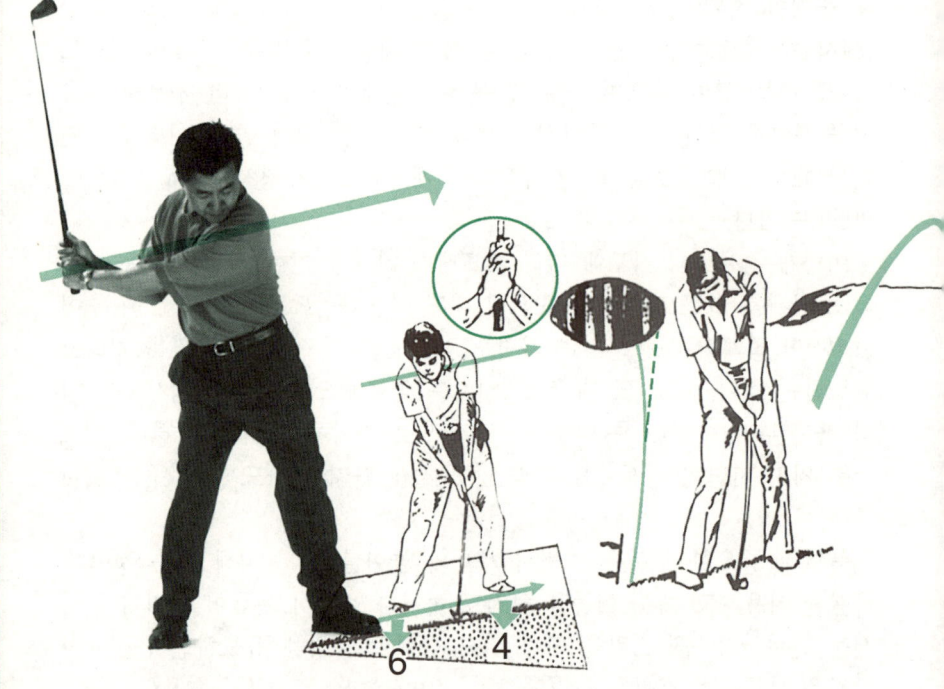

 지금까지 몇 회에 걸쳐서 왼발이 오른발보다 낮은 경사도의 샷에 대해 설명했었다. 지금부터는 반대로 오른발이 왼발보다 낮은 경사도의 샷에 대해 알아보고자 한다. 위의 두 가지 경사도의 샷은 정반대되는 경사도의 샷이므로 자세를 잡는 일이나 스윙을 하는 방법 등이 정반대에 가까워질 수가 있다.
 오른발이 왼발보다 낮은 경사도의 샷에서 어드레스 자세를 취할 때는 꼭 지켜야 할 기본이 있다.
 그것은 첫째, 어드레스 자세를 취하기 위한 스탠스의 폭을 평소보다 조영복의

약간 좁게 서는 것이 좋다. 그것은 스윙시 체중 이동을 쉽게 해 주기 위해서이다. 몸의 기울기가 오른쪽이 낮기 때문에 스탠스의 폭이 넓게 되면 뒤쪽으로 넘어가는 스핀 아웃 현상이 생기기 때문이다.

둘째는 스탠스를 약간 크로스 스탠스를 취하는 것이 좋다. 오르막 샷에서는 내리막의 샷과 달리 공의 구질이 대개 혹성으로 나타나게 된다. 그래서 목표선에 대해 약간 크로스 스탠스를 취하게 되면 위의 특성을 살리게 되는 것이다.

셋째는 그립을 약간 짧게 잡아 주는 것이 좋다. 스윙시 왼쪽이 오른쪽보다 높으므로 클럽헤드가 쉽게 빠져 나갈 수가 없다. 그래서 조금 짧게 잡아 주는 것이 뒤땅을 치는 것을 막아 주게 된다.

넷째는 어드레스 자세 때 몸의 체중 분배를 오른쪽에 더 실리도록 하는 것이 좋다. 그것은 체중을 오른발에 더 실어 주어서 몸이 뒤쪽으로 넘어지는 스핀 아웃 현상을 막아 주기 위해서이다. 그리고 왼발의 무릎은 약간 구부려 주고 오른발은 약간 펴진 듯하게 해 주는 것이 좋다.

마지막으로 어드레스 자세 때 양 어깨가 잇는 선은 지면의 경사도와 평행이 되도록 해 주어야 한다. 그것은 스윙시 클럽헤드가 지면의 경사도를 따라 쉽게 빠져 나갈 수 있도록 해 주기 위한 것이다.

이상에서 살펴본 것들이 경사도의 샷을 완벽하게 할 수 있는 기본 사항이다.

NOTE │ 업힐(Uphill) : 오른발이 왼발보다 낮은 경사도의 샷.

실전편
경사도에서의 샷

업힐(Uphill)
공의 위치

　경사도의 샷에서는 지면의 경사가 얼마나 심하냐에 따라서 상당히 다른 샷이 나올 수 있다. 그래서 자신이 원하지 않은 샷을 하게 되는 것이다. 그것은 클럽헤드가 공을 맞힐 때 정확하게 스위트 스폿(Sweet Spot)에 맞히지 못하기 때문에 일어나는 현상이다. 그러나 그것을 최대한 좋은 샷으로 유도하기 위해서는 기본 동작들을 제대로 지키려고 노력해야 한다. 그중에서도 기본이라고 할 수 있는 것은 어드레스시 공의 위치이다.

이미 앞에서 어드레스 자세의 기본 동작 몇 가지를 설명했었다.
그것들을 다시 한 번 열거하자면, 먼저 어드레스 자세 때 스탠스의 폭은 평소의 샷보다 약간 좁게 해 주어야 한다. 그리고 스탠스를 약간 크로스 스탠스로 취하면서 훅성 구질의 특성을 살려야 한다. 체중은 오른발에 조금 더 실어 주면서 몸의 중심을 잡아 주고, 왼쪽 무릎은 약간 낮추어 주고 오른쪽 무릎은 약간 펴 주는 듯하게 해야 한다. 마지막으로 양 어깨가 잇는 선은 경사도에 대해 평행되게 서 주어서 스윙시 클럽헤드가 경사도의 지면을 따라 쉽게 빠져 나갈 수 있도록 해 주는 것이 좋다. 이상의 기본 동작에다 공을 올바른 위치에 놓아 준다면 이는 완벽한 어드레스 자세가 되는 것이다.
경사도의 심하기에 따라서 공의 위치는 조금씩 달라진다. 가령 평지에서의 샷은 대개 공을 몸의 중앙에 놓도록 권한다. 그러나 위의 경사도의 샷에서는 공의 위치를 약간 오른쪽으로 오도록 해 주는 것이 좋다. 이는 스윙시 클럽헤드가 공을 먼저 맞히기 위해서이다. 지면의 경사가 왼쪽이 오른쪽보다 높기 때문에 클럽헤드가 공을 치고 빠져 나가기가 쉽지 않다. 그래서 가끔 뒤땅을 치게 된다. 그러므로 공의 위치를 오른쪽에 놓아 주고 스윙시 공을 먼저 맞히고 클럽헤드가 지면의 경사도를 따라 빠져 나갈 수 있도록 해 주면 된다.

실전편
경사도에서의 샷

업힐(Uphill)
스윙 요령 1

 필자의 경우 프로 생활을 하지만 플레이를 하는 데 그다지 많은 시간을 내지 못한다. 레슨을 하다가 시간이 날 때 연습공을 치곤 하는데, 그때 학생들이나 다른 골퍼들이 나를 보면서 그렇게 공을 정확하게 치면 골프가 재미 없겠다고 말한다. 그러나 그렇지 않다. 연습장에서 아무리 공을 정확하게 친다 하더라도 코스에서는 다르다. 그것은 여러 가지 이유가 있겠지만, 필드에서는 경사도에서 샷을 해야 할 때가 많으므로 자신이 원하지 않는 방향으로 공이 날아가게 된다. 그렇기 때문에 필드에서는 연습장에서의 샷의 30% 정도만 반영이 된다고 한다. 따라서 혹시 연

습장에서는 잘 되는데 왜 필드에서는 잘 안 되는지 모르겠다고 말하는 골퍼가 있다면 그것은 연습장에서의 샷의 30% 정도만 반영된다는 것을 염두해 두면 거의 맞아떨어지리라 생각한다.

경사도의 샷은 평지에서의 샷보다는 훨씬 어렵다. 그리고 자신이 원하는 샷은 거의 기대할 수가 없게 된다. 그러나 동작의 기본을 제대로 지키면서 올바른 샷을 하게 되면 자신의 기대치에는 미치지 못하더라도 비슷한 샷은 할 수가 있다. 공이 업힐 라이(Uphill Lie)에 놓여 있을 때의 샷은 콤팩트 스윙을 유도해야 한다.

즉, 스윙의 크기를 약간 적게 하면서 몸의 사용을 줄여야 한다는 뜻이다. 그러기 위해서는 먼저 그립을 약간 짧게 잡아 주고 어드레스 자세의 하체를 단단히 받쳐 주어서 스윙시 몸의 흔들림이 생기지 않도록 해야 한다. 그리고 상체와 팔만을 사용하여 스윙을 하려고 해야 한다. 그래서 어드레스 자세 때 체중을 오른발에 조금 더 실어 주고 공의 위치를 약간 오른쪽에 놓아 주면서 지면의 경사도를 따라 클럽헤드가 빠져 나가도록 하며, 상체의 회전으로 백스윙을 이루고 다운스윙시는 하체의 사용을 억제하면서 팔로만 클럽헤드를 휘둘러 주는 스윙을 하면 된다.

실전편
경사도에서의 샷

업힐(Uphill)
스윙 요령 2

　플레이를 하다 보면 자신이 원하지 않는 방향으로 공이 날아가는 경우가 있다. 그래서 어떤 때는 공이 벙커 속이나 러프에 빠지기도 한다. 또는 숲 속으로 날아가 버려 벌타를 물게 되기도 한다. 이러한 것들을 통틀어서 트러블 샷이라고 하는데, 이런 위기에서 벗어날 줄 아는 실력을 기르는 것이 좋은 스코어를 내는 지름길이 된다.
　경사도의 샷에서도 평지에서의 샷과 달리 전혀 예상하지 못했던 미스 샷이 발생하게 된다. 그것은 샷을 하기 위한 조건이 나쁜 상황에서 샷을 하기 때문에 생기는 현상이다. 업힐 경사도의 샷에서는 공의 구질이 대조영복의

개 혹성이 된다. 그것은 스윙시 클럽헤드가 공을 덮어씌우듯이 맞히기 때문에 생기는 현상이다. 이는 양쪽의 하체 기반이 다르기 때문에 스윙시 허리의 회전을 할 수가 없게 되므로 자연히 상체와 팔로만 스윙을 하게 되어 클럽헤드가 덮어지듯이 내려오게 된다.

이런 폐단을 막기 위해서는 스윙시 백스윙의 크기를 크게 해서는 안 된다. 가령 백스윙을 크게 하게 되면 클럽헤드가 백스윙의 정상에서 공을 향해 수직으로 떨어지면서 클럽헤드가 지면의 경사도를 따라 빠져 나가지 못하고 경사면에 부딪혀서 그만 뒤땅을 치는 현상이 생기게 된다. 그러므로 백스윙시 스윙의 크기를 작게 하고 반대로 폴로스루를 많이 하려고 하는 것이 좋다. 그렇게 하게 되면 클럽헤드가 지면을 따라 쉽게 빠져 나갈 수 있다. 이렇게 스윙을 하더라도 공은 혹성으로 날아가게 된다. 그래서 어드레스 자세 때 약간 크로스 스탠스를 취해 주면서 미리 목표선보다 약간 오른쪽으로 세트업하는 것이 좋다. 스윙시 체중 이동을 일부러 하려고 하지 말고, 오른발에 체중을 남기는 듯하면서 클럽헤드가 지면의 경사도를 따라 쉽게 빠져 나갈 수 있도록 유도하는 것이 좋다.

실전편
경사도에서의 샷

업힐(Uphill)
샷의 요령 1

최근에 설계된 골프장은 예전에 설계된 골프장에 비해 경사도가 더 심하다. 보다 더 어렵게 만들어서 더 많은 도전을 하고자 하기 때문이다.

조영복의

그래서인지 어떤 골프장에는 페어웨이에 무덤 같은 것을 만들어서 샷을 더 어렵게 해 놓았다.

일반 골프장에서는 공이 페어웨이에만 떨어지면 그 다음 샷은 평지에서 샷을 하게 되는데, 이러한 골프장은 공이 페어웨이에 떨어졌다 하더라도 그 다음 샷은 경사도의 샷을 해야 하므로 상당히 어렵게 된다. 그래도 이런 골프장을 더 선호하는 사람들이 있는데, 그것은 더 많은 도전을 받아서 그 도전을 이겨 보기 위함이 아니겠는가?

경사도의 샷 중에서 업힐(Uphill)의 샷은 다른 경사도의 샷에 비해 그래도 쉬운 편이다. 따라서 자신이 업힐 경사도의 샷을 해야 할 때에는 먼저 샷에 대한 자신감을 가져야 한다. 업힐 경사도의 샷에서는 클럽헤드가 지면의 경사도를 따라 스윙을 하다 보면 자연히 클럽의 로프트가 뒤로 누운 모양이 되어 로프트가 커지기 때문에 평소보다 비거리가 줄어들게 된다. 그래서 비거리의 부족을 충당하기 위해서는 평소보다 더 긴 클럽을 선택하는 것이 좋다. 즉, 공의 탄도가 높이 떠서 날아가게 되므로 공이 높이 뜨면서 비거리가 줄게 되는 것이다. 이런 현상은 숏게임의 경우 업힐 경사도의 어프로치 샷을 해야 할 경우에도 로프트가 커지면서 공을 맞히기 때문에 로프트가 낮은 클럽을 선택하는 것이 좋은 방법이다. 그러므로 업힐에서 올바른 샷을 하기 위해서는 평소보다 길이가 한두 클럽 긴 것을 선택하여 상체와 팔만을 사용하여 콤팩트 스윙을 해 주는 것이 좋은 요령이 된다.

실전편
경사도에서의 샷

업힐(Uphill)
샷의 요령 2

　업힐(Uphill)의 경사도의 샷에서는 대개 탄도가 높은 샷이 나오면서 비거리가 줄게 된다고 말했다. 즉, 150yards의 샷을 했을 경우 약 130yards 정도밖에 날아가지 않는다. 그래서 그것을 감안해서 클럽을 선택해야 한다. 일반적으로 비거리는 스윙의 크기가 임팩트에서 힘의 가감에 의해 이루어진다. 스윙 아크(Swing Arc)가 크면 상대적으로 작은 경우보다 공이 더 날아가게 된다. 또 공을 강하게 임팩트할 때가 약하게 임팩트할 때

보다 더 날아가게 되는 것이다. 그래서 경사도의 샷에서는 아무래도 백스윙의 스윙을 작게 해 주면서 콤팩트 스윙을 해야 하므로 평소의 샷보다는 비거리가 작게 나게 되며, 또 자연히 클럽 페이스의 오픈되는 영향으로 인해 비거리가 더 작게 나는 것이다. 그렇다고 공을 강하게 쳐서 비거리를 내려고 해서는 안 된다. 차라리 클럽을 길게 잡고 스윙을 스무스하게 유도하는 것이 좋은 방법이다.

　스윙시 지켜야 할 기본은 먼저 어드레스 자세 때 체중을 오른발에 더 실어 주어서 지면의 경사도에 맞게 자세를 잡아 주어야 한다. 공의 위치는 몸의 약간 오른쪽에 위치하도록 해 주고 클럽헤드가 공을 먼저 맞히도록 유도하는 것이 좋다.

　스윙시 몸의 움직임을 최대한으로 줄여 주면서 상체와 팔만을 사용하여 지면의 경사도를 따라 클럽헤드가 움직이도록 해 주어야 한다. 백스윙은 평소보다 작게 해 주면서 약간 플랫(Flat)하게 해 주는 것이 좋다. 즉, 인사이드 테이크백(Take-Back)을 해 주는 것이 좋다. 그리고 폴로스루는 아웃사이드로 해 주는 것이 좋다. 그것은 지면의 경사도를 따라 클럽헤드가 움직여야 하므로 인사이드 아웃 스윙을 해 주어야 하는 것이다. 가령 아웃사이드 인 스윙을 하게 되면 클럽헤드가 지면의 경사도에 걸려서 빠져 나가지 못하게 된다. 또 스윙시 무릎의 높이를 일정하게 해 주면서 백스윙은 조금 하고 폴로스루와 피니시를 많이 하는 스윙을 하는 것이 좋다.

실전편
경사도에서의 샷

사이드힐 다운(Sidehill Down)
어드레스

공이 양발의 앞쪽 끝보다 낮은 내리막길 라이에 위치해 있을 때 샷을 해야 하는 경우 사이드힐 다운 샷(Sidehill Down Shot)이라고 한다. 이런 경우에 샷을 할 때는 매우 주의하지 않으면 미스 샷으로 연결된다. 위와 같은 샷을 하기 위해서는 평소의 샷보다 더 진지한 자세로 샷에 임해야 하는데, 그러기 위해서는 먼저 어드레스 자세에서 기본을 철저하게 지켜 주는 것이 중요하다.

　사이드힐 다운 라이에서 샷을 하기 위해 어드레스 자세를 할 때는 먼저 스탠스의 폭을 평소보다 약간 더 넓게 서 주는 것이 유리하다. 이는 공이 놓여 있는 위치가 상당히 낮은 앞쪽이 되므로 자세를 낮추어 주기 위함이기도 하며, 스윙시 몸의 균형을 보다 더 확실히 잡아 주기 위해서이다. 체중의 분배는 양발의 엄지발가락 뿌리 부분에 실리도록 해 주는 것이 좋다. 이는 스윙시 스윙의 축이 무너지지 않고 몸의 균형을 잘 잡아 주기 위해서이다. 또 양발의 무릎을 굽혀 자세를 낮추어 주어 몸의 중심이 보다 더 밑으로 내려가도록 하는 것이 좋다.

　사이드힐 다운 라이에서 샷을 했을 경우에는 대개 슬라이스성 구질의 샷을 하게 된다. 그러므로 어드레스 자세 때 목표선에 대해 약간 오픈 스탠스를 취하여 위의 특성을 살리는 것도 좋은 방법이다. 또 머리는 평소보다 더 숙여 주어서 공의 수직 위치에 가깝도록 해 주는 것이 좋다. 그렇다고 몸이 너무 앞쪽으로 쏠리지 않도록 유의해야 한다. 하체는 약간 단단하게 잡아 주어서 스윙시 몸의 흔들림이 생기지 않도록 해 주고 상체와 팔은 최대한 릴렉스하게 해 주는 것이 가장 좋은 어드레스 자세이다.

NOTE　사이드힐 다운(Sidehill Down) : 발 앞쪽이 발뒤꿈치보다 낮은 경사도의 샷.

실전편
경사도에서의 샷

사이드힐 다운(Sidehill Down)
공의 위치

 사이드힐 다운 경사도의 샷을 해야 할 경우에는 미리 평지에서의 샷과는 다르게 해야 한다는 생각을 가져야 한다. 그리고 그에 대한 대비책을 마련해 주어야 하는데, 그 대비책 중에서 당연히 어드레스 자세가 차지하는 비중이 가장 크다고 할 수 있다.
 앞에서도 설명했지만 다시 한 번 설명하자면 먼저 어드레스 자세에서는 스탠스의 폭을 평소보다 약간 더 넓게 서 주는 것이 좋다. 또 체중의 분배는 몸의 체중이 양발의 엄지발가락 뿌리 부분에 몰리도록 실어 주어

야 한다. 그리고 양쪽 무릎을 약간 낮추어 주어야 하고 상체를 앞으로 약간 숙이면서 고개를 숙여 머리가 공의 수직 위치에 가깝도록 해 주는 것이 좋다. 공은 대개 슬라이스성으로 날아가게 되므로 약간 오픈 스탠스를 취해야 한다고 했다.

이렇게 어드레스 자세를 취했을 경우 대개 공의 위치는 오른발 쪽에 가깝게 된다. 따라서 올바른 공의 위치는 몸의 중앙에서 약간 오른쪽에 위치하도록 해 주는 것이 좋다.

그래서 위에서 설명한 대로 우선 스탠스를 오픈되게 서 주면 공의 위치가 약간 오른쪽에 위치하게 되므로 자연히 공은 약간 슬라이스성으로 우측으로 날아가게 된다.

그러므로 위의 특성을 살리기 위해서는 목표선에 대해 약간 왼쪽으로 세트업을 해 주는 것이 좋다. 또 다른 이유에서 본다면 공이 발의 앞쪽보다 낮은 곳에 위치했기 때문에 어드레스 자세 때 클럽헤드가 힐(Heel) 부분이 약간 들리면서 세트업을 하게 된다. 그래서 더욱더 오른쪽으로 휘어져 날아가게 되는 것이다.

실전편
경사도에서의 샷

사이드힐 다운(Sidehill Down) 샷의 요령 1

경사도의 샷에서 어드레스 자세가 차지하는 비중은 상당히 크다. 하지만 아무리 좋은 어드레스 자세를 취했다 하더라도 스윙을 올바르게 해주지 못하면 아무런 소용이 없다. 따라서 어드레스도 완벽하게 해야 하지만 스윙도 완벽하게 해 주어야 한다.

사이드힐 다운 경사도의 샷에서 스윙할 때에는 많은 것에 신경을 써야

한다. 스윙시 체중 이동은 어떻게 해야 하며, 백스윙은 어떻게 해야 하고 다운스윙은 또 어떻게 하는 것이 좋은가 하는 것들이다.

먼저 어드레스 자세 때 체중의 분배를 양발에 균등하게 실어 주고 몸의 중심은 엄지발가락의 뿌리 부분에 실리도록 해 주면서 몸의 중심을 잘 잡아 주어야 한다. 그리고 백스윙은 약간 아웃사이드로 하는 것이 좋다. 그것은 스윙시 클럽헤드가 지면의 경사도를 따라 빠져 나가야 하기 때문이다. 그리고 백스윙의 크기는 크게 하지 말고 작게 하는 것이 좋다. 즉 콤팩트 스윙을 해야 한다는 뜻이다.

다시 말하자면 백스윙의 크기는 작게 하고 폴로스루는 많이 하려고 스윙을 유도해야 한다는 것을 말한다. 또 스윙시에는 하체의 사용은 최대한 줄이고 상체와 팔만을 이용하여 스윙을 하는 것이 좋다. 스윙의 플래인을 약간 업라이트(Upright)하게 해 주는 것이 유리하다.

다시 한 번 정리해서 말하자면 어드레스 자세에서 하체는 단단히 고정시켜 주고 상체와 팔을 릴렉스한 상태에서 백스윙의 시작을 아웃사이드로 하면서 백스윙 정상을 너무 높지 않게 해 주고 다운스윙과 폴로스루는 낮고 길게 스윙을 리드해 주는 것이 최상의 방법이다.

실전편
경사도에서의 샷

사이드힐 다운(Sidehill Down) 샷의 요령 2

 사이드 힐 다운에서의 샷을 할 때는 먼저 하체에 많은 신경을 써 주어야 한다. 처음 어드레스를 취할 때부터 스윙이 끝나는 피니시까지 하체의 움직임을 최대한 억제시켜 주어야 한다.

조영복의 실전골프

그러기 위해서는 어드레스 자세에서 먼저 스탠스의 폭을 평소보다 약간 더 넓게 취해 주고 양발에 체중을 골고루 실어 주면서 하체의 균형을 단단히 잡아야 한다. 또 무릎을 약간 낮추어 주면서 양쪽 무릎에 탄력을 주어야 한다. 그리고 상체를 앞으로 숙여 주어서 스윙시 몸의 흔들림이 생기지 않도록 해 주어야 한다.

경사도의 샷에서 미스 샷으로 연결되는 가장 큰 이유는 스윙의 템포에 있다. 즉 트러블 샷을 해야 할 경우에는 심리적으로 부담감을 가지게 되므로 자연히 스윙을 빨리 하거나 너무 강하게 하려고 하는 경향이 생긴다는 뜻이다. 그러므로 트러블 샷이나 경사도의 샷을 할 때는 우선 가장 좋은 템포로 스윙을 하려고 해야 한다. 즉, 백스윙의 시작은 천천히 하면서 가볍게 하고 다운스윙과 폴로스루는 클럽헤드가 공을 확실히 치고 빠져 나가도록 자신있게 스루(Through)해 주어야 한다. 그러기 위해서는 어드레스 자세 때 양쪽 무릎의 높이를 스윙시에도 일정하게 하려고 해야 한다. 이는 눈과 공과의 거리를 끝까지 유지시킬 수 있는 유일한 방법이다. 그리고 백스윙의 시작은 천천히 또 가볍게 하면서 아웃사이드 테이크백을 해 주고, 백스윙의 정상의 높이는 너무 높지 않게 해 주고, 다운스윙과 폴로스루는 자신있게 낮고 길게 클럽헤드가 공을 치고 빠져 나갈 수 있도록 해 주는 것이 최상의 요령이다.

실전편
경사도에서의 샷

사이드힐 업(Sidehill Up)
어드레스

경사도의 샷 중에서 가장 어려운 샷이 바로 사이드힐 업 샷(Sidehill Up Shot)이다.

이는 스탠스의 위치보다 공이 놓여 있는 위치가 높음으로써 스윙시 몸을 거의 사용할 수 없게 되므로, 팔만을 사용하여 스윙을 해야 하기 때문에 더욱더 어려운 샷이 된다. 위의 경사도의 샷을 해야 할 때는 욕심을 조영복의

버리고 어떻게 해서라도 좋은 라이에 공을 보내어 다음 샷을 잘하려는 생각을 가져야 한다. 그렇다고 해서 쉽게 포기할 수는 없는 일이 아니겠는가? 따라서 위의 샷을 최대한 성공시키기 위해서는 올바른 자세와 동작을 익혀두는 것이 좋다.

먼저 어드레스 자세 때 스탠스의 폭은 평소와 같거나 약간 더 넓게 서 주는 것이 좋다. 이는 아무래도 상체와 팔만 가지고 스윙을 해야 하므로 스윙시 몸의 흔들림이 생기게 된다. 그래서 그 흔들림을 최대한 막아 주기 위해서이다. 체중은 경사도에다 맞추어 뒤꿈치 쪽에 실리도록 해 주는 것이 좋다. 가령 앞쪽으로 실어 주게 되면 몸이 앞쪽으로 숙여지면서 공과의 거리가 너무 가깝게 되어 뒤땅을 치게 된다. 그리고 그립을 잡을 때 경사도의 심하기에 따라 짧게 잡아 주는 것이 좋다. 그래야 클럽헤드가 공을 보다 더 정확하게 맞힐 수 있게 된다. 또 이런 경사도의 샷에서는 대부분 훅성 구질이 나오게 되어 있다. 그러므로 스탠스 또한 크로스 스탠스를 취하면서 목표선에 대해 오른쪽을 겨냥하는 것이 좋다.

위의 경사도에서의 샷은 팔로만 스윙을 할 수밖에 없다. 그러므로 스윙시 몸의 흔들림을 잡아 줄 수 있도록 어드레스 자세 때 하체를 단단히 받쳐 주고 상체는 최대한으로 릴렉스해 주어야 한다.

NOTE | 사이드힐 업(Sidehill Up) : 발 앞쪽이 발뒤꿈치보다 높은 경사도의 샷.

실전편
경사도에서의 샷

사이드힐 업(Sidehill Up)
공의 위치

　공이 놓여 있는 위치가 스탠스의 위치보다 높은 곳에 있을 때의 샷에서 일어나는 미스 샷은 거의 공의 뒤쪽을 치는 더핑(Duffing)을 하게 된다.
　이는 공의 위치가 스탠스보다 높게 위치해 있으므로 공과 몸과의 거리가 자연히 가깝게 된다. 그래서 정확하게 공을 가격하지 못하고 공의 뒤쪽을 때리게 된다. 따라서 어드레스 자세 때에는 체중을 발뒤꿈치 쪽에 조영복의

실어 주고 상체를 평소보다 일으켜세워서 거의 서서 스윙을 하는 자세를 취하는 것이 좋다. 그리고 경사도의 심하기에 맞추어서 클럽의 그립을 짧게 잡아 주는 것이 좋다. 이렇게 하면 우선 뒤땅을 치는 일은 어느 정도 막을 수가 있다. 그 다음은 공의 위치이다. 어드레스 자세 때 공의 위치는 몸의 중앙에 오도록 하거나 약간 오른쪽으로 놓이게 하는 것이 좋다. 이는 아무래도 클럽헤드가 공을 먼저 맞히기에 유리하기 때문이다.

또 위와 같은 경사도의 샷에서는 거의 훅이 나게 되어 있다. 이는 스윙시 몸을 사용할 수 없게 되므로 자연히 팔로만 스윙을 하게 되어서 클럽헤드가 덮어져 공을 맞히기 때문에 생기는 현상이기도 하다. 또 어드레스 자세 때 공의 위치가 높기 때문에 클럽의 세트업에서 클럽의 앞쪽(Toe) 부분이 약간 들리게 되므로 자연히 더 심하게 훅이 나게 되는 것이다.

그리고 하체가 단단히 받쳐 주지 못하게 되므로 스윙시 몸의 흔들림이 생기게 될지도 모른다. 그래서 어드레스 자세 때 양쪽 무릎 부분을 서로 약간 죄어 주면서 자세를 잡아 주는 것도 좋은 요령의 한 가지가 될 수 있다.

실전편
경사도에서의 샷

사이드힐 업(Sidehill Up)
샷의 요령 1

 골프를 하다 보면 많은 것을 생각해야 한다. 그래서인지 골프 연습을 열심히 한다거나 필드에서 골프를 하노라면 세상일을 까맣게 잊어버리고 골프의 스윙에만 모든 신경을 곤두세우게 되는 것이다. 그래서 골프가 정신건강에 좋다고 말하는 게 아닌가 생각한다. 특히 사이드힐 업에서 샷을 해야 할 경우에는 다른 때의 샷보다 훨씬 많은 것을 생각해야 하며, 더 많은 집중력을 필요로 하게 된다. 이는 다른 말로 표현하자면 그만큼 어려운 샷이라는 말이다. 위와 같은 경사도의 샷을 할 때는 거의 혹이 난

다고 했다. 그러지 않으면 미스 샷으로 연결되는데, 미스 샷의 현상은 뒤땅치기가 대부분이다.

  이와 같은 현상이 일어나는 이유는 몇 가지를 말할 수 있다. 이유야 어떻든 그것을 극복할 수 있는 방법이 여러 가지 있다. 그것을 쉽게 해결할 수 있는 방법은 스윙의 좋은 템포를 가지는 일이다. 위와 같은 경사도의 샷을 해야 할 경우 대부분 공을 강하게 치려고 하는 경향이 있다. 그렇게 되면 자연히 스윙의 템포가 빨라지게 되어 뒤땅을 치게 되는 것이다.

  또 백스윙시 스윙의 크기가 너무 작아도 그런 현상이 생기게 된다. 스윙의 템포가 빨라지면서 급하게 다운스윙을 시도하다가 그만 뒤땅을 치게 되는 것이다. 그래서 스윙의 시작을 천천히 하면서 백스윙의 크기를 크게 해 주려고 해야 한다. 그러나 공을 맞힌 후 폴로스루를 크게 하려고 해서는 안 된다. 즉, 클럽을 많이 들어서 공만 강하게 맞히고 스윙을 멈추어 버리는 듯한 펀치 샷을 시도하는 것이 좋다. 아무래도 몸의 사용이 불가능하게 되므로 일반적인 샷과 같은 샷으로 하려고 하지 말고 상체만 충분히 돌려서 백스윙을 이루고 공만 강하게 때린 후 동작을 멈추는 샷을 하는 것이 좋은 방법이다.

실전편
경사도에서의 샷

사이드힐 업(Sidehill Up) 샷의 요령 2

경사도의 샷에서 일어나는 미스 샷은 계속해서 다른 트러블 샷으로 연결된다. 이는 아무래도 자신이 원하는 방향으로 공이 날아가지 않고 엉뚱한 방향으로 날아가 버리거나 뒤땅을 치는 미스 샷으로 연결되기 때문이다. 그래서 경사도의 샷, 특히 사이드힐 업(Sidehill Up) 경사도의 샷을 해야 할 경우에는 으레 '한 점 더 먹었구나.' 하는 생각을 하게 된다. '그래도 그게 아니야, 멋있는 샷을 해 봐야지…….' 하고 샷을 했는데, 아니나 다를까 그만 뒤땅을 치고 마는 경우가 대부분이다. 가끔씩 다행히 공을 맞히긴 했어도 아주 형편없는 샷으로 연결되고 마는 경우가 실

제의 경험으로 봐서 알 수 있게 된다. 그래서 위와 같은 경사도의 샷을 해야 할 경우에는 우선 욕심을 버리고 일단 공을 라이가 좋은 페어웨이로 보내어 그 다음 샷을 멋있게 하여 그것을 리커버(Recover)하려고 하는 것이 좋은 두뇌 골프가 아닌가 생각한다.

사이드힐 업 경사도의 샷을 해야 할 경우에는 스윙의 궤도를 인사이드 테이크백을 해 주는 것이 좋다. 그것은 지면의 경사도 때문에 클럽헤드가 지면의 경사도를 따라 움직여 주어야 하기 때문이다. 가령 아웃사이드 테이크백을 하게 되면 클럽헤드가 위에서 내려오면서 공을 맞히게 되므로 뒤땅을 먼저 맞히게 된다. 그래서 상체만을 충분히 회전시켜 주면서 인사이드 테이크백을 이루고 백스윙의 정상 높이를 높게 해 주었다가 꼬인 상체를 풀어 주면서 공만을 강하게 맞히고 동작을 멈추어 버리는 펀치 샷과 같은 요령의 샷을 해 주면 공은 정상 거리를 날아가지 않더라도 비슷하게 날아가게 된다. 이렇게 하여 멋있는 샷을 날려보기 바란다. 특히 스윙시 무릎의 높이가 변하지 않도록 양 무릎의 높이를 일정하게 유지해 주는 것이 좋다. 스윙시 몸의 높이가 갑자기 낮아지거나 높아지게 되면 공을 제대로 콘택트할 수가 없다.

Part 2

트러블 샷(Trouble Shot)

러프(Rough)에서의 샷 ▶ 258
    상황 판단 ▶ 258
    클럽의 선택 ▶ 260
    어드레스 ▶ 262
    잔디의 결에 따른 샷 ▶ 264
    샷의 요령 1 ▶ 266
    샷의 요령 2 ▶ 268
    샷의 요령 3 ▶ 270

디벗(Divot)에서의 샷 ▶ 272
    상황 판단 ▶ 272
    클럽의 선택 ▶ 274
    어드레스 ▶ 276
    샷의 요령 1 ▶ 278
    샷의 요령 2 ▶ 280
    샷의 요령 3 ▶ 282
    가까운 거리에서의 샷 ▶ 284

맨땅에서의 샷 ▶ 286
    상황 판단 ▶ 286
    어드레스 ▶ 288
    클럽의 선택 ▶ 290
    샷의 요령 1 ▶ 292
    샷의 요령 2 ▶ 294
    샷의 요령 3 ▶ 296

맞바람 부는 날의 샷 ▶ 298
    스윙 요령 1 ▶ 298
    스윙 요령 2 ▶ 300

뒷바람 부는 날의 샷 ▶ 302
    스윙 요령 1 ▶ 302
    스윙 요령 2 ▶ 304

실전편
트러블 샷(Trouble Shot)

러프(Rough)에서의 샷
상황 판단

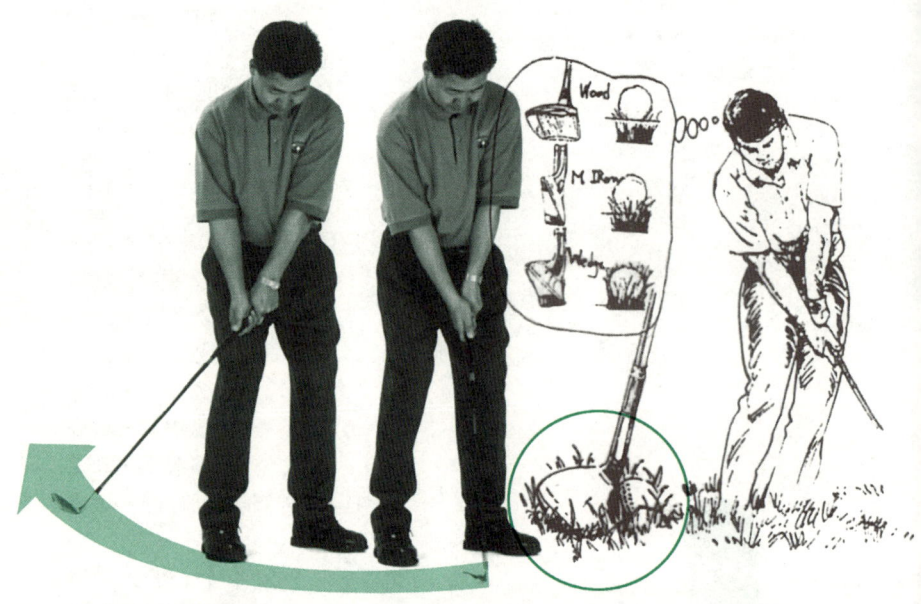

골프를 잘하기 위해서는 비관적인 생각보다는 낙관적인 생각을 가지는 것이 좋다. 항상 가능성을 생각하면서 샷에 임하게 되면 좋은 결과가 있게 마련이다.

드라이브 샷을 멋지게 했는데 약간 훅이 나면서 공이 풀이 긴 러프에 빠지고 말았다. 이런 경우에는 풀이 긴 러프에서 샷을 해야 하므로 먼저 공이 놓여 있는 상태와 풀의 길이, 또 남은 거리 등을 생각하면서 올바른 상황 판단을 해야 한다. 일단 공이 풀이 긴 러프에 들어갔을 때에는 다음의 3가지 방법 중 한 가지를 선택해야 한다.

가령 공에서부터 그린까지의 거리가 200yards일 경우,

　첫째는 페어웨이 우드를 사용하여 그린을 직접 공략하는 방법,
　둘째는 5번 아이언으로 그린 근처까지 갖다놓은 후 숏아이언으로 다음 샷을 하는 방법,
　셋째는 숏아이언으로 샷을 해서 우선 페어웨이에 놓고, 그 다음 샷으로 그린을 공략하는 방법이다.
　위의 방법들 중에서 하나를 선택하기 전에 먼저 상황 판단을 제대로 해야 할 것이다. 여기에서 말하는 상황 판단은 그날의 컨디션, 공이 놓여 있는 위치, 자신의 기량, 잔디의 길이, 남은 거리 등 여러 가지를 잘 파악한 후 위의 3가지 방법 중 가장 좋은 방법을 택하는 것을 말한다. 무리한 샷을 하려고 해서는 좋은 결과를 얻지 못한다.
　그러므로 우선 현재 처해 있는 상황에서 탈출하여 그 다음 샷을 제대로 하려고 하는 지혜가 필요하다. 때론 위험을 동반한 승부 샷을 해야 할 때도 있지만, 자칫 무모한 샷이 될 성싶으면 일찍 단념하는 것이 좋다.

실전편
트러블 샷(Trouble Shot)

러프(Rough)에서의 샷
클럽의 선택

　골퍼들의 수가 늘어나면서 실력도 그에 비례해서 향상되고 있는 것을 느낀다. 불과 몇 년 전만 하더라도 교포 사회에서 가졌던 경기들은 몇몇 골퍼들의 독차지였다. 그러나 요즘은 다르다. 신세대 골퍼들이 많이 나오고 새로운 인물들이 많이 나타나면서 실력의 향상과 함께 실력 평준화를 이룬 것을 알 수 있다. 그래서인지 요즘 골퍼들에게 핸디를 물어 보면 "싱글 핸디입니다."라고 대답하는 사람들이 많아졌다.

　자신이 가지고 있는 핸디는 두 가지 타입이 있다. 첫째는 '제 실력이 이 정도요'라고 자랑하기 위한 핸디이고, 둘째는 '돈내기 골프를 할 때, 내 핸디는 얼마요' 하는 핸디가 있다. 진정 어느 것이 바른 핸디인지는 모르겠지만, 공이 러프에 빠졌을 경우에는 먼저 러프에서 빠져 나오는 쪽으로 작전을 세워야 한다. 잔디의 길이가 짧고 공의 라이가 좋은 경우에는 페어웨이 우드나 롱 아이언을 사용해도 좋다.
　그러나 공이 약간 가라앉아 있으면서 풀이 약간 긴 경우에는 페어웨이 우드나 롱 아이언은 피하고 미들 아이언을 선택하여 러프에서 빠져 나와 다음 샷으로 연결시키는 것이 바람직하다. 또 풀의 길이가 길면서 공이 낮게 가라앉은 경우라면 숏아이언을 선택하여 일단 러프에서 페어웨이로 나오려고 하는 것이 최상의 방법이다. 남은 거리와 상관없이 일단 러프에서 빠져 나와 그 다음 샷을 하기에 유리한 장소로 공을 보내는 것으로 작전을 세우는 것이 좋다.
　그러므로 풀의 길이가 길면 숏아이언으로, 중간쯤이면 미들 아이언으로, 풀의 길이가 짧으면서 라이가 좋으면 페어웨이 우드나 롱 아이언을 선택하는 것이 좋다.

실전편
트러블 샷(Trouble Shot)

러프(Rough)에서의 샷
어드레스

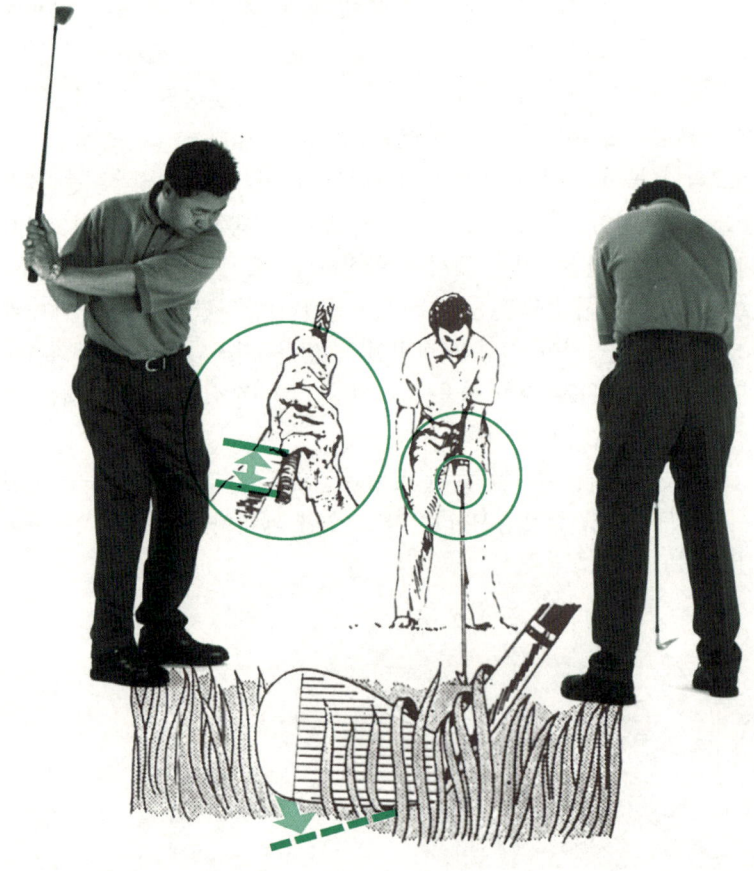

　골프만큼 많은 적과 싸우는 게임은 없다. 여기에서 말하는 적은 길이와 무게가 모두 다른 14개의 클럽, 짧고 길고 어렵고 쉽기가 다른 18홀의 골프 코스, 각 홀마다 입을 벌리고 있는 벙커, 양쪽으로 줄을 서서 경기를 지켜 보는 나무들, 코스의 중간중간마다 있는 물, 강하게 불었다 약하게 불었다 하는 바람, 길이가 길고 짧은 풀, 그 밖의 1백여 명의 상대 선수

등이다.

그러나 위의 적보다 더 무서운 적은 본인, 자신과의 싸움이다. 즉, 공이 풀이 긴 러프에 빠졌을 때 어떤 샷을 할 것인가? 하는 문제에서 자신과의 싸움을 하게 된다. 이때 자신의 생각과 샷이 제대로 맞았을 경우 올바른 '두뇌 골프'를 한다고 말할 수 있다.

일단 공이 풀이 긴 러프에 빠졌을 경우에는 무리한 작전을 세워서는 안 된다. 어떻게 해서라도 러프에서 빠져 나와 다음 샷을 잘해서 그 위기를 극복해야겠다는 생각으로 게임을 이끌어 나가는 것이 좋다. 러프에서 샷을 하기 위해서 먼저 신경을 써야 할 것은 공이 어떤 상태로 놓여 있느냐를 점검하는 일이다. 그리고 클럽을 선택하여 샷을 해야 하는 것이다. 샷을 하기 위해서는 먼저 그립을 약간 짧게 잡아 주면서 단단히 잡는 것이 좋다. 특히 왼손의 셋째, 넷째 그리고 새끼손가락을 단단히 잡아 주어야 한다. 공의 위치는 평소보다 약간 왼발 쪽으로 공 한 개 정도의 거리로 옮겨 주고 몸의 체중은 왼발에 6, 오른발에 4 정도의 비율로 실어 주는 것이 좋다. 스탠스 역시 약간 오픈 스탠스를 취해 주어 몸의 회전이 용이하도록 해 주는 것이 좋다.

위에서 설명한 요령이 스윙할 때 풀에 클럽헤드가 휘감기는 저항을 막아 주기 위한 올바른 동작이다.

실전편
트러블 샷(Trouble Shot)

러프(Rough)에서의 샷
잔디의 결에 따른 샷

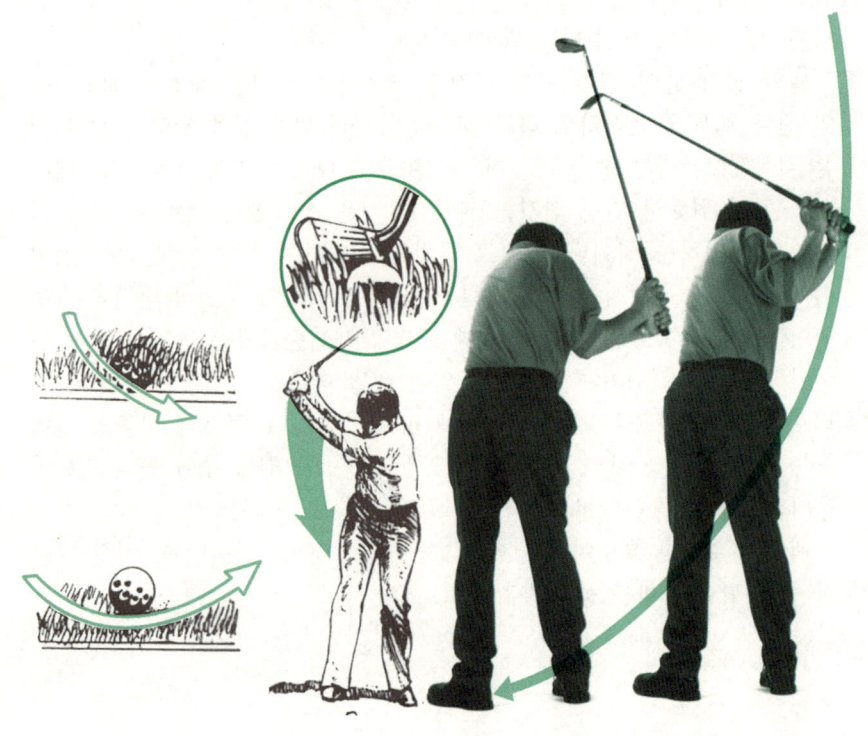

 골프에서는 숫자로부터 받는 중압감이 크다. 즉 파 3, 파 4, 또는 파 5, 거기에다 보기, 더블 보기 등 모두 숫자를 가지고 노는 숫자 놀음판이라 할 수 있다. 어떻게 해서라도 자신이 기대했던 숫자보다 적으면 기분 좋은 일이고, 그렇지 않고 숫자가 많으면 속상한 것이다. 자신의 샷이 트러블에 빠졌을 때 어떻게 지혜롭게 극복하는가 하는 것이 기분을 바꾸는 데 크게 작용한다.

조영복의

공이 러프에 빠졌을 경우 우선 상황 판단을 올바르게 해야 한다. 그중에서 다른 한 가지는 잔디의 결이 어느쪽으로 향했는가 하는 것에 따라서 다른 샷을 할 수 있게 된다. 비록 잔디의 길이가 길다 하더라도 잔디의 결이 목표 방향으로 누워 있다면 얼마나 다행한 일인지 모른다. 이런 경우에는 페어웨이 우드나 롱 아이언을 사용해도 무관하다. 그러나 남은 거리는 그다지 멀지 않지만 잔디의 길이가 길면서 잔디의 결이 목표 방향에 대해 반대 방향으로 누워 있다면 다른 작전을 세우는 것이 좋다. 이 때는 잔디의 저항이 상당히 강하므로 거기에 맞는 올바른 클럽의 선택과 올바른 샷의 요령을 찾아야 할 것이다.

잔디의 결이 목표 방향으로 누워 있는 경우에는 평소와 같은 샷을 하면 된다. 그러나 반대로 누워 있는 경우라면 우선 클럽을 짧게 잡아 주면서 단단히 잡아 주고, 체중을 왼발에 더 실리게 해 주면서 벙커 샷을 하는 느낌으로 손목의 코킹과 함께 백스윙을 일찍 이루고 익스플로전 샷(Explosion Shot)처럼 스윙을 해야 한다. 폴로스루와 피니시는 낮고 길게 해 주는 것이 좋다.

실전편
트러블 샷(Trouble Shot)

러프(Rough)에서의 샷
샷의 요령 1

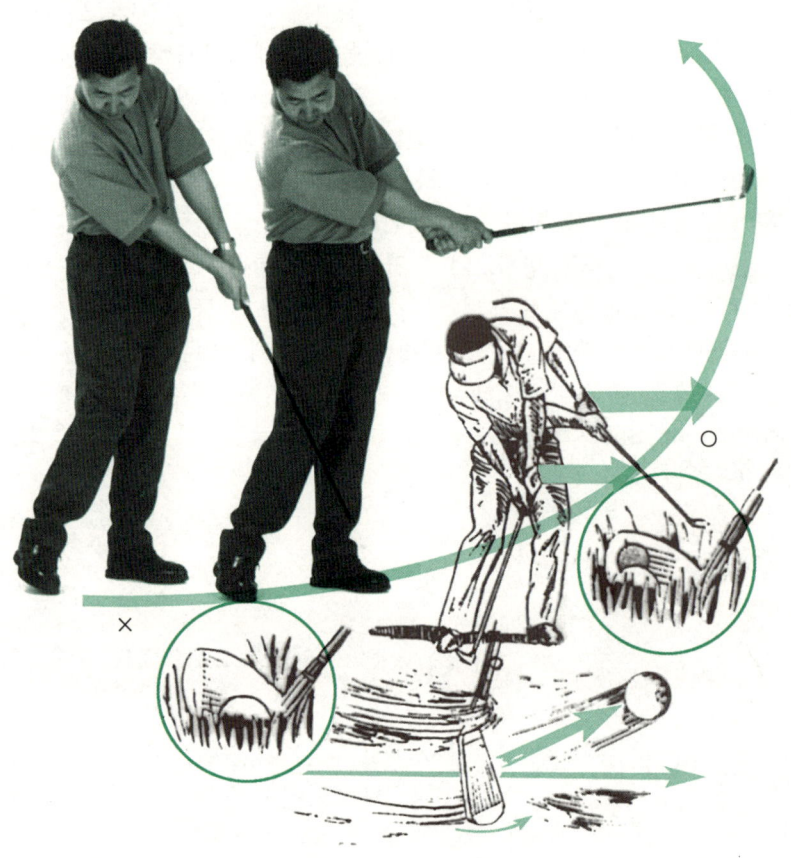

골프를 잘하기 위해서는 긴장을 풀어야 한다. 즉, 릴렉스해야 한다는 뜻이다. 이것은 골프에서 스윙을 부드럽게 하기 위해서 필요한 필수 조건이다. 그러나 정신은 조금 긴장된 상태에서, 즉 텐션(Tension)하는 것이 좋다. 긴장감이 전혀 없는 골프를 하면 골프에 대한 진정한 맛을 느끼지

못하게 된다. 따라서 약간의 내기라도 해야 골프가 더 재미있게 느껴지는 것이다.

공이 러프에 들어갔을 경우에는 우선 약간 긴장된 상태에서 보다 더 신중하게 샷을 하는 것이 성공률이 높다. 러프에서 샷을 했을 경우에는 공과 클럽 사이에 풀이 끼여들기 때문에 공에 스핀이 걸리지 않는다는 것을 알아두는 것이 좋다. 오히려 공이 런이 많이 생겨서 생각보다 더 많이 굴러가게 된다. 그러므로 그것을 감안해서 샷을 하는 것이 좋다. 러프에서의 샷에서는 풀의 상태에 따라서 다르긴 하지만 클럽헤드에 휘어감기는 풀의 저항은 의외로 강하다. 그러므로 이를 이겨내기 위해 그립을 약간 강하게 잡아 주어야 한다. 그리고 체중도 왼발에 더 실리도록 해 주어야 하며, 스탠스 역시 약간 오픈되게 서 주는 것이 유리하다.

스윙시 명심해야 할 것 중에 하나는 클럽헤드가 풀에 휘감기는 것을 막아 주기 위해 가급적 클럽헤드가 예각으로 내려와 공을 쳐내도록 해야 한다. 다시 설명하자면 풀의 저항에 지지 않도록 클럽을 단단하게 잡아 주고, 공을 확실하게 가격한다는 생각으로 클럽헤드를 들어 올렸다가 공을 내리치듯이 쳐 주는 것을 말한다. 이럴 때는 일부러 긴 폴로스루를 하려고 해서는 안 된다. 그냥 위에서 내리치고 동작을 멈추어 버리는 느낌이면 좋다.

실전편
트러블 샷(Trouble Shot)

러프(Rough)에서의 샷
샷의 요령 2

 골프에는 '피곤한 골프'와 '피곤하지 않은 골프'의 두 가지가 있다.
 또 '피곤한 골프'에는 '정신적인 면에서 피곤한 것'과 '샷에서의 피곤한 것'의 두 가지 요인이 있을 수 있다.
 드라이브를 멋지게 쳐야지, 또는 스리 퍼터를 하지 말아야지 하는 등의 불안한 생각을 하게 되면 골프는 자연히 피곤해진다. 이런 피곤한 골프를 피곤하지 않은 골프로 바꾸기 위해서는 무리한 플레이나 억지 플레이를 해서는 안 된다. 풀이 긴 러프에 공이 들어갔을 경우, 한 타를 쳐서 확실하게 페어웨이로 내놓고, 그 다음 샷을 나이스 샷으로 연결시키면 피조영복의

곤하지 않은 골프를 즐길 수 있다.

　일반적으로 풀이 긴 러프에 공이 빠졌을 경우에는 클럽헤드의 밑바닥이 둥근 샌드 웨지가 유리하다. 러프에서 완전하게 빠져 나오기 위해서는 샌드 웨지에 가장 가까운 클럽을 선택하는 것을 권하는 것이다. 클럽헤드 밑바닥이 얇고 직선으로 되어 있으면 클럽헤드가 풀에 감기면서 깊이 처박히는 경향이 있기 때문에 밑바닥이 둥근 쪽으로 샷을 하는 것이 유리하다.

　풀이 긴 러프에서의 샷은 마치 벙커 샷을 하는 느낌으로 임해야 한다. 클럽의 선택에서도 가능하면 샌드 웨지에 가까운 클럽을 택해야 하며, 스윙시에도 벙커 샷과 같이 클럽 페이스를 약간 오픈시켜 주면서 오픈 스탠스를 취하고 그립을 약간 짧게 잡으면서 강하게 잡아 주도록 한다. 백스윙은 손목의 코킹과 함께 일찍 클럽을 들어올리는 느낌으로 백스윙을 해 주고, 다운스윙은 클럽헤드의 예각을 이용하여 샷을 한다는 느낌을 가지고 수직으로 공을 향해 내리치는 샷을 하면 좋다. 즉, 벙커 샷의 요령과 똑같은 요령으로 샷을 하면 된다.

실전편
트러블 샷(Trouble Shot)

러프(Rough)에서의 샷
샷의 요령 3

　'공을 러프에 빠뜨리고 싶지 않다. 페어웨이에 떨어뜨리자.'
　이렇게 생각하고 샷을 하면 대개 공이 러프에 빠지게 된다. 그것은 러프 쪽에 너무 신경을 쓰다 보면 몸이 경직되어서 그만 이상한 스윙을 하게 되어 그런 결과로 이어지게 되는 것이다.
　그렇다고 아무 생각 없이 샷에 임하라는 뜻은 결코 아니다. 너무 지나치게 신경을 곤두세우지 말라는 뜻이다. 아주 자연스럽게 편안한 생각을

조영복의 실전골프

가지고 샷에 임하라는 것이다.
　러프에 공이 들어갔을 때 공을 쳐내기 어려운 것은 우선 긴 풀이 방해하기 때문이다. 이런 상황에서 효과적으로 공을 쳐내기 위해서는 스윙시 클럽헤드의 릴리스 포인트가 상당히 중요하다. '릴리스 포인트'란 공과 클럽헤드가 콘택트한 후 서로 떨어지는 시간을 말한다. 공과 클럽헤드는 임팩트 순간에 서로 만났다가 폴로스루 과정에서 서로 헤어지게 된다. 이때 임팩트 순간과 폴로스루에 걸쳐 공과 클럽헤드가 만났다가 떨어지는 시간이 짧을수록 공은 멀리 날아가며 잘 멈추지 않게 된다. 이런 원리를 이용하여 샷을 목적에 따라 릴리스 포인트를 짧게 하기도 하고 길게 하기도 하는 요령을 익혀두는 것이 좋다.
　릴리스 포인트를 보다 더 길게 하기 위해서는 임팩트와 폴로스루가 연결될 때 손목의 회전을 이용하여 공을 감아치듯이 하는 것이 좋다. 이렇게 하면 클럽헤드가 공을 감아 껴안듯이 때리기 때문에 타구는 멀리 날아가면서 공에 더 많은 런이 생기게 된다.

실전편
트러블 샷(Trouble Shot)

디벗(Divot)에서의 샷
상황 판단

'골프 실력 향상에 지름길은 없다(There is no royal road to golf).'라는 스코틀랜드 격언이 있다.

이와 같이 골프는 피나는 노력과 수많은 경험에 의해 훌륭하게 만들어

지는 것이다. 그래서 골프는 "시간과 돈이다."라고 말하기도 한다. 그만큼 많은 시간과 노력, 그에 따른 경비가 필요하다는 것이다.

골프를 하다 보면 수없이 많은 다른 경우의 트러블 샷을 해야 할 때가 있다. 오랜 경험과 다양한 경험이 있으면 그것을 잘 극복하게 되는 것이 아닐까?

트러블 샷의 종류 중에 불행하게도 남이 샷을 하고 난 자국인 디벗에 공이 들어가는 경우가 있다. 이런 경우는 정말 억울한 일이 아닐 수 없다. 그렇다고 공을 움직일 수는 없으므로 그에 맞는 대책을 마련해야 할 것이다. 먼저 공이 디벗에 들어가 있을 때는 디벗의 파인 깊이와 공이 놓여 있는 위치를 잘 파악해야 한다. 그리고 그 상황에 맞는 클럽의 선택과 샷을 구사해야 한다. 이때에도 러프에서의 샷과 같이 공의 라이가 좋지 않을 경우에는 무리하게 억지 작전을 세워서는 안 된다. 일단 공을 안전한 장소로 빼놓은 다음 샷을 잘해서 그것을 나이스 샷으로 연결시키려고 해야 한다.

그러므로 공이 디벗에 들어가 있을 경우에는 먼저 확실한 상황 판단을 한 후 남은 거리에 따라서 클럽을 선택하고, 신중하게 샷에 임하는 것이 좋다. 디벗의 깊이, 폭, 넓이, 남은 거리 등을 확실하게 판단하는 데 총력을 기울여야 할 것이다.

실전편
트러블 샷(Trouble Shot)

디벗(Divot)에서의 샷
클럽의 선택

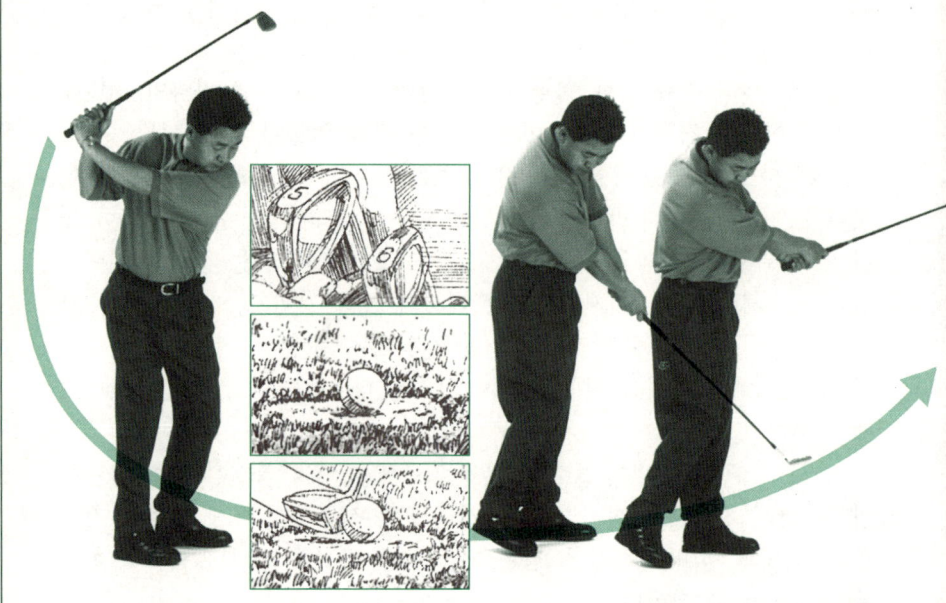

골프를 즐기다 보면 '~더라면……'이라는 말을 많이 쓰게 된다. "거기에 OB가 없었더라면…….", "그때 그 퍼팅을 성공시켰더라면…….", "그 홀을 망치지 않았더라면……." 등 수많은 아쉬움들이 있다. 그래서 골프를 후회와 반성의 게임, 혹은 아쉬운 가정의 '~더라면……'의 게임이라고 말하기도 한다.

멋진 티 샷을 한 후 공이 페어웨이 정가운데 떨어지는 것을 보고 가벼운 마음으로 공에 다가가 보니 웬일? 남이 파놓은 디벗 속에 공이 들어가 있는 것이 아닌가?

이럴 때는 정말 속상한 일이 아닐 수 없다. 그래서 그 디벗을 다듬어

조영복의

놓지 않고 그냥 가 버린 앞사람을 원망해 보지만 어쩔 수 없는 일······. 할 수 없이 그냥 그 공을 쳤더니 그만 토핑을 해 버리고 말았다. 이때 "그 때 그 공이 디벗에 들어가지 않았더라면······."이라고 말하게 되는 것이다.

공이 디벗에 들어가 있을 경우에는 먼저 올바른 상황 판단을 해야 하고, 거기에 맞는 클럽을 선택하는 것이 좋다. 가령, 디벗의 폭이 좁으면서 깊이 파여 있는 경우라면 로프트가 큰 숏아이언을 택하는 것이 좋으며, 디벗의 폭은 넓고 깊이가 깊은 경우라면 남은 거리와 상관없이 미들 아이언을 택해야 한다. 마지막으로 디벗의 폭이 넓으면서 깊이가 깊지 않은 경우라면 페어웨이 우드나 롱 아이언을 사용해도 좋다.

남은 거리가 멀다고 해서 무조건 긴 클럽을 사용하는 것은 억지 샷이 된다. 그때 그 상황에 맞게 알맞는 클럽을 선택해서 멋있게 샷을 하여, "긴 클럽을 사용하지 않았더라면······."이라는 말을 하지 않기 바란다.

실전편
트러블 샷(Trouble Shot)

디벗(Divot)에서의 샷
어드레스

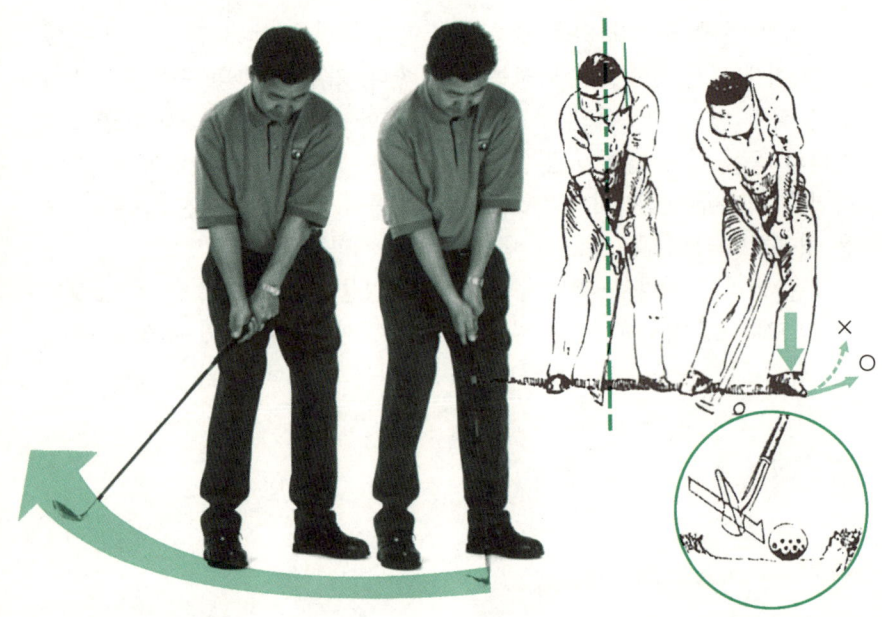

골프가 잘될 때는 냉정하고 안정된 기분을 가질 수 있다. 그러나 샷이 흔들리면서 트러블 샷이 계속 이어지면 마음이 들뜨고 불안정해지게 된다. 이러한 현상은 한 번 트러블에 빠지면 자기의 능력이나 솜씨를 고려하지 않고 단번에 리커버리 샷을 노리는 경우에 많이 나타난다.

한 번에 위기에서 빠져 나와야 한다는 것은 당연하지만 그런 때는 마음 상태가 들떠 있으면서 불안정한 상태에서 샷을 하게 되므로 자연히 트러블 샷으로 연결되게 된다. 그래서 골프를 '인내의 게임'이라고도 표현한다. 그런 때는 '한 타를 버린다'고 생각하고 용기있게 그 위기에서 탈출하는 지혜가 필요하다.

조영복의

　디벗 안에 공이 들어가 있을 때에는 자칫 뒤땅을 치거나 토핑을 하게 된다. 그래서 스윙시 공을 제대로 콘택트해 주어야 하며, 반드시 다운 블로 샷을 해 주어야 하는데, 그러기 위해서는 먼저 어드레스 자세를 올바르게 취해야 한다.
　먼저 그립을 약간 강하게 잡아 주고, 체중의 분배는 왼발에 6, 오른발에 4 정도의 비율로 실어 주며, 공의 위치는 몸의 중앙에서 약간 오른쪽에 위치하도록 놓아 주는 것이 좋다. 또 그립을 잡은 양손은 공보다 약간 목표 쪽으로 위치해 주는 것이 좋다. 이렇게 어드레스 자세를 취하게 되면 미리 다운 블로 샷을 하기 위한 자세를 잡는 것이 된다. 러프에서 샷을 하기 위한 어드레스 자세와 거의 같다고 생각하면 된다.

실전편
트러블 샷(Trouble Shot)

디벗(Divot)에서의 샷
샷의 요령 1

 골프에서 '퍼펙트 골프'를 말하라면 아마 18홀 모두를 버디로 끝내는 18언더파라고 할 수 있을 것이다. 그러나 그것은 있을 수 없는 일이다. 왜냐하면 골프는 '미스의 게임'이기 때문이다. 미스 없는 골프란 생각하기조차 어렵다. 그래서 결국 미스를 멋있게 리커버하는 사람이 승자가 되는 것이다.
 공이 디벗 안에 들어가 있으면 이는 분명 트러블 샷에 속하므로 이에

조영복의

대해 사전에 효과적인 공략법을 철저히 숙지해 두는 것이 좋다. 공이 디벗 안에 들어가 있다면 이것은 공이 지면보다 더 낮은 곳에 위치해 있다는 뜻이다. 따라서 미스 샷으로 연결되기 십상이므로 주의 깊게 샷을 해야 한다.

어드레스 자세는 체중이 왼쪽으로 더 실리게 하면서 다운 블로 샷을 하기 위한 자세가 되어야 한다고 설명했었다. 이렇게 체중이 왼발에 더 실리는 자세는 백스윙시에도 그대로 유지해 주면서 계속 왼발에 체중이 실리도록 해야 한다. 백스윙은 손목의 코킹을 일찍 이루면서 약간 업라이트 스윙을 해 주는 것이 좋다.

이는 클럽헤드가 위에서부터 공을 향해 단번에 내리쳐 공을 가격해 주기에 좋은 요령이기 때문이다. 공을 클럽의 예각으로 내리치듯 스윙을 하게 되므로 자연히 폴로스루는 길지 않게 된다. 또한 디벗 주위의 잔디의 저항과 땅을 같이 파 주어야 하므로, 그 저항을 이길 수 있도록 그립을 약간 강하게 잡아 주는 것이 좋다. 남은 거리가 멀다 하더라도 평소의 샷보다 두 클럽 정도 짧은 클럽을 선택하는 것이 좋다.

실전편
트러블 샷(Trouble Shot)

디벗(Divot)에서의 샷
샷의 요령 2

　골프에서는 머리의 움직임을 상당히 중요시 한다.
　어느 회사의 말단 직원이 상사를 모시고 골프를 치고 있었다. 상사를 모시고 치는 자리라서 그다지 편하지 않아서인지 자꾸만 토핑 샷이 계속되었다. 그때 상사가 그 직원을 보고 "자네, 머리를 벌떡 들잖아. 머리에 든 게 없어서 그런 거야!" 하는 것이었다. 그 수모를 참고 계속 게임을 하는데, 이번에는 계속 뒤땅을 치는 미스 샷으로 연결되었다. 그때 상사

가 하는 말, "자네, 머리를 계속 처박고 있잖아. 돌대가리여서 그런 거야!" 하는 것이었다.

우스갯소리이긴 하지만, 골프를 칠 때는 머리를 너무 일찍 들어도 안 되고 너무 숙이고 있는 것도 좋은 방법은 아니다. 이는 적절하게 숙여 주고 적절히 움직여 주는 지혜가 필요하다는 것을 뜻한다.

공이 디벗에 들어가 있을 때에는 그 상황에 따라 올바른 클럽의 선택이 필요하며, 또 공이 놓여 있는 위치에 따라서 샷을 달리하는 요령이 필요하다. 가령, 공이 디벗의 후방에 놓여 있는 경우라면 원래 디벗을 재현해 주는 느낌으로 샷을 해야 하며, 디벗의 중간에 위치해 있으면 공이 있는 자리에서부터 앞쪽으로 새로운 디벗을 하나 더 만들어 준다는 느낌으로 스윙을 해 주고, 공이 전방에 놓여 있을 때는 공이 있는 위치에서부터 새로운 디벗을 하나 더 파듯이 공을 정확히 쳐내 주어야 한다.

먼저 공을 콘택트한 후부터 다시 하나 더 디벗을 파 준다는 생각으로 샷을 하면 된다.

실전편
트러블 샷(Trouble Shot)

디벗(Divot)에서의 샷
샷의 요령 3

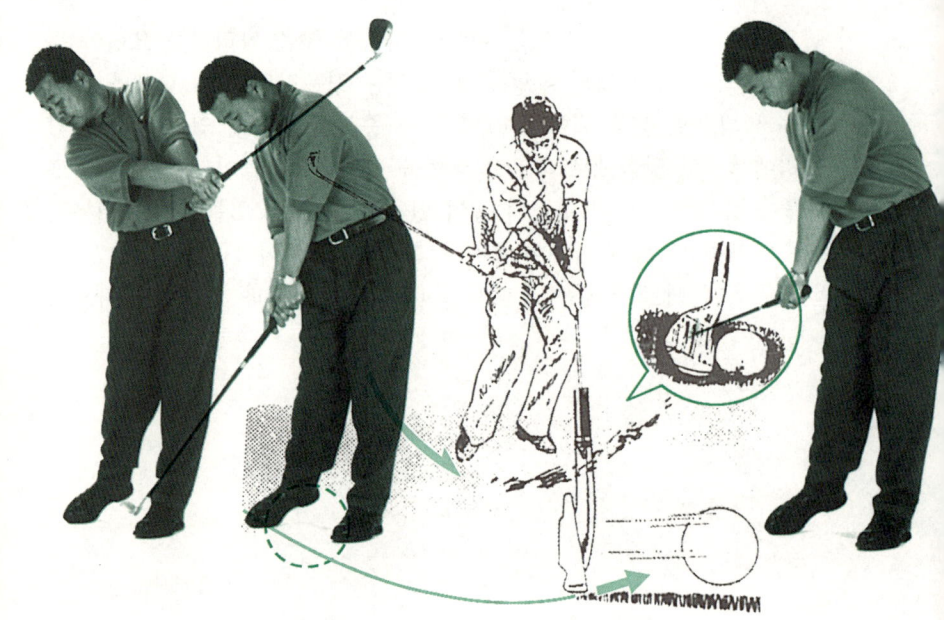

골프를 하다 보면 사람이 사는 인생과 비슷한 점이 많이 발견된다.
인생도 그렇듯이 골프도 운이라는 우연의 여신에 의하여 그 결과가 상당히 크게 좌우되는 듯한 느낌을 받는다. 기막힌 드라이브 샷을 했는데, 재수 없이 공이 움푹 패인 디벗에 들어가거나, 반대로 터무니없는 미스 샷을 했는데 멋지게 리바운드하여 버디로 연결되는 '나이스 미스 샷'과 같은 것은 순전히 운명의 여신의 농간 같은 느낌이 들게 된다.
운명의 여신은 누구에게나 평등하게 찾아와 준다. 나이스 샷이 나쁘게 되거나 미스 샷이 나이스 샷으로 연결되는 것들도 모두 운명의 여신에게 감사해야 할 것들이다. 그러나 운명의 여신의 장난이든 농간이든 멋지게 드라이브 샷을 했는데 그만 공이 디벗에 들어가 있으면 별로 기분 좋은 일은 아니다. 불과 몇 야드 앞에 그린을 남겨놓은, 버디를 잡을 좋은 기회가 주어졌는데, 공이 움푹 패인 땅 속에 들어가 있으니 말이다. 이럴 때일수록 더 차분하고 신중해야 한다.

공이 디벗에 들어가 있으면 앞에서 설명했던 기본을 철저히 지켜 주면서 샷에 임해야 한다. 첫째로 디벗의 깊이에 따라 클럽의 예각을 이용하여 내리치는 다운 블로 샷을 시도해야 한다. 둘째로 공이 놓인 위치에서부터 목표 방향 쪽으로 다른 디벗을 하나 더 파 준다는 생각으로 샷을 해야 한다. 셋째로 디벗의 깊이가 깊으면 폴로스루 동작을 하려고 하지 말고 임팩트 동작에서 스윙을 멈추어 버리듯 하는 것이 좋다. 마지막으로 클럽 페이스의 앞쪽 끝(Toe) 부분을 이용하여 공을 콘택트하려고 하는 것이 좋다. 그러기 위해서는 어드레스 자세 때 상체를 약간 일으켜 세워서 클럽의 안쪽(Heel)이 약간 들리게끔 세트업하는 것도 하나의 요령이다. 이때는 약간 슬라이스가 날 수 있으므로 유의해야 한다.

실전편
트러블 샷(Trouble Shot)

디벗(Divot)에서의 샷
가까운 거리에서의 샷

골프를 하다 보면 그 사람의 성격이 잘 나타난다. 성격이 급한 사람일수록 모든 진행을 빨리 하려고 한다. 가령 공이 러프나 숲속으로 날아가 버리면 그곳을 향해 급하게 뛰어가는 사람이 있다. 골프에서 가장 조심해야 할 것은 조급하게 서둘러서는 안 된다는 것이다. 공이 잘 안 맞게 되면 무슨 까닭에서인지 우선 행동이 급해지게 된다. 스윙도 평소보다 빨라지게 되고, 걸음걸이도 바빠지게 된다. 그럴 때일수록 자제할 줄 아는 골퍼가 되어야 한다. 자기의 페이스를 일정하게 유지하면서 경기를 이끌어

나가는 것이 스코어를 내는 좋은 비결 중의 하나이기도 하다.

그린이 가까운 페어웨이에서 공이 디벗에 들어가 있으면 상당히 조심해서 샷을 해야 한다. 풀 스윙을 하게 되면 공이 너무 강하게 맞을 우려가 있고, 너무 조심해서 샷을 하게 되면 땅의 저항을 이기지 못해 그만 뒤땅만 치고 마는 경우가 있다. 이런 짧은 거리에서 공이 디벗 안에 들어가 있으면 우선 어드레스 자세 때 클럽을 퍼터처럼 약간 일으켜 세워 클럽헤드의 안쪽(Heel) 부분이 약간 들리게 해 주고, 앞쪽(Toe) 부분이 지면과 잘 닿도록 해서 클럽 페이스 앞쪽(Toe)으로 공을 쳐 주는 것이 좋다. 그리고 스윙도 퍼팅을 한다고 생각하면서 하반신을 고정시켜 주고 어깨의 회전으로 스윙을 하되, 퍼팅 스트로크로 스윙을 하면 좋다. 이때 그립은 왼손을 조금 단단히 잡아 주어 방향을 확실히 잡아 주고, 오른손으로 스윙을 리드하여 폴로스루를 낮고 길게 목표 방향으로 빠져 나가도록 하는 것이 좋다. 남은 거리에 따라서 백스윙의 스윙 크기로 거리를 조절하면 된다.

실전편
트러블 샷(Trouble Shot)

맨땅에서의 샷
상황 판단

　골프를 하다 보면 자주 플레이하는 골프장일수록 마음이 편하게 느껴진다. 그러나 처음 가서 플레이하는 골프장은 쉽든 어렵든 긴장된 상태에서 플레이를 하게 되는 것이다. 처음 가는 골프장일지라도 공을 치기 전 시야를 넓혀 충분히 코스를 익힌 후 샷을 하는 것이 좋다.
　기본적으로 OB가 있는지, 워터 해저드가 있는지, 페어웨이 벙커까지의 거리가 얼마인지, 페어웨이에 가벼운 경사가 있는지 등을 미리 머릿속에

조영복의 실전골프

 유념해 두는 것이 좋다. 이렇게 얼마만큼 파악한 후 그에 적합한 전술을 배워야 한다. 이렇게 한다 하더라도 뜻하지 않게 트러블 샷으로 연결될 때가 많이 있다.
 특히, 공이 약간 슬라이스가 나면서 숲속으로 날아가 그만 나무 밑에 멈추고 말았다. 그런데 불행하게 공이 맨땅 위에 놓여 있게 되었다. 이런 트러블 샷을 해야 할 경우에는 신중하게 샷에 임해야 한다. 먼저 공이 나무가 있는데다가 맨땅 위에 놓여 있으므로, 공을 나무를 피해 그린 쪽으로 날려보낼 공간이 있는지, 그린까지의 남은 거리는 얼마인지, 공이 놓여 있는 상태는 어떠한지, 맨땅의 상태는 딱딱한 흙인지 부드러운 흙인지 또는 자갈이 섞여 있는 흙인지 등 많은 것을 생각해야 한다. 땅이 딱딱한 흙이면 오히려 다행한 일이다. 부드럽거나 자갈이 섞여 있는 흙인 경우에는 샷을 하기가 좀더 힘들다. 흙의 상태에 따라 클럽의 선택을 달리해야 한다. 그리고 그린 쪽으로 공이 날아갈 수 있는 공이냐에 따라서도 클럽의 선택이나 샷의 요령이 달라질 수 있으므로 충분히 잘 파악하는 지혜가 필요하다.

실전편
트러블 샷(Trouble Shot)

맨땅에서의 샷
어드레스

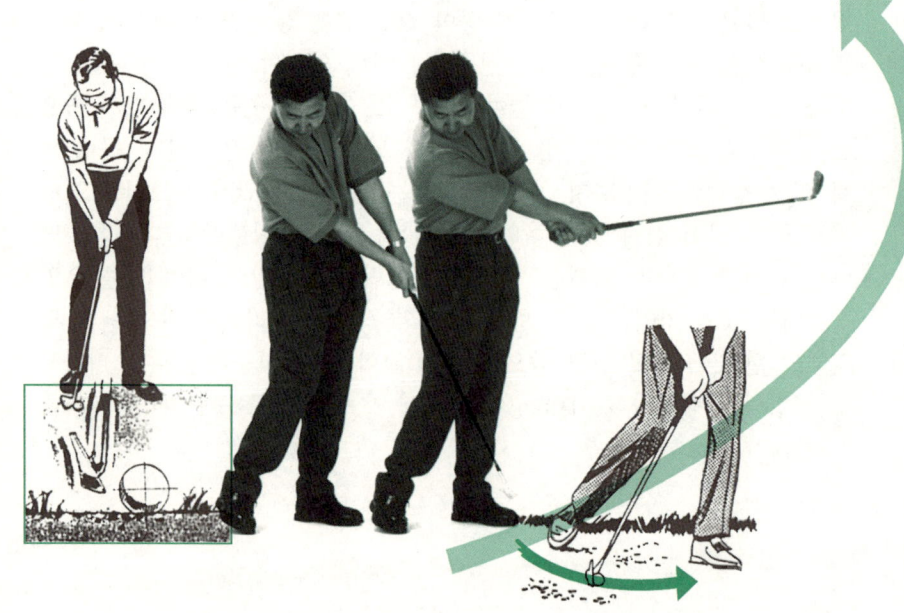

 우리 나라 사람들은 새벽에 일찍 일어나서 무엇인가 하는 것을 좋아하는 편이다. 그래서 새벽에 산에 올라가 맑은 공기를 마시고, 새벽 일찍 낚시를 떠나고, 새벽에 테니스를 치며, 새벽 일찍 들에 나가서 농사일을 하는 등, 주로 새벽에 움직이는 것이 건강에 좋다고 생각한다. 그래서인지 새벽 골프를 즐기는 사람들의 수도 상당히 늘고 있는 추세이다. 출근하기 전 새벽부터 9홀을 돌고 출근하기도 한다.
 골프의 명언에 이런 말이 있다. "골퍼들에게 이른 아침의 첫 티 샷은 몸의 모든 털이 쫑긋 서는 공포의 순간이다." 즉, 이른 아침의 첫 티 샷은 심장 박동수를 증가시키며, 착란의 지경에까지 몰아넣는 마의 1타인 것이

다. 그렇다고 새벽 골프를 하지 말라는 뜻은 결코 아니다. 티 샷을 하기 전에 충분한 준비가 필요하다는 말이다. 몸이 풀리지 않은 상태에서 티 샷을 하게 되면 꼭 트러블 샷으로 연결되게 된다.

 공이 맨땅 위에 놓여 있는 트러블 샷에서는 샷을 하기 전 먼저 공이 놓여 있는 흙의 상태와 샷을 할 수 있는 공간을 잘 파악해야 하고, 거기에 맞는 클럽을 선택해야 한다. 샷을 하기 위한 어드레스 자세는 평소의 어드레스 자세와는 약간 다르게 해 주어야 한다. 공이 흙 위에 놓여 있기 때문에 페어웨이 벙커 샷을 하는 느낌이면 좋다. 그러나 나무 밑에 놓여 있어서 공을 높이 띄우지 못하게 되므로 조금은 다르다. 먼저 그립을 약간 강하게 잡고 체중을 왼발에 더 많이 실리도록 하는 것이 좋다. 그것은 공을 낮게 띄우기 위해서이다. 그립을 잡은 손은 공의 위치보다 약간 목표 쪽으로 향하게 하고, 스탠스는 오픈 스탠스를 취하면서 약간 좁게 서는 것이 좋다. 펀치 샷을 하기 위해 어드레스 자세가 되어야 한다.

실전편
트러블 샷(Trouble Shot)

맨땅에서의 샷
클럽의 선택

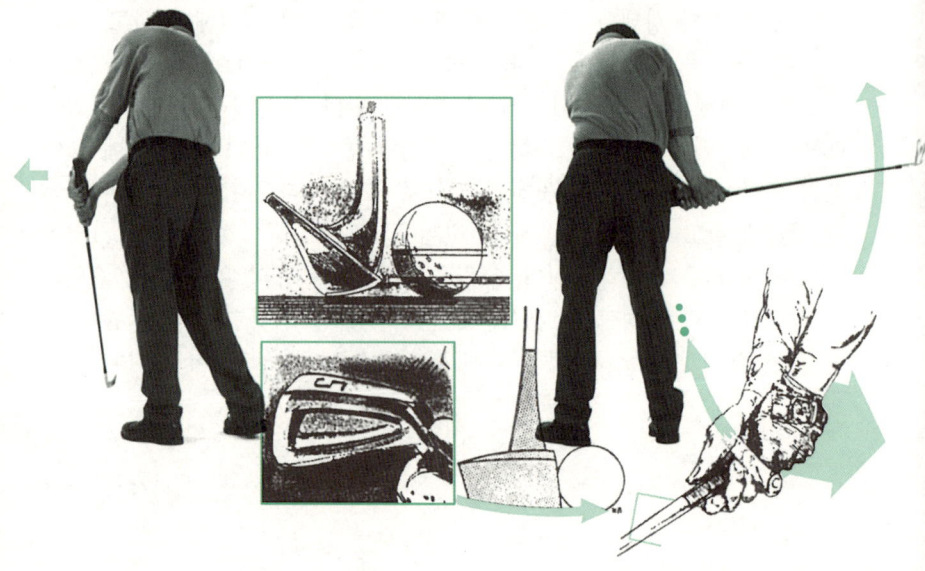

　골프를 하다 보면 미스 샷은 꼭 따르게 마련이다. 그래서 골프란 '누가 미스 샷을 덜하느냐?'를 겨루는 게임이라고도 한다. 사실 프로 골퍼들이라 할지라도 뜻하지 않는 곳에서 크게 무너지기도 한다. 이런 미스 샷의 원인을 남의 탓으로 돌리는 경우가 많이 있다. 그래서 미스 샷 후에는 크게 화를 내거나 클럽을 집어던지는 안 좋은 행동을 하는 것을 종종 볼 수 있다. 그렇게 하면서도 "골프는 재미있다."고 말들 한다. 미스 샷을 했을 때는 그 탓을 다른 곳으로 돌리지 말고 본인의 탓으로 인정하고 웃으면서 다음 샷을 잘 이끌어가는 멋있는 골퍼가 되어야 할 것이다.
　미스 샷을 한 후에 그 다음 샷은 트러블 샷이 자주 연결되게 된다. 공이 러프에 빠진다거나, 벙커 속에 들어간다거나, 나무 밑에 들어가게 되조영복의

는 것이다. 아니면 공이 맨땅 위에 놓이게 된다.

공이 맨땅 위에 놓여 있을 경우에는 남은 거리, 흙의 상태, 샷을 하기 위한 공간 등을 감안하여 클럽을 선택해야 한다. 가령 딱딱한 흙 위에 공이 놓여 있는 상태라면 남은 거리에 맞게 클럽을 선택해도 좋다. 그러나 부드러운 흙에 공이 놓여 있는 경우에는 클럽의 선택을 한두 클럽 짧게 선택하는 것이 좋다. 이는 아무래도 흙의 저항을 이겨내기 위한 클럽의 로프트가 필요하기 때문이다. 또 흙과 모래와 자갈이 섞여 있는 맨땅 위에서는 풀 스윙은 가급적 피하고, 페어웨이 쪽으로 공을 보내서 그 다음 샷을 완벽하게 하려고 하는 것이 좋다. 그러므로 클럽의 선택은 미들 아이언을 택하여 그립을 짧게 잡고 퍼팅 스트로크로 공을 펀치해 페어웨이로 보내는 것이 가장 현명한 방법이다.

실전편
트러블 샷(Trouble Shot)

맨땅에서의 샷
샷의 요령 1

 골프를 하다 보면 계속해서 트러블 샷을 하면서 보기, 더블 보기로 스코어가 이어질 때는 자신에 대해서만 의식이 집중되고 주변의 분위기나 환경, 아름다운 풍경 따위는 전혀 눈에 들어오지 않는다. 잘 깎여 있는 페어웨이를 걷고 있어도 딱딱한 아스팔트 위를 걷는 기분이며, 옆 동료 골퍼의 대화도 전혀 관심이 없게 된다. 이렇게 하다 보면 시야가 좁아져서 시선이 지나치게 공에만 집착하게 되는데, 그럴 때에는 고개를 들고 가슴을 펴 주면서 시선을 먼 산으로부터 아름다운 숲, 잔디, 넓은 골프장

조영복의

을 마음껏 둘러보는 것이 좋다. 이렇게 하면서 몸과 마음을 릴렉스시켜 주고 마음속으로 노래를 불러 보는 것도 좋은 방법이 될 수 있다. 공이 트러블 샷으로 연결되었다 하더라도 기분이 상할 필요는 없다. 거기에 맞게 잘 대처하면 오히려 트러블 샷이 더 기분 좋은 샷으로 연결될 수도 있기 때문이다.

 공이 맨땅 위에 놓여 있는 경우 샷을 해야 할 때는 먼저 스윙의 축을 확실히 해 두고 스윙 중에 축이 무너지지 않도록 유의해야 한다. 그리고 클럽헤드가 공을 깨끗하게 맞혀야(클린 히트) 한다. 그러기 위해서는 폴로스루를 확실하게 낮고 길게 해야 한다. 공이 맨땅 위에 놓여 있을 경우에는 공이 지면과 붙어 있기 때문에 그만큼 임팩트에서 정확하게 공을 맞혀야 한다. 그러기 위해서는 스윙 도중에 스윙의 축이 상하로나 좌우로 움직이면 곤란하다. 또 폴로스루를 낮게 하는 것은 공의 탄도를 낮게 해 주기 위해서이다. 클럽 페이스가 약간 덮여져서 공을 콘택트한 후 목표 방향으로 낮게 빠져 나가도록 하는 것을 말한다.

> NOTE | 클린 히트(Clean Hit) : 클럽의 헤드가 공을 깨끗하게 먼저 맞히는 것.

실전편
트러블 샷(Trouble Shot)

맨땅에서의 샷
샷의 요령 2

　트러블을 피하여 샷을 하다 보면 오히려 트러블로 연결되는 경우가 있다. 즉, OB를 피해 샷을 했는데 오히려 OB 쪽으로 날아가 버리거나, 워터 해저드를 피해 샷을 했는데 워터 해저드에 공이 빠지는 경우, 이상하게 매 홀마다 공이 벙커 속만 찾아다니는 경우, 온종일 나무 밑에서만 샷을 해야 하는 경우 등 여러 가지를 말할 수 있다. 또 맨 처음 선택한 클럽을 망설인 끝에 다른 클럽으로 교체하여 샷을 했더니, '혹시나 했더니 역시나'였다. 이런 날의 경기는 본인의 기대치에 훨씬 못 미치는 스코어가 나오게 된다.

　대개 이러한 경우는 무리한 작전을 세우거나 억지 샷을 계속해서 했을 때가 대부분이다. 일단 공이 트러블 샷에 놓이게 되면 우선 한 타를 버린다 생각하고 안전하게 빠져 나오는 것이 아주 현명한 방법이다. 공이 맨 땅 위에 놓여 있는 경우도 마찬가지이다. 무리한 샷을 하려고 하거나 억지 샷을 하려고 하지 말고 안전한 장소로 나와서 다음 샷을 멋지게 할 생각을 하는 것이 좋다.

　공이 맨땅 위에 놓여 있을 때의 샷은 우선 어드레스 자세 때 체중을 왼발에 더 실어 주고 스탠스를 약간 좁게 해 주면서 오픈 스탠스를 취하는 것이 좋다. 그립은 약간 짧게 잡으면서 강하게 잡아 주고 그립을 잡은 손이 목표 방향 쪽으로 약간 나와 있도록 포워드 프레싱(Forward Pressing)해 주는 것을 말한다. 클럽의 선택은 미들 아이언이 가장 이상적이다. 스윙은 약간 업라이트 스윙이 되도록 클럽헤드를 똑바로 뽑아 주면서 백스윙의 정상을 이루고, 다운스윙은 클럽헤드가 공을 향해 수직으로 떨어지면서 공을 깨끗하게 먼저 맞힐 수 있도록 다운 블로 샷을 해 주는 것이 최상의 방법이다.

실전편
트러블 샷(Trouble Shot)

맨땅에서의 샷
샷의 요령 3

　세계적으로 골프의 역사가 시작된 이래 요즘이 골프의 붐이 가장 크게 일고 있다고 말할 수 있다. 거기에는 타이거 우즈(Tiger Woods)나 박세리 선수의 역할이 큰 몫을 차지하고 있다. 청소년 골프의 인구가 상당히 늘고 있으며, 필자의 학생들 중에서도 청소년들이 상당수를 차지하고 있다. 이는 좋은 현상이라 할 수 있다.
　그러나 필자는 타이거 우즈의 눈에 거슬리는 행동에 대해 몇 마디 하고자 한다. 텔레비전 중계를 보노라면 타이거 우즈가 미스 샷을 하거나 숏퍼팅을 놓쳤을 때 화를 내거나, 클럽을 집어던지거나, 클럽으로 땅을 조영복의

힘껏 내리치는 것을 간혹 보게 된다. 그것을 본 청소년 골퍼들이 골프장에 나와서 타이거 우즈와 똑같은 행동을 하는 것을 요즘 들어 더 많이 목격하게 된다. 그래서인지 요즘 퍼블릭 골프장에는 많은 청소년들이 플레이를 하고 있다. 그에 비례해서 그린 위에 큰 홈집이 있거나 페어웨이가 깊이 파여진 곳을 여러 군데 발견할 수 있다. 진정으로 골프를 사랑하는 사람들이라면 절대로 그런 일을 하지 말아야 할 것이다.

　맨땅 위에 공이 놓여 있는 경우에는 우선 다운 블로 샷을 해야 한다. 그러기 위해서 거기에 맞는 자세와 스윙을 해야 한다. 먼저 어드레스 자세 때 공의 위치는 약간 오른발에 가깝게 놓아 주는 것이 좋고, 체중을 왼발 쪽에 실어 주어서 클럽헤드가 공을 수직으로 내리치듯 콘택트하도록 한다. 공을 콘택트한 후의 폴로스루는 낮고 길게 폴로스루에서 동작을 멈추면 된다. 백스윙시에는 클럽헤드를 바로 들어올려 주는 느낌으로 약간 업라이트 스윙을 해 주는 것이 내리치는 요령의 하나이다.

실전편
트러블 샷(Trouble Shot)

맞바람 부는 날의 샷
스윙 요령 1

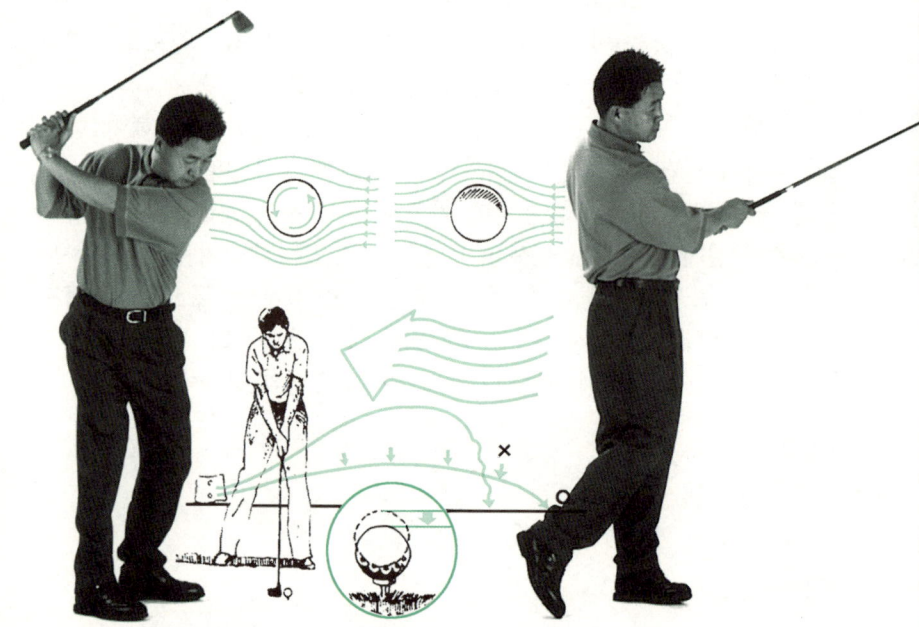

골프는 야외에서 하는 게임이다. 그러므로 날씨의 영향을 많이 받는다. 그중에서도 가장 고약한 것은 바람이라고 할 수 있다. 프로 골퍼들이나 아마추어 골퍼들, 누구라도 바람을 좋아하는 사람은 없을 것이다. 그것도 특히 맞바람일 경우에는 더욱더 심하게 나타나며, 옆바람일 경우에는 보통이고, 뒷바람일 경우에는 조금 편안한 마음이 들기도 한다.

프로 골퍼들의 경기를 보면 잔디를 조금 뜯어서 공중에 날려 보아 바람의 세기와 방향을 알아내고 난 후 거기에 맞게 클럽을 선택하게 된다. 맞바람이 강하게 불면 우리는 심리적으로 바람에 대항하여 뚫고 나갈 강한 공을 치려고 한다. 그러나 그것은 잘못된 생각이다.

맞바람이 강하게 부는 날 종이 비행기를 날린다고 가정해 보자. 종이 비행기를 강하게 날려 보면 종이 비행기는 급히 하늘로 떴다가 금세 떨어지게 된다. 반대로 부드럽게 천천히 날려 보면 곱게 날아가서 어느 정도 날다가 멈추게 된다. 이와같이 맞바람이 부는 날에는 공을 강하게 치려고 해서는 안 된다.

그리고 공의 탄도를 낮게 해야 한다. 평소의 비거리보다 약간 길게 클럽을 선택하고 스윙을 부드럽게 유도해야 한다. 지나치게 강하게 치려고 하면 공이 높게 뜨고 실제 비거리는 나지 않는다. 일단 공의 탄도를 낮게 해 주어야 하므로 티 샷을 할 경우라면 티의 높이도 약간 낮게 꽂아 주는 것이 좋다. 만약 아이언 샷의 경우에는 한두 클럽 길게 클럽을 택하고, 백스윙을 천천히 하면서 다운스윙과 폴로스루, 그리고 피니시까지 스윙을 아주 부드럽게 유도하는 것이 바람의 저항을 덜 받게 하는 것임을 알아야 한다.

실전편
트러블 샷(Trouble Shot)

맞바람 부는 날의 샷
스윙 요령 2

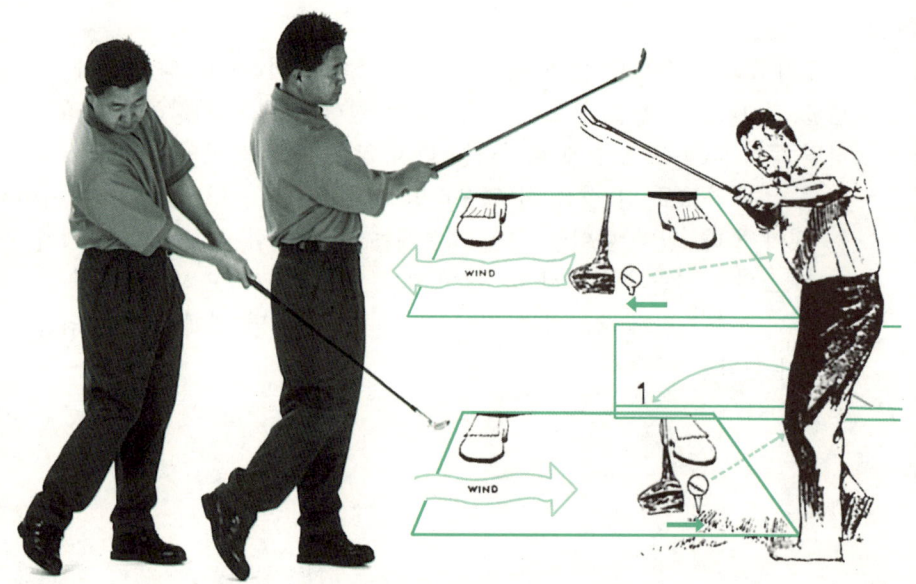

 골프는 많은 사람들을 거짓말쟁이로 만든다. 골프를 치고 난 후 그 결과를 설명하는 이야기를 들어 보면 여러 사람이 상당히 다른 말을 한다. 누구가 공을 이상하게 쳤고, 자기는 완벽하게 쳤다든가 게임은 완벽했는데 퍼팅이 좋지 않았다, 혹은 누가 스코어를 속였다는 등 말로 할 수 없는 수많은 거짓말을 하게 된다. 이 글을 읽는 사람이면 누구라도 동감할 것으로 생각한다. 그리고 본인도 알게 모르게 거짓말을 한 경험이 있으리라 생각한다. 그래서 골프를 치다 보면 그 사람의 인격을 쉽게 알 수 있게 된다. 진정 좋은 친구를 찾는다면 같이 골프를 몇 라운드하며 돈내기 시합을 해 보라. 그러면 그 사람의 인격을 금방 알 수 있을 것이다.

맞바람이 부는 날 샷을 해야 할 경우에는 탄도가 낮은 로 샷(Low Shot)을 해야 한다. 이는 바람의 저항을 최대한 줄이기 위해서이다. 이렇게 탄도가 낮은 공을 치려면 어떻게 하는 것이 좋을까?

우선 어드레스 자세에서 공의 위치를 약간 오른발 앞쪽으로 옮겨 주는 것이 좋다. 이렇게 하면 자연히 클럽을 잡은 양손은 공보다 목표 쪽으로 앞서 나가 있는 모양이 되는데, 이 때문에 클럽 페이스의 각도는 원래의 각도보다 그만큼 작게 된다. 그리고 백스윙은 손목의 코킹을 일찍 이루어 주어야 한다. 다운스윙시에는 체중 이동과 함께 왼쪽 무릎을 목표 방향으로 약간 밀리듯 하면서 다운스윙을 리드해 주어야 한다. 클럽헤드가 위쪽에서 공을 향해 수직으로 떨어지도록 하면서 임팩트를 이루고, 폴로스루는 너무 크게 할 필요는 없다. 공만 깨끗하게 콘택트한 후 동작을 멈추어 버리는 펀치 샷을 하면 된다.

실전편
트러블 샷(Trouble Shot)

뒷바람 부는 날의 샷
스윙 요령 1

미국의 골프 속언 중에 이런 말이 있다.
 '100을 치는 사람은 골프를 소홀히 하고, 90을 치는 사람은 가정을 소홀히 하고, 80을 치는 사람은 가정과 사업을 소홀히 하고, 70을 치는 사람은 모든 것을 소홀히 한다.'

이 속언은 얼마나 의미 있는 말인지 모른다. 70대를 치기 위해서는 많은 시간과 경비를 낭비해야 한다. 그렇게 하다 보면 자연히 가정과 사업에 소홀해질 수밖에 없다. 골프를 가장 재미있게 즐기면서 칠 수 있는 스코어는 95~100을 칠 때이다. 이는 잘 맞으면 다행이고, 안 맞으면 그만이기 때문에 아무런 부담이 없게 된다. 그러나 그 이하로 내려가면 당연히 잘 맞아야지 잘 안 맞으면 그날은 혼줄이 나는 날이 된다. 그러므로 골프를 잘 치는 사람이 받는 스트레스는 못 치는 사람에 비해 훨씬 많다는 것을 알아두면 된다.

바람 부는 날도 뒷바람 부는 날보다 맞바람 부는 날이 훨씬 큰 부담을 느낀다. 그래도 뒷바람이 부는 날은 한결 골프가 쉬워지는 것을 느끼게 된다. 뒷바람이 부는 날도 공을 되도록 높이 띄우는 것이 바람을 이용하는 하나의 방법이 된다. 그러나 이런 날은 바람의 영향 때문에 공에 스핀이 걸리지 않게 되므로 특히 아이언 샷을 할 때 유의해야 한다.

공을 높이 띄우기 위해서는 먼저 거기에 맞는 어드레스 자세를 취해야 한다. 어드레스 자세 때 체중의 분배는 양발에 반반씩 실리게 하는 것이 좋다. 그리고 공의 위치는 약간 중앙에서 왼발 쪽으로 옮겨 주어야 한다. 스탠스의 폭은 약간 넓게 서 주고 오픈 스탠스를 취하는 것이 유리하다. 공을 약간 어퍼 블로 샷으로 스윙하기 위한 준비 자세가 되는 것이다.

실전편
트러블 샷(Trouble Shot)

뒷바람 부는 날의 샷
스윙 요령 2

골프는 신사의 게임이다. 신사란 뜻은 잘 참고 견디며, 매너 좋은 사람을 뜻한다. 자기 스코어가 나쁜 것은 순전히 자기 탓이다. 그럼에도 불구하고 속상한 감정을 감추지 못하여 상대방에게 불쾌감을 주는 것은 신사의 행동이라 할 수 없다. 자기가 잘못한 것에 대해서는 자기가 모든 책임을 져야만 되는 게임인 만큼 자기에게 실망하고 화를 내거나 신경질을 내고 싶은 경우가 있더라도 신사도의 정신을 발휘하여 잘 참고 견디는, 매너 있는 멋진 골퍼가 되어야 할 것이다.

　뒷바람이 부는 날에는 바람을 이용하기 위해 공을 높이 띄우는 것이 좋다고 했다. 그러기 위해서는 어드레스 자세 때 공을 어퍼 블로 샷을 하기 위한 어드레스 자세를 취해야 한다. 어드레스 자세 때 체중의 분배는 양발에 균등하게 실어 주어야 한다. 오히려 약간 오른발에 체중이 조금 더 실리게 하는 것도 좋다. 스탠스 폭은 약간 넓게 잡아 주고 오픈 스탠스를 취하는 것이 좋은 방법이다. 클럽의 선택에서는 클럽의 로프트가 큰 것을 택하는 것이 좋으며, 어드레스 자세 때 클럽 페이스를 약간 오픈시켜서 세트업을 하는 것도 좋다.

　백스윙은 손목의 코킹을 빨리해서 작은 백스윙의 탑을 만들고 클럽헤드가 위에서 예각으로 공을 향해 내리칠 수 있도록 스윙을 유도하여 임팩트와 폴로스루, 그리고 피니시까지가 한 동작인 것처럼 피니시를 위주로 하는 스윙을 해야 한다. 피니시도 하이 피니시를 하는 것이 바람직하다. 즉, 백스윙을 가볍게 조금 하고 폴로스루와 피니시를 많이 하는 프런트 스윙(Front Swing)을 하는 것을 말한다. 이렇게 하면 자연히 공이 어퍼 블로 샷으로 맞으면서 높이 뜨게 된다.

제 3 부

총정리편

1. 골프의 역사와 경기 방법 ······················ 310

2. 골프 용구 ································ 324

3. 골프 매너 ································ 354

Part 1

골프의 역사와 경기 방법

골프의 기원 ▶ 310
스코틀랜드 목동들의 민속놀이란? ▶ 312
골프의 특성과 멋 ▶ 314
경기 방법 ▶ 316
스코어의 애칭 ▶ 318
경기장의 구성과 명칭 ▶ 320

총정리편
골프의 역사와 경기 방법

골프의 기원

▲1384년에 그려진 네델란드의 풍경화

　골프가 세계적으로 상당히 인기를 더해 가는 스포츠임에는 틀림없는 사실이다. 현재 골프를 즐기고 있는 나라의 수는 약 90여 개국에 달하며, 최고의 골프 국가로는 미국이 2천만의 골프 인구에 약 2만 개의 골프장을 가지고 있어 최대의 강대국이 된다. 그 다음으로 일본이 2천만 골프 인구에 2천여 개의 골프장을 가지고 있는 나라이다.
　이와 마찬가지로 우리 나라 역시 상당한 골프 인구와 많은 골프장을 확보하여 상당히 상위권에 위치하고 있음은 사실이다. 이렇게 성장하고 있는 골프의 기원은 어디에서부터인가 하는 것은 궁금한 일이 아닐 수 없다. 이미 잘 알고 있는 이들도 많겠지만 그래도 골퍼의 한 사람으로서

조영복의 실전골프

알고 있으면 좋지 않겠는가 하는 생각이 든다.
　골프의 기원은 크게 두 가지 설이 있다. 그 하나는 네덜란드 지방에서 기원전에 어린아이들이 실내에서 즐겨하던 코르프(kolf)라는 경기에서 비롯되었다는 설이 있고, 또 다른 하나는 스코틀랜드 지방의 양치는 목동들의 민속놀이에서 비롯되었다는 설이 있다.
　첫째로 네덜란드의 코르프(kolf)가 골프의 기원이라고 주장하는 근거는 네덜란드의 화가들이 그린 풍경화 속에서 얼음 위에 서 있거나 스케이팅하는 사람들이 머리 부분이 오늘날의 골프채와 비슷한 것을 가지고 공을 치고 있는 모습을 그려 놓았기 때문에 골프의 기원은 네덜란드에서부터라고 주장하는 것이다. 그러나 이 경우는 주로 벽이 있는 곳이나 빙판 위에서 행하였기 때문에 오히려 오늘날의 아이스하키 경기의 원조가 아닌가 생각된다.
　둘째로 스코틀랜드 지방의 목동들의 민속놀이와 현재의 골프 경기는 흡사한 점이 많으며, 골프의 역사 기록들이 모두 스코틀랜드에서부터 시작되어 있으므로 스코틀랜드 목동들의 민속놀이가 더 유력해진다. 그러나 확실한 근거가 없기 때문에 언제부터 시작되었는지는 알 수가 없다.
　현존하고 있는 골프의 기록 중에 가장 오래된 골프에 관한 기록은 1457년 당시 스코틀랜드의 왕이었던 제임스 2세가 선포한 '국민들이 골프에 너무 몰두하여 영국과의 전쟁에서 국가 방위에 필요한 무예 연습과 신앙 생활을 게을리하였기 때문에 12세 이상에서 50세까지의 국민에게 고우프(Gouf)를 금지한다.'라는 국회 기록이 있다. 이렇게 금지령까지 공포할 만큼 골프가 성행했던 것으로 미루어 보면 골프의 발생 연대는 그보다 훨씬 이전이었으며, 스코틀랜드일 것이라는 설이 더 뚜렷해지는 것이기도 하다. 그러나 확실한 근거가 없는 것만은 사실이다.

총정리편
골프의 역사와 경기 방법

스코틀랜드 목동들의 민속놀이란?

초창기의 모습

현재의 골프 인구는 해를 거듭할수록 늘고 있다. 그 열기 또한 대단하여 어느 경기를 보던 그 시합에 임하는 선수의 기술이나 노력이 상당한 수준임을 금방 알 수 있다. 또 수가 증가함에 따라 경쟁력 또한 강해져서 같은 해 한 선수가 두 게임을 우승하는 일이 드물다. 현재 전 세계에서 세계적으로 치루어지는 골프 경기의 수는 무려 200여 가지나 된다. 그에 따른 상금도 상당한 액수여서 한 경기에 한 번 우승하고도 상금 랭킹 상위권을 차지하기도 하는 것이다.

골프의 기원은 정확하게 알 수 없지만 스코틀랜드의 양치는 목동들의 조영복의

민속놀이에서부터가 아닌가 하는 설이 더 유력하다고 했다. 그러면 스코틀랜드 양치는 목동들의 민속놀이가 어떤 것이었는지 좀더 자세히 알아보고자 한다.

스코틀랜드 어느 지방 넓은 초원에서 양을 치는 목동이 지루한 시간을 보내던 중 초원에 굴러다니던 돌멩이를 양몰이하던 지팡이로 힘껏 후려친 것이 우연히 일정한 거리를 공중으로 날아가 초원에 뚫려 있던 짐승들의 조그마한 굴 속으로 들어가게 되었다. 이것을 지켜 본 목동이 호기심이 생겨서 다시 한 번 해 보았는데 뜻대로 잘 되지 않고 겨우 몇 번만에야 구멍 속에 집어넣을 수 있었다. 그 후 목동은 친구들을 불러서 이 놀이를 하자고 제의하여 많은 목동들로부터 호응을 얻게 되었고, 차차 목동들의 고유놀이로 발전하게 된 것이 바로 오늘날의 골프 경기가 되었다고 한다.

양들이 풀을 뜯는 초원은 지금의 페어웨이가 되는 셈이며, 풀밭의 돌멩이는 골프 공이 되고, 여기저기 뚫려 있던 들짐승들의 굴들은 깃발이 꽂혀 있는 그린 위의 홀로 바뀌었으며, 양을 몰던 지팡이는 현재의 골프채로 변하게 되었다는 것이다. 이 놀이는 처음에는 서민들의 놀이로 성행하다가 골프 금지령이 내려진 후 서민들은 할 수가 없게 되면서 자연히 특권층인 왕족들만이 할 수 있게 되어, 오히려 궁중 안으로 들어가 왕족들의 경기로 바뀌게 되었다는 것이다. 이렇게 시간이 지나면서 1502년 스코틀랜드의 왕 제임스 4세가 퍼스(Perth)에 있는 활 제작자로부터 한 세트의 골프채와 공을 구입하여 골프를 함으로써, 새롭게 한 단계 더 발전을 이루게 되었던 것이다.

위의 역사를 종합해서 본다면 골프의 첫 샷은 홀 인 원이었다고 말할 수 있으며, 양치는 목동들에서 시작하여 금지령 이후 궁중으로 들어와 왕족들이 즐기는 운동으로 변했다고 말할 수가 있다.

총정리편
골프의 역사와 경기 방법

골프의 특성과 멋

　골프의 매력이나 묘미는 여러 가지가 있다.
　먼저 좁은 공간에서 복잡하게 생활하던 도시를 벗어나 신선한 공기와 함께 자연과 더불어 마음이 맞는 친지와 정겨운 담소를 나누며 경기를 즐기는 것이다. 또 매 홀마다 무한정의 홈런을 날리는 통쾌함이 있고, 자신이 친 공이 어떻게 날아갈까? 하는 긴장감이 있으며, 경기 때마다 변화 무쌍하고 전혀 예측할 수 없는 상황이 수없이 나타나게 된다. 그래서 골프는 수없이 많은 장애물을 극복해 가면서 목적을 이루는 인생의 항로와 같다고 표현하기도 하는 것이다. 또 골프는 혼자서도 즐길 수 있는 스포츠이다. 그리고 단체로도 2~3명의 친구에서부터 수십 명의 직장인 또는 조영복의

동료끼리도 나이와 성별에 관계없이 어린 나이에 시작해서 가장 늦게까지 즐길 수 있는 운동이기도 하다.

경기의 조건은 까다롭고 변화가 많지만 남을 방해하거나 간섭을 받지 않고 서로 인격을 존중해 주는 신사적인 경기이기도 하다. 이로 인해서 사회 생활에서 쌓이는 긴장감이나 스트레스를 풀 수 있으며, 큰 힘을 사용하지 않으면서 4~5시간 계속 진행되기 때문에 몸에 부담 없는 운동이 되기도 한다. 그래서 정신적인 노동에 종사하는 사람들에게는 더없이 좋은 운동이 된다.

대부분의 다른 스포츠는 날씨에 큰 영향을 받기도 하지만 골프는 벼락이 치거나 날씨가 아주 나쁘지만 않다면 얼마든지 할 수 있는 것이기도 하다. 사계절에 따라 변화하는 자연을 음미하면서 눈이나 비, 추위나 더위 등을 극복하는 의지를 길러내는 스포츠이기도 하다.

영국의 수상을 지낸 '밸퍼'라는 분은 자기 인생에서 마음대로 하지 못했던 것이 두 가지 있는데, 첫째는 흘러가는 시간을 막을 수가 없었고, 둘째는 아무리 애를 써도 골프 공을 보내고 싶은 곳에 마음대로 보낼 수 없었다고 했다.

그렇다면 골프가 그렇게 어렵고 짜증스럽기만 하다면 왜 그렇게 많은 사람들이 골프에 빠져들겠는가? 골프는 어떤 때는 아주 쉽게 느껴지는 것이기도 하며, 어떤 때는 아주 어렵게 느껴지기도 하는 것이다. 그래서 어떤 이는 "골프는 변덕이 아주 심한 장난꾸러기 요정이다."라고 표현하기도 한다.

그래서 골프의 묘미에 빠져서 평생 동안 빠져 나오지 못하고 죽을 때까지 하는지도 모른다.

총정리편
골프의 역사와 경기 방법

경기 방법

스코어 카드

영어에서 취미를 의미하는 단어가 3가지가 있다.

첫째, 하비(Hobby)이다. 이는 어떤 일에 어느 정도 열성과 노력과 시간을 쏟아붓는 것을 말한다. 둘째, 패스타임(Pastime)이다. 이는 집에 누워서 텔레비전으로 골프 경기를 보거나 음악 감상을 하거나 아니면 심심풀이로 무엇을 하는 것을 말한다. 마지막으로 애보케이션(Avocation)이 있다. 이는 어떤 일에 프로의 수준에까지 이르는 전문가적인 영역을 말하는 것이다.

위에서 설명한 것에 골프를 비교해 보면 패스타임(Pastime), 즉 심심

풀이로 하는 것에 골프는 적합한 운동이 아니다. 또 하비(Hobby)로써 골프를 하는 사람은 핸디캡이 20 이하로 내려가기가 어렵다. 그래서 골프를 잘하기 위해서는 최선을 다해서 전문가가 되어야 하는 애보케이션(Avocation)이어야 하는 것이다.

골프의 경기는 정해진 코스 위에서 정지해 있는 공을 지팡이 모양의 채로 잇따라 쳐서 정해진 구멍(Hole)에 넣기까지 소요된 타수를 적어서 우열을 가리게 되는데, 적은 타수로 끝낸 사람이 승자가 되는 것이다.

경기를 치르는 방법은 다양하지만 크게 두 가지로 구분할 수 있다. 그것은 스트로크(Stroke) 플레이 방법과 매치(Match) 플레이 방식이다. 스트로크(Stroke) 플레이는 각 홀 타수를 합해서 가장 적은 타수로 게임을 끝낸 사람이 승자가 되는 것인데, 이 방법은 여러 명이 한꺼번에 시합을 할 수 있다. 또 매치(Match) 플레이는 각 홀마다 승부를 정해서 18홀의 경기가 모두 끝났을 때 이긴 홀의 수가 많은 사람이 승자가 되는 것이다. 그러나 이 경기 방법은 많은 사람이 한 번에 경쟁을 할 수 없는 단점이 있다.

홀의 규정은 18홀로 한다. 그리고 타수의 규정은 72타수를 기본으로 하면서 파 70, 파 71 또는 파 73이 될 수도 있다. 홀은 대개 롱 홀, 즉 거리가 긴 홀(파 5)이 4개 있으며, 미들 홀(파 4)이 10개이고, 쇼트 홀(파 3)이 4개 있다. 그래서 모두 합하여 18개 홀이 구성되는 것이다.

또 경기는 친선 경기일 때는 하루 18홀 경기를 하는 것이 대부분이다. 그러나 프로들의 경우에는 하루 18홀씩 해서 4일 72홀을 경기하는 것이 대부분이다. 각 홀마다 길이는 모두 다르다. 롱 홀(파 5)인 경우에는 대개 500~600yards 안쪽이 된다. 또 쇼트 홀(파 3)의 경우에는 대개 200yards를 기준해서 조금 더 길거나 짧은 것이 대부분이다. 롱 홀과 쇼트 홀 중간 사이의 거리에 있는 것은 미들 홀(파 4)이 되는데, 대개 400yards를 기준으로 조금 짧거나 길기도 하다.

총정리편
골프의 역사와 경기 방법

스코어의 애칭

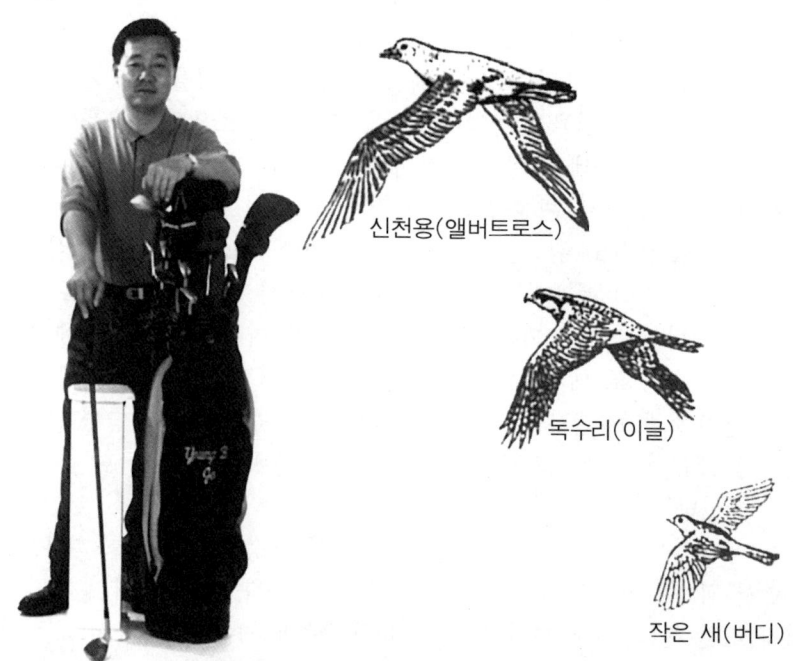

신천옹(앨버트로스)

독수리(이글)

작은 새(버디)

우리 사회의 지위관도 예전에 비해 시대의 변천에 따라 상당히 달라지고 있다. 예전에는 사업이나 특수한 곳에만 많은 돈을 투자하곤 했지만, 요즘은 놀이나 취미 생활에 돈을 쓰는 여유가 늘고 있다. 그 결과 골프의 인구도 급속하게 늘고 있다. 근로를 존중하고 놀이를 죄악시하던 우리들에게 이제 놀이도 존중되는 시대가 온 것이다.

골프에서 각 홀에는 파(표준 타수)가 정해져 있다. 롱 홀(파 5)인 경우에는 5회를 쳐서 홀 아웃(Hole Out)을 하며, 미들 홀(파 4)에는 4회, 쇼트 홀(파 3)에는 3회를 쳐서 홀 아웃하게 된다. 이것을 전부 합하면 72가 된다. 즉, 한 라운드 18홀을 끝내는 데 72타수가 파 플레이가 되는 것이다. 이것을 이븐 파(Even Par)라고 칭하기도 한다. 그리고 72타수보다 적은 경우에는 언더 파(Under Par)라고 칭하게 된다. 가령 75타를 친 사람은 3오버라고 하고 70타를 친 사람은 2언더라고 하는 것이다. 또 각 홀마다 특별한 명칭이 붙게 되는데, 표준 타수와 같은 타수에서 홀을 끝냈으면 이것을 파(Par)라고 한다. 한 타수 적은 타수에서 홀을 끝낸 경우에는 이것을 버디(Birdie:작은 새)라고 하고, 두 타수 적은 경우에는 이글(Eagle:독수리)이라고 한다. 또한 세 타수 적은 경우에는 앨버트로스(Albatross:신천용)라고 한다.

첫번째 친 공이 홀 인했을 경우에는 이것을 홀 인 원(Hole in One)이라고 한다. 위의 앨버트로스를 다른 말로 더블 이글(Double Eagle)이라고 하기도 한다. 또 정해진 타수보다 한 타수 많은 것은 보기(Bogey), 두 타수 많은 것은 더블 보기(Double Bogey), 세 타수 많은 것은 트리플 보기(Tripple Bogey)라고 하며, 정해진 타수보다 배가 되게 많은 경우를 더블 파(Double Par)라고 부른다.

골퍼라면 누구라도 한 번 해 보고 싶은 것이 홀 인 원(Hole in One)이다. 그러나 이것만큼은 그 당시의 운이 100% 좌우하게 된다. 그래서 처음 하는 라운드에서 행운을 잡아 홀 인 원하는 사람이 있는가 하면 몇십 년 동안 해도 한 번도 하지 못하는 사람도 있다.

위에 나열된 것 중에서 가장 하기 어려운 것은 앨버트로스, 즉 더블 이글인데 이것 역시 홀 인 원과 똑같은 것이 된다.

총정리편
골프의 역사와 경기 방법

경기장의 구성과 명칭

경기장의 구성과 명칭

나이가 많은 한 프로 골퍼에게 언젠가 이런 질문을 한 적이 있다. "만약 당신이 다시 태어난다면 어떠한 골프를 하고 싶으냐?"라고. 그

조영복의

랬더니 그 프로 골퍼는 "골프는 재미있는 스포츠이므로 다시 하고 싶다. 그러나 프로는 하지 않을 것이다. 80 정도 치는 일반 골퍼가 되고 싶다. 같이 라운드하는 사람과 떠들며 농담하고, 재미있게 라운드를 하고 싶다."라고 말을 했다.

위의 이야기로 본다면 프로들의 생활이 얼마나 힘들고 어려운가 하는 것을 쉽게 알 수 있다. 골프는 재미있고 부담없이 즐겁게 라운드하는 것이 최상이라는 것을 알 수 있다. 골프 경기장은 대체로 도심이 가까운 교외에 산세가 수려하고 자연 경관이 좋은 곳을 택하여 만들어지는 것이 통례이다. 18홀의 골프장을 만드는 데 필요한 땅의 면적은 약 20만 평에서 30만 평의 광활한 지역이어야 한다. 한 골프장에는 18개의 코스가 있다. 코스마다 공을 치는 장소(Teeing Ground)가 있고 공을 굴려 넣는 그린이 있다. 그린 위에는 공을 넣는 홀(Hole)이 있다. 구멍 안에는 깃발이 꽂혀 있는데, 깃발의 높이는 2.44m 이상이 되어야 하며, 홀의 밑바닥에서부터 지면까지의 깊이는 7.62cm이고 홀의 직경은 10.8cm이다. 또 각 코스의 넓이(폭)는 약 50m 정도이다. 각 코스에는 언덕과 골짜기도 있고 연못이나 흐르는 물, 그 밖에 여러 가지 장애물을 설치하여 경기를 보다 더 재미있고 어렵게 만든다. 골프장의 전체 길이는 일반적으로 짧은 곳은 5.5km 정도이고 긴 곳은 7km 정도이다. 18홀의 구조는 대개의 경우 클럽하우스를 기준으로 전반(Out) 9홀과 후반(In) 9홀로 구성되어 있다.

공을 티 샷하는 장소를 티 그라운드(Tee Ground)라고 하며, 티 그라운드에서부터 홀 전체를 스루 그린(Through Green)이라고 하고, 연못을 워터 해저드(Water Hazard), 코스 중앙 부분을 페어웨이(Fairway), 풀이 긴 양쪽을 러프(Rough)라고 칭하게 된다. 그리고 코스 중간에 장애물로 설치해 놓은 벙커(Bunker)를 페어웨이 벙커(Fairway Bunker)라고 부르며, 그린 주위의 벙커를 그냥 벙커(Bunker)라고 한다. 또 코스와 평행으로 흘러가는 시냇물을 레터럴 워터 해저드(Lateral Water Hazard)라고 하며, 경기장과 경기장 밖을 구분하는 OB 말뚝(Out of Bounds)이 있다.

Part 2

골프 용구

클럽의 종류 ▶ 324
재료에 따른 우드의 종류와 명칭 ▶ 326
각 클럽의 명칭(우드) ▶ 328
클럽의 길이(우드) ▶ 330
클럽의 종류와 명칭(아이언) ▶ 332
아이언의 명칭 ▶ 334
클럽의 길이(아이언) ▶ 336
클럽 페이스의 각도(우드) ▶ 338
클럽 페이스의 각도(아이언) ▶ 340
클럽별 비거리(우드) ▶ 342
클럽별 비거리(아이언) ▶ 344
샤프트의 종류와 강도 ▶ 346
스윙 웨이트(Swing Weight) ▶ 348
공(Ball) ▶ 350

종정리편
골프 용구

클럽의 종류

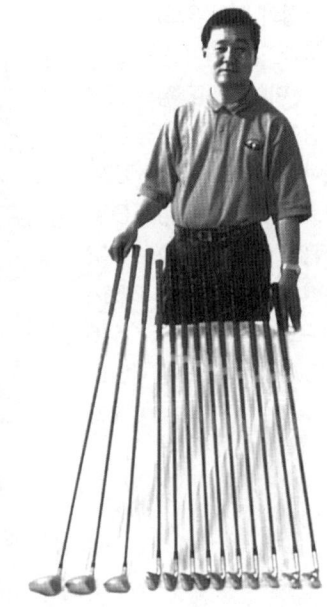
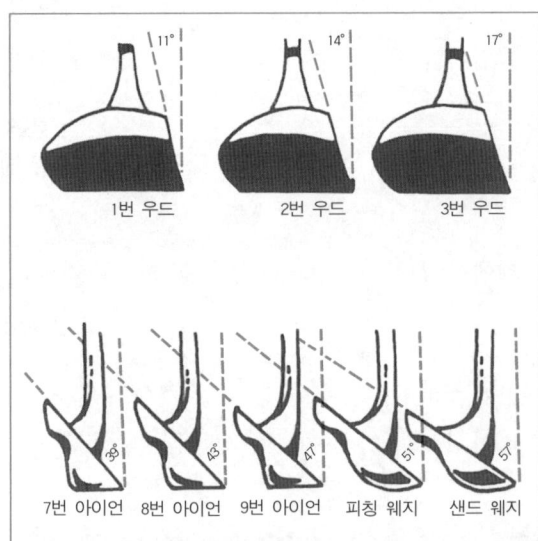

클럽의 종류

골프는 멋진 동료와 플레이를 같이할 때 한결 더 재미있고 제맛도 난다. 그렇다면 멋진 골프 동료로 적합한 사람은 어떤 사람이어야 하는가 하는 것이다. 특별한 기준은 없지만 대충 짐작해서 말한다면 우선 자기보다 조금 더 잘 치는 사람, 골프장에 자주 가는 사람, 규칙이나 매너를 잘 지키는 사람, 기술 향상을 위해 가끔 레슨도 받고 연습을 자주 하는 사람, 자기 경제적 능력에 맞춰 골프를 즐기는 사람 등을 말할 수 있다.

'지금 당신은 위에 속한 사람인가?' 또 '위에서와 같은 골프 동료를 몇 명이나 갖고 있는가?'를 생각해 볼 필요가 있을 것이다.

조영복의 실전골프

골프에는 다양한 용품과 용구를 필요로 한다. 그중에서도 특히 중요한 것은 클럽(Club)이다. 클럽에 대해서 알고 모르고에 따라서 스코어는 물론 골프를 즐기는 법이 크게 달라진다.

골프 클럽은 크게 3가지로 구분한다. 그것은 우드(Wood), 아이언(Iron) 그리고 퍼터(Putter)이다. 위의 3가지는 각각 상황에 따라서 여러 가지로 사용되지만 우선 우드(Wood)는 공을 멀리 날리는 데 사용하는 클럽이다. 그리고 아이언(Iron)은 공을 홀컵 가까이 바짝 붙이는 데 사용하는 클럽이며, 마지막으로 퍼터(Putter)는 공을 홀컵에 넣는 데 사용하는 클럽이다. 또 우드의 종류는 크게 드라이브(1번), 스푼(3번), 클리크(5번)의 3가지로 나눌 수 있다. 여기에는 2번 브러시와 4번 버피도 포함되어 있다. 아이언에서는 1번 아이언에서부터 9번 아이언, 피칭 웨지, 모래에서 사용하는 샌드 웨지를 포함하면 모두 11개나 된다. 마지막으로 공을 홀에 넣는 퍼터가 있다. 위의 종류를 모두 합하면 상당한 수가 된다. 하지만 골프의 룰에서는 14개만 사용하도록 되어 있으므로 우드 1번, 3번, 5번의 3개와 아이언 2번부터 샌드까지 10개, 마지막 퍼터 1개를 합하여 14개를 사용하는 것이 통상적인 예이다. 그러나 자신의 스윙이나 실력에 따라서 다른 번호를 넣고 위의 번호에서 뺄 수도 있다.

우드로 공을 멀리 날려보내고 그 다음 아이언으로 공을 홀컵 가까이 붙여 놓고 마지막으로 퍼터로 홀 아웃을 한다고 하며, 골프를 '날린다', '붙인다' 그리고 '넣는다'라고 하면서 골프의 기술을 3가지로 나누기도 한다.

총정리편
골프 용구

재료에 따른 우드의 종류와 명칭

우드(Wood)의 여러 가지

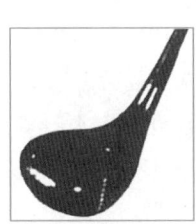
① 카본 클럽

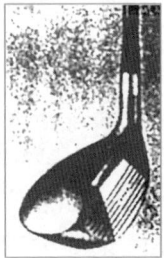
② 메탈 클럽

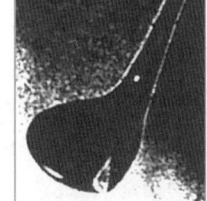
③ 우드 클럽

골프를 보다 더 재미있게 즐기기 위해서 좋은 동료를 찾는 것도 중요하지만, 먼저 자신이 좋은 골퍼가 되는 것이 더 중요하다. 그러기 위해서 해야 할 것을 10가지 소개한다.
 ① 골프 약속을 잘 지킨다.
 ② 남에게 지장을 주지 않을 정도의 기량을 닦는다.
 ③ 돈을 내야 할 때는 피하려고 해서는 안 된다.
 ④ 넓은 교양을 갖춘다.
 ⑤ 많은 화젯거리를 가지고 있어야 한다.
 ⑥ 좋은 매너를 갖춘다.

조영복의

⑦ 열심히 최선을 다한다.
⑧ 많은 아량을 베푼다.
⑨ 상대방을 존중한다.
⑩ 혼자서도 경기에 조인하는 적극성을 가져야 한다.
그렇다면 당신의 경우는 어느 정도인가?

　클럽의 종류는 우드, 아이언 그리고 퍼터의 3가지로 나눈다.
　우드는 만드는 소재에 따라서 크게 3가지로 나누는데, 나무로 만든 우드 클럽(Wood Club)이 있고, 금속으로 만든 메탈 클럽(Metal Club)이 있으며, 강한 합성 물질로 만든 카본 클럽(Carbon Club)이 있다. 먼저 나무로 만든 우드 클럽은 북미대륙 미시시피 강 유역의 원생림에서 생산되는 감나무를 사용하여 만든 것이 최상으로 일컬어지고 있다. 그러나 요즘 과학의 발달과 감나무 소재의 부족으로 합판 헤드를 많이 만들고 있다. 금속을 소재로 만든 메탈 클럽(Metal Club)은 미국에서 보급되기 시작하여 상당한 발전을 가져오게 되었는데, 요즈음 티타늄(Titanum)을 소재로 만든 클럽이 최고의 인기를 누리고 있다. 또 메탈 클럽은 현재의 골프 시장에서 거의 95% 이상을 차지하고 있으며, 볼의 안전성과 방향성이 좋다고 하여 유명 프로들에 이르기까지 모든 골퍼들이 사용하고 있다. 또 메탈 클럽에 이어 곧바로 합성 물질을 소재로 한 카본 클럽(Carbon Club)이 인기를 끌었다. 이는 현대 과학의 최첨단 소재인 카본 화이버(Carbon Fiber : 탄소화물)를 응용한 것으로 메탈 클럽보다 한 걸음 더 진보한 클럽이라고 말할 수 있다. 그러나 요즘 카본 헤드의 클럽은 큰 인기를 얻지 못하고 있다. 그러나 카본을 소재로 한 클럽의 샤프트는 최고의 인기를 누리고 있다.
　그 외에도 다른 소재로 클럽을 많이 만들고 있긴 하지만 현재 주종을 이루는 클럽은 메탈 클럽이며, 그중에서도 티타늄(Titanum) 소재의 개발로 모든 클럽들이 그쪽으로 방향이 기울어지고 있다. 그래서인지 요즘은 골프공도 티타늄으로 만든 것이 나왔다고 한다.

총정리편
골프 용구

각 클럽의 명칭(우드)

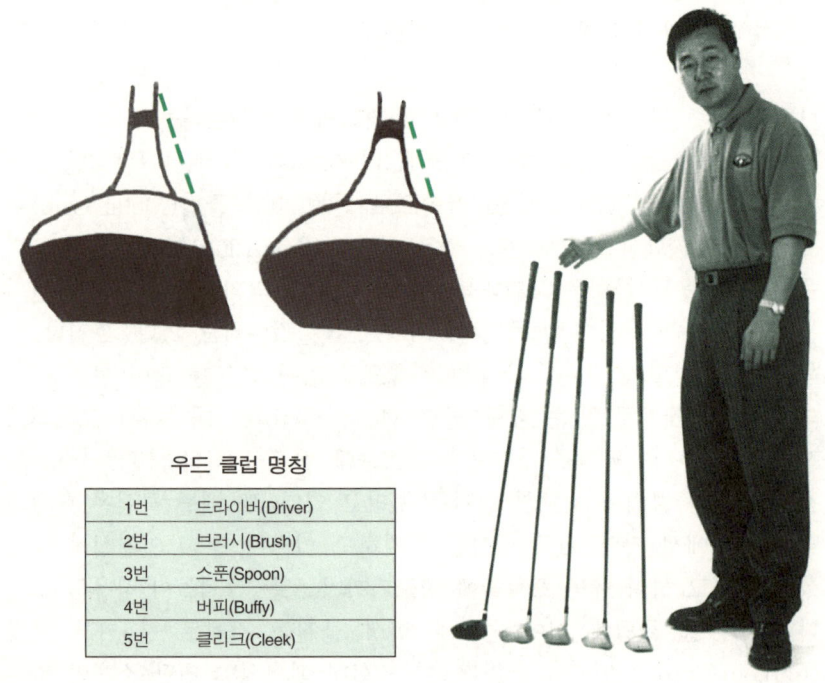

우드 클럽 명칭

1번	드라이버(Driver)
2번	브러시(Brush)
3번	스푼(Spoon)
4번	버피(Buffy)
5번	클리크(Cleek)

    골프를 즐기는 사람들을 크게 두 가지로 분류할 수 있는데, 그 첫째는 달성 동기에 강한 사람, 둘째는 친화 동기에 속한 사람이다.
    위에서 말하는 달성 동기에 강한 사람은 골프를 정말 제대로 한 번 해 보겠다 하여 어떤 목적 달성을 위해 열심히 하는 사람이나 프로 선수를 말하며, 주말에 골프장에 가서 주말을 즐기는 일반 골퍼들은 대부분 친화 동기에 속해 있으면서 재미있게 교제를 나누는 것을 말한다. 친화 동기에 속하여 골프를 즐기기 위해서는 본인을 비롯한 3명의 골프 동료가 서로

조영복의

마음과 행동이 모두 일치해야 한다.
  비거리를 내기 위한 우드 클럽에는 크게 5가지 종류로 나누게 되는데, 1번 우드에서부터 5번 우드까지를 말한다. 우드는 각자 명칭을 가지고 있다. 즉, '1번 우드, 2번 우드……'라고 클럽을 칭할 수도 있지만 각 클럽마다 다른 고유의 명칭이 있다. 1번 우드는 드라이버(Driver)라고 칭하며, 2번 우드는 브러시(Brush), 3번 우드는 스푼(Spoon), 4번 우드는 버피(Buffy) 그리고 5번 우드는 클리크(Cleek)라고 칭한다.
  드라이버나 스푼이라는 말은 많이 들어 보았으리라 생각한다. 하지만 2번 우드의 명칭인 브러시나 4번 우드의 버피, 또 5번 우드의 클리크 같은 말은 잘 듣지 못하는 것이므로 알아두면 골프에 관한 대화를 나눌 때 도움이 되리라 생각한다.
  요즘은 위의 다섯 가지 우드 외에도 7번 우드, 9번 우드, 심지어 11번 우드까지 나와서 골퍼들에게 많은 선택의 기회를 주기도 한다. 7번 우드나 9번 우드, 11번 우드 같은 클럽은 프로 골퍼들이나 로 핸디캡(공을 잘 치는 사람)들은 거의 사용을 하지 않는 클럽이다. 하지만 롱 아이언에 자신이 없는 일반 골퍼들에게는 상당히 적합한 클럽이 될 수 있다. 롱 아이언과는 달리 클럽의 밑바닥(Sole)이 넓으면서 클럽의 각도(Loft)가 커서 공을 쉽게 띄울 수 있으며, 잔디의 길이가 긴 러프(Rough)에서와 페어웨이 벙커(Fairway Bunker)에서 쉽게 공을 칠 수 있기 때문에 일반 골퍼들에게 최고의 인기를 누리고 있다. 7번 우드나 9번 우드, 11번 우드는 특별한 고유 명칭이 없다. 하지만 각 클럽 회사에 붙여 주는 이름이 있다. 예를 들면 캘러웨이 클럽 회사에서는 7번 우드를 헤븐 우드(Heaven Wood)라고 칭하며, 테일러 메이드 클럽 회사의 7번 우드는 어택트(Attact)라고 칭한다.

총정리편
골프 용구

클럽의 길이(우드)

클럽의 길이(우드)

클럽	명칭	길이(인치)
1번 우드	드라이버	43.5
2번 우드	브러시	42
3번 우드	스푼	41.5
4번 우드	버피	41
5번 우드	클리크	40.5

　골프는 광대한 경기장에서 멀리 떨어져 있는 홀컵을 향해 공을 옮겨 가는 게임이다. 그래서 비거리와 방향성이 매우 중요하다. 위의 비거리와 방향은 실력의 차이에 따라서 결정될 수가 있겠지만, 먼저 클럽의 올바른 선택에 따라서 큰 차이가 난다. 비거리는 클럽의 길이에 따라서 상당히 달라지게 된다. 이는 길이가 긴 편이 원심력이 강하게 나타나므로 공에 전달되는 힘 역시 달라지게 되어 비거리가 다르게 나타나게 된다.
　클럽 중에서 가장 길이가 긴 클럽은 1번 우드인 드라이버이다. 드라이

브의 총 길이는 43.5인치를 기준으로 한다. 이를 기준으로 해서 2번 우드는 1/2인치 짧아지게 되며, 클럽의 번호가 높아질수록 1/2인치씩 짧아지게 된다. 요즘의 골프 시장에는 드라이브의 길이가 심지어 46인치까지 되는 것이 있다. 언뜻 생각하기에는 클럽의 길이가 길면 길수록 원심력이 강해지므로 많은 파워를 내지 않을까 하는 생각이 들게 되지만, 클럽의 길이가 길어지게 되면 클럽이 휘둘러지는 스피드가 약해지므로 결국 컨트롤이 어렵게 되는 것이다.

또한 키가 크다고 해서 긴 클럽을 사용해야 한다고 말할 수는 없다. 자신에게 잘 맞는 클럽의 길이는 자신의 팔 길이에 따라서 조금씩 달라질 수 있다. 가령 팔의 길이가 긴 사람은 비교적 짧은 클럽을 사용하는 것이 유리하며, 팔의 길이가 짧은 사람은 조금 긴 클럽을 사용하는 것이 좋다. 이는 자신의 체격 조건으로써 가장 강한 클럽헤드 스피드를 낼 수 있는 클럽의 길이를 말하는 것이다. 골프의 비거리는 클럽헤드의 움직이는 속도에 따라서 그 원심력이 달라지게 되므로 결국 스윙 스피드에 속한 것이기 때문이다.

그러므로 자신의 키나 팔 길이에 가장 적합한 클럽의 길이를 알아낼 수 있는 방법은 클럽의 길이가 짧은 클럽과 긴 클럽을 번갈아 가면서 휘둘러 보았을 때 가장 자신있게 휘둘러질 수 있으며, 가장 빠른 클럽헤드 스피드를 낼 수 있는 길이이면 가장 적합하다고 말할 수 있다. 요즘은 클럽헤드가 커지면서 클럽의 길이 역시 길어지고 있는 추세이다. 이러한 현상은 어떻게 해서라도 골프를 잘해 보고 싶다는 욕망을 가진 소비자들을 유혹하는 것이므로, 먼저 자신의 체격이나 실력에 가장 알맞는 클럽의 길이가 어느 정도인가를 한 번쯤 체크해 보고 다음 클럽의 선택에 임하는 것이 올바른 방법이 아닐까 생각한다.

총정리편
골프 용구

클럽의 종류와 명칭(아이언)

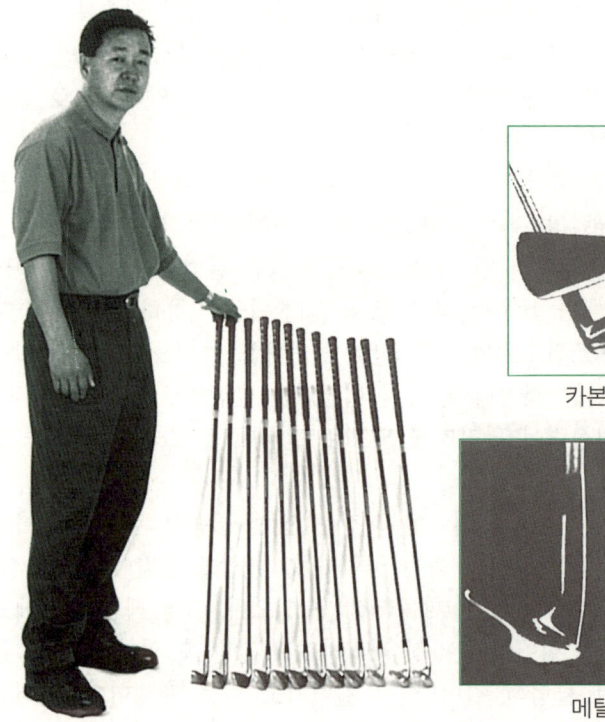

카본 클럽

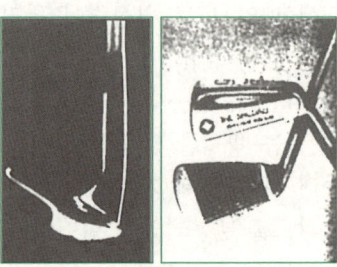
메탈 클럽

　골프를 잘하기 위해서는 한 번쯤 골프에 미쳐야 한다. 그것은 골프를 잘 치는 사람 치고 어느 누구도 그런 경험을 해 보지 않은 사람은 없다. 어떤 이는 골프에 미쳤던 한때를 회상하면서 "어쩌면 그렇게까지 깊이 빠졌을까?" 하고 스스로 놀라워하기도 했다. 이렇게 깊이 빠져서 골프를 하다 보면 일을 소홀히 하거나 가정을 등한시하는 경우가 생길 수 있다. 그러나 진정한 멋을 아는 골퍼라면 자신이 해야 하는 일이나 가정을 소홀히 해 가면서까지 골프를 즐기는 것이 바람직한 일이 아님을 생각해야 조영복의

할 것이다.

　나무를 소재로 해서 만든 클럽을 우드라고 칭했다. 또 아이언(철)을 소재로 해서 클럽을 만들었을 때는 그것을 아이언이라고 칭한다. 우드는 주로 비거리를 내는 데 사용하는 클럽이다. 그러나 아이언은 비거리보다는 공을 정확하게 홀컵에 가까이 붙여 주는 데 사용하는 클럽이다.

　아이언은 크게 2가지를 소재로 해서 만들어지고 있다. 그 첫째는 철(아이언)을 사용하여 만든 클럽이고, 둘째는 카본이나 보론(Boron)을 소재로 해서 만든 클럽이 있다. 요즘은 합성수지의 개발로 카본이나 보론을 사용하여 만들어진 클럽은 아주 소수에 달하며, 주로 철을 사용하여 만든 클럽이 주종을 이루고 있다. 철을 소재로 해서 만든 클럽은 그 제조방법에 따라서 단조와 주조의 2가지로 나눈다. 단조와 주조는 옛날에 사용했던 용어로써, 단조는 옛날 대장간에서 대장장이가 쇳덩이를 달구어 뚝딱뚝딱 두들겨서 무엇을 제조하던 방법과 동일하게 위에서부터의 압력으로 모양을 만든 프레스(Press) 가동법을 말한다. 또 하나 주조는 쇳덩이를 녹여서 녹은 철을 틀 속에 흘려 넣어 식혀서 제품을 만드는 방법을 말하는 것인데, 다른 말로는 로스트 왁스라고 부르기도 한다. 즉, 주조는 쉽게 표현하자면, 어떤 틀에 주물을 부어 넣어서 그 모양대로 만드는 것을 말한다. 단조를 영어로는 포지드(Forged) 클럽이라고 하며, 주조는 케스팅(Casting) 클럽이라고 부른다.

　단조(Forged) 방법을 사용하여 만든 클럽은 프로 골퍼들이나 상급 골퍼들에게 압도적인 인기를 끌고 있다. 이는 제조법이 본격적이기도 하고 철을 이용해서 클럽을 샤프(Sharp)하게 만들 수 있으며, 다소 구부리거나 깎거나 해도 금이 가거나 깨지지 않으므로 자신의 필링에 맞추어서 클럽을 조절할 수 있기 때문이다. 반면에 주조(Casting) 방법으로 만든 클럽은 초보자나 일반 골퍼들이 사용하기에 용의한 점이 있다.

총정리편
골프 용구

아이언의 명칭

클럽의 명칭(아이언)	
클럽	명칭
1번 아이언	드라이빙 아이언
2번 아이언	미드 아이언
3번 아이언	미드 매시
4번 아이언	매시 아이언
5번 아이언	매시
6번 아이언	스페이드 매시
7번 아이언	매시 니블릭
8번 아이언	피처
9번 아이언	니블릭
P·W	피칭 웨지
S·W	샌드 웨지

　다른 사람에게 무엇인가를 가르쳐 줌으로써 자기도 실력이 향상되는 사람과 그렇지 못하고 더 잘못되는 사람이 있다. 전자의 경우에는 남을 가르친다는 것은 자기도 배우는 것이 될 수 있으므로 자신의 향상에도 도움이 될 수 있다는 것이다. 반면에 후자의 경우는 자기보다 수준이 낮은 사람을 가르치면서 우쭐해지고 자신의 능력을 과신한 나머지 그 이상을 꾀하다 보면 잘못될 수가 있다는 것을 말한다. 그러므로 다른 사람에게 무엇을 가르치고자 할 때는 반드시 그것에 대한 확실한 근거가 있어야 하며, 자기의 능력 안에서 올바르게 하는 것이 좋은 방법이라고 생각

조영복의

한다. 즉, "그럴 것이다."라고 추측을 해 가면서까지 가르쳐서는 안 된다는 것을 말한다.

아이언 세트에는 1번 아이언에서부터 9번 아이언까지 있으며, 그린 주위에서 사용하는 피칭 웨지와 모래에서 사용하는 샌드 웨지가 있다. 이것을 모두 합하면 11개의 클럽이 된다. 그러나 일반적인 아이언 세트는 남자의 경우 3번 아이언에서부터 9번 아이언까지와 피칭 웨지, 그리고 샌드 웨지 이렇게 9개를 말한다. 여자의 경우에서도 이와 같으나 요즘 일반 여성 골퍼들은 3번 아이언이 사용이 어렵기 때문에 3번 아이언을 빼고 4번 아이언부터 9번, 피칭·샌드 웨지의 8개를 한 세트로 사용하는 경우가 많다.

위에서 말하는 11개의 클럽 외에도 0번 아이언과 피칭 웨지와 샌드 웨지의 중간에 사용하는 어프로치 웨지(Approach Wedge)와 샌드 웨지보다 각도가 더 큰 롭 웨지(Lob Wedge)도 있다. 0번 아이언에서부터 4번 아이언까지를 롱 아이언(Long Iron)이라고 칭하며, 5, 6, 7번 아이언은 미들 아이언(Middle Iron), 8번 이상은 숏아이언(Short Iron)이라고 한다.

0번 아이언이나 1번 아이언 그리고 2번 아이언은 페어웨이 위에서 샷을 하는 데 사용하는 것보다는 드라이브 대용으로 티 샷을 할 때 주로 사용하게 된다. 클럽의 번호가 낮아질수록 길이도 길어지면서 클럽의 각도 역시 작아지기 때문에 어려운 클럽이 된다. 반대로 번호가 높은 것일수록 클럽의 길이가 짧으면서 클럽헤드의 각도가 크기 때문에 쉽게 공을 띄울 수 있다. 또 클럽의 번호가 낮을수록 거리는 더 나가게 되며, 번호가 높을수록 비거리가 작아지게 된다.

클럽의 길이(아이언)

클럽의 길이(아이언)

클럽	명칭	길이(인치)
1번 아이언	드라이빙 아이언	39
2번 아이언	미드 아이언	38.5
3번 아이언	미드 매시	38
4번 아이언	매시 아이언	37.5
5번 아이언	매시	37
6번 아이언	스페이드 매시	36.5
7번 아이언	매시 니블릭	36
8번 아이언	피처	35.5
9번 아이언	니블릭	35
P·W	피칭 웨지	35
S·W	샌드 웨지	35

 골프는 비싼 운동이다. 아무래도 골프는 싼 비용으로 할 수 없는 스포츠임에는 틀림없다. 그것은 먼저 클럽을 장만하는 일에서도 최소한의 경비라 할지라도 적은 돈은 아니다. 그리고 연습을 할 때 사용되는 연습공 값이나 장갑, 그리고 마시는 것을 포함하면 그것 역시 많은 돈이 든다. 거기다가 레슨까지 받으려면 더 많은 경비가 포함된다. 그런 후에 필드에 나간다 하더라도 퍼블릭 골프장에서 가장 싼 그린피를 낸다 하더라도 결코 무시할 수 없는 비용이 든다. 거기에다 카트(Cart)를 타노라면 두 배로 올라가게 된다. 그리고 중간중간 마시는 음료수도 필요하며, 점심도

조영복의

사 먹어야 하고, 사용되는 공이나 나무 티 등을 포함하면 꽤 많은 액수가 된다. 그리고 라운드가 끝난 후 헤어지기 전에 같이 모여서 담소하는 동안에 소요되는 경비 또한 무시할 수 없는 일이다. 그래서 "골프는 돈과 시간이다."라고 표현하기도 한다.

골프의 클럽은 모든 것에 기준치가 있다. 그 기준치를 기준으로 해서 조금 길게 만들거나 조금 짧게 만들게 된다. 아이언에서도 7번 아이언을 기준으로 했을 때 클럽의 길이는 36인치가 된다. 이를 기준으로 아래로 6번, 5번, 4번…… 0번에 이르기까지 1/2인치씩 길어지게 된다. 또 위로는 8, 9, 피칭, 샌드 웨지까지 각각 1/2인치씩 짧아지게 된다.

요즘은 클럽의 길이가 길어지고 있는 추세여서인지 대부분 위의 기준치보다 1인치씩 길게 만들고 있기도 하다. 클럽의 길이가 길어지면 비거리가 많이 날 것이라고 생각할지도 모르겠다. 하지만 클럽의 길이가 비거리에 상당한 영향을 주긴 해도 길이에 비례해서 클럽의 로프트가 잘 맞아 주어야 한다. 그리고 클럽의 길이가 길어질수록 비거리에 영향을 줄수는 있겠지만, 아무래도 컨트롤이 어렵게 된다.

우드 클럽은 주로 비거리를 내는 데 사용하는 클럽이다. 그러나 아이언 클럽은 비거리보다는 정확한 장소에 공을 날려보내는 데 사용하는 클럽이다. 그런 뜻에서 본다면 아이언은 정확도가 우선이 되는 것이지 비거리가 우선이 될 수가 없으므로, 컨트롤에 용이한 길이의 클럽을 사용하는 것이 바람직하리라 생각한다. 7번 아이언의 경우 클럽의 길이가 36인치이므로 클럽을 선택할 때 기준치보다 길이가 긴 클럽인지 짧은 클럽인지를 알고 선택에 임하는 것이 좋다. 너무 길거나 너무 짧아서는 안 된다는 뜻이다.

클럽 페이스의 각도(우드)

클럽의 각도(우드)

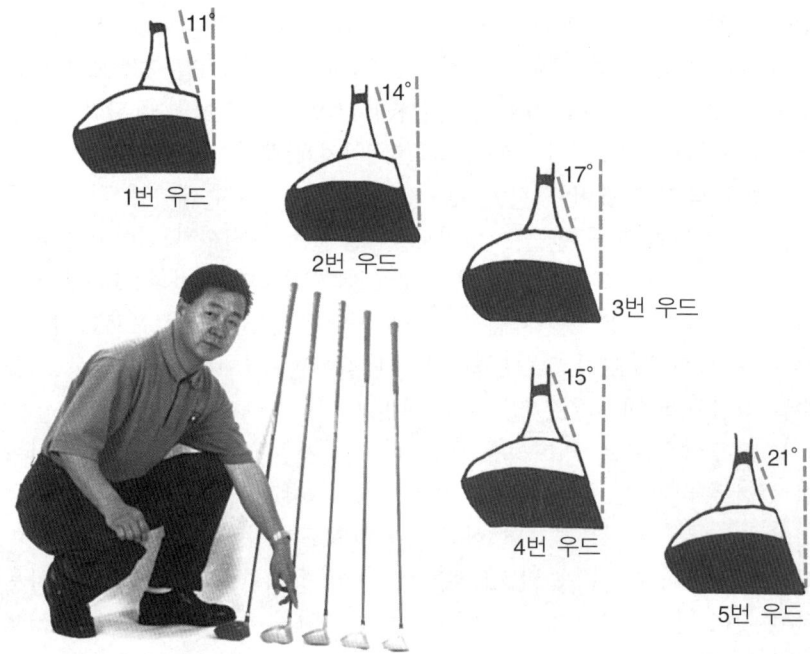

 골프에서는 운이 따라야 한다. 그래서 예로부터 운에 관한 격언들이 많이 전해 내려오고 있다. "골프는 실력과 운의 미묘한 밸런스 위에 있다.", "좋은 플레이는 행운이고, 나쁜 플레이는 불운이다.", "운도 실력이다.", "롱 퍼트를 성공시키느냐 못 하느냐는 운에 달려 있다." 그리고 "행운은 악운의 희생 아래 만들어진다." 등 여러 가지 격언이 내려오고 있다. 이렇게 본다면 골프에서 그날의 운이 얼마나 중요한지는 금방 알 수가 있다.
 그러나 아무리 좋은 운이 따른다 하더라도 실력이 겸비되어 있지 않으

면 그 행운은 그다지 빛을 보지 못하게 되는 것이 아니겠는가?

  클럽은 표준이 되는 기준치를 가지고 있으며, 각 클럽의 페이스 로프트(Face Loft)의 기준치도 있다. 드라이브의 경우 로프트를 10°를 기준으로 한다. 또한 골퍼의 실력이나 주어진 상황에 따라서 위로 10.5° 또는 11°가 있으며, 아래로는 9.5°, 9°, 8.5°, 8°까지 내려가기도 하는데, 요즘 시중의 드라이브 로프트는 11°를 가장 선호하고 있다. 클럽의 로프트가 내려가면 갈수록 어렵고, 반대로 높아질수록 더 컨트롤이 쉬워지므로 11°의 각도를 가장 많이 사용하고 있는 추세이다. 그러나 프로 골퍼들에게는 다르다. 그들이 사용하는 클럽의 각도는 대부분 8°이다. 이는 공을 콘택트하는 힘이 강하므로 공이 위로 높이 뜨기 때문에 그 높이를 조절하기 위해 적은 각도를 사용하는 것이다. 그리고 2번 우드의 각도는 3°가 많은 13°가 기준이다. 3번 우드는 16°가 기준이며, 4번은 19°, 5번은 21°를 기준으로 한다. 즉, 드라이버를 기준으로 3°씩 각도가 높아지고 있는 것이다. 그러나 요즘은 클럽 회사들의 편의에 따라서 다소 다르게 만들고 있기도 하다.

  드라이브의 경우 클럽의 로프트가 골프에 주는 영향이 무엇인가 하는 의문이 생기게 된다. 가령, 11° 로프트의 클럽과 8° 로프트 클럽의 차이점이 무엇인가 하는 것이다. 클럽의 로프트가 높으면 높을수록 공의 탄도가 높아지게 되고 공을 쉽게 띄울 수 있으면서 컨트롤 또한 쉽게 된다. 그러나 적은 각도의 클럽을 사용하게 되면 공의 탄도가 낮게 되므로 비거리를 내기 위해서는 상당한 힘이 있어야 한다. 그것은 프로 골퍼들이나 해낼 수 있는 것이며, 일반 골퍼들은 로프트 각이 큰 클럽을 사용하는 것이 훨씬 유리하다.

총정리편
골프 용구

클럽 페이스의 각도(아이언)

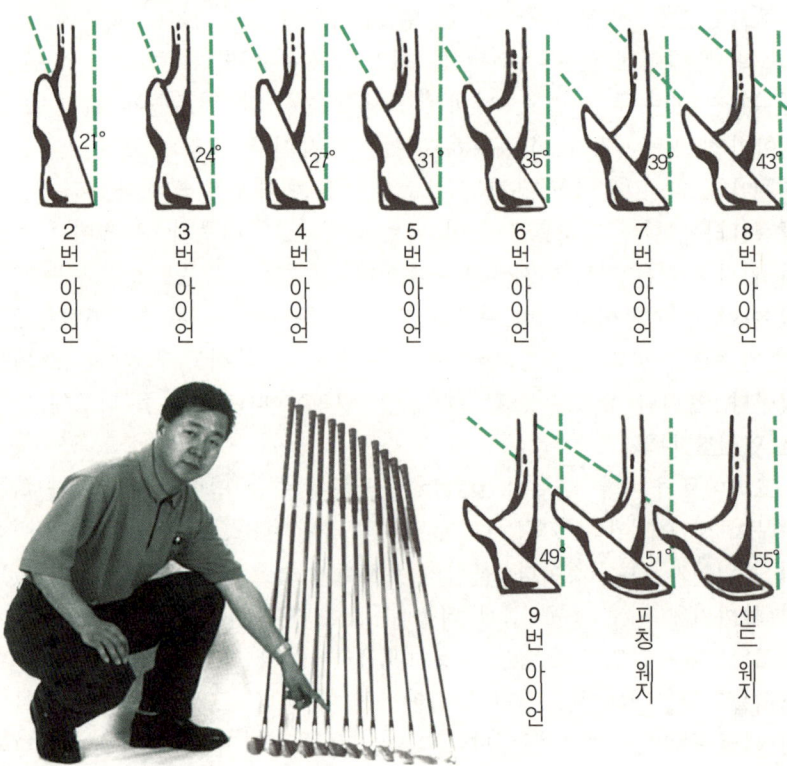

클럽의 각도(아이언)

2번 아이언 21°
3번 아이언 24°
4번 아이언 27°
5번 아이언 31°
6번 아이언 35°
7번 아이언 39°
8번 아이언 43°
9번 아이언 49°
피칭 웨지 51°
샌드 웨지 55°

    골프는 다른 스포츠와 달리 심판이 없다. 따라서 얼마든지 부정을 행할 수 있으며 스코어도 속일 수 있다. 그러나 골프에서는 꼭 지켜야 할 규칙이 있다. 그 규칙을 고의로 위반했을 경우에는 2점의 벌타를, 고의가 아닌 결과적인 위반에 대해서는 1점의 벌타를 부가하게 된다.
    골프를 할 때 잘 속이는 사람을 보면 3가지 타입으로 나눌 수 있다.

조영복의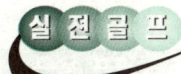

① 속일 때마다 양심에 가책을 느끼는 사람
② 속이는 것을 태연하게 하는 사람
③ 규칙을 몰라서 점수에만 집착하다 속이는 사람들이다.

①의 사람은 양심의 가책으로 스코어가 무너지고 만다. ②의 사람은 누구라도 그를 고칠 수는 없다. 오직 본인만이 할 수 있는 것이다. ③은 거듭해서 위반을 할 수 있는 소지가 있긴 하지만 공부하면 될 것으로 본다. 과연 자신은 어디에 해당하는 사람인가?

아이언 세트 중에서 가장 많이 사용되는 클럽의 번호는 주로 홀수 번호들이다. 즉 5번, 7번, 9번, 피칭 웨지라고 말할 수 있다. 이 클럽들은 각기 다른 길이와 각도를 가지고 있다. 그러므로 공을 날려보내는 비거리 역시 상당히 다르게 나타난다. 클럽 각도의 표준 기준치에 의하면 7번 아이언의 경우 39°이다. 7번의 39°를 기준으로 해서 아래로 6번부터 4번에 이르기까지는 4°씩 작아지게 되며, 4번과 3번 사이는 3°가 적게 되면서 2번부터 1번에 이르기까지 3°씩 작아지게 된다. 또 7번을 기준으로 위로 8번부터 4°씩 많아져서 샌드 웨지까지 이르게 된다.

그러나 요즘은 각 클럽 회사의 편의에 따라서 조금씩 다르게 만들기도 한다. 클럽 페이스의 각도는 공의 날아가는 높이를 조절해 주면서 비거리를 조절해 주게 된다. 그래서 7번 아이언을 가지고 150yards를 날려야 할 것을 무리하게 200yards를 보내려고 해서는 안 된다는 뜻이다.

로프트가 큰 클럽일수록 공은 높이 뜨지만 거리는 짧게 나게 되며, 반대로 로프트가 적은 클럽일수록 공이 낮게 뜨면서 멀리 날아가게 되는 것이다. 요즘은 거의 사용하지 않지만 위의 각 아이언 클럽에도 우드와 같이 고유 명칭이 있다. 1번 아이언은 드라이빙 아이언, 2번은 미드 아이언, 3번 미드 매시, 4번 매시 아이언, 5번 매시, 6번은 스페이드 매시, 7번은 매시 니블릭, 8번은 피처, 9번은 니블릭 그리고 피칭 웨지, 샌드 웨지이다. 그냥 참고로 해 두면 좋다.

총정리편
골프 용구

클럽별 비거리(우드)

클럽별 비거리(우드)

 습관이란 말이 있다. 이 말을 풀이하자면 '배우고 익힌다.'라는 뜻이다. 그래서 반복해서 배우고 익히면 저절로 그 습관이 나오게 되는 것이다. 골프에서도 이 습관이 꼭 필요하다. 흔히 "배우기보다 익혀라."라고 말하기도 한다. 이 말은 어느 일이나 발전을 위해 반복하면서 몸에 익혀야 한다는 뜻이다. 그래서 배우는 일도 중요하지만 배운 것을 반복해서 연습함으로써 몸에 익히는 것이 더 중요하다고 할 수 있다.
 일반 골퍼들에서 프로 골퍼들에 이르기까지 비거리에 대한 욕망은 대단하다. 1997년 추수감사절 '스킨 게임'에서 장타의 대결이 있었다. 그것

조영복의

은 지금까지의 최고의 강타자 '존 데일리'와 갑자기 나타나 골프계를 뒤흔드는 '타이거 우즈'의 대결이었다. 이 게임을 보면서 많은 사람들이 자신도 저렇게 장타를 날려 봤으면 하는 생각을 가졌으리라 생각한다.

비거리를 내는 우드의 종류는 1번 드라이브에서 5번 우드까지이다. 각 클럽이 내는 비거리는 각각 다르게 나타난다. 일반 골퍼와 프로 골퍼들과는 상당히 차이가 있으며, 일반 골퍼, 즉 주말 골퍼들의 비거리를 평균으로 계산해 보았을 때 드라이브의 경우는 220yards가 된다. 그리고 2번 우드는 200yards, 3번 우드는 190yards, 4번은 180yards, 5번은 170yards쯤 된다.

클럽의 길이가 짧을수록 비거리는 적게 난다. 대부분의 경우 한 클럽의 차이에서 비거리는 약 10yards 정도가 차이난다. 이러한 현상은 비거리가 좋은 장타들에게는 더 많은 차이를 보일 수가 있지만 비거리가 좋지 않은 일반 골퍼에게는 더 적은 차이를 내게 된다. 그래서 어떤 이는 드라이브나 3번 우드, 5번 우드 모두 비거리가 똑같다고 말하기도 한다. 오히려 드라이브보다 3번 우드가 더 나가는 경우가 많다고 말하기도 한다. 그렇다. 자신의 실력이 드라이브를 충분히 사용할 수 있는 수준이면 드라이브가 3번 우드보다는 비거리가 더 난다. 하지만 실력이 부족할 때는 3번 우드를 완전히 소화시켜서 자신있게 공을 맞히는 것이 더 많은 비거리를 낼 수가 있다. 그러므로 위의 평균치를 자신의 비거리와 비교해 보고 멀리 보내려고 애쓰는 것도 중요하지만 더 정확하게 똑바로 보내는 일에도 최선을 다해야 할 것이다.

총정리편
골프 용구

클럽별 비거리(아이언)

클럽별 비거리(아이언)

아이언 0	샌드 웨지	피칭 웨지	9번 아이언	8번 아이언	7번 아이언	6번 아이언	5번 아이언	4번 아이언	3번 아이언	2번 아이언	1번 아이언
	70	90	100	120	130	140	150	160	170	180	190 yards

    골프에서 좋은 스코어를 내기 위해 중요한 것은 기막힌 샷이 아니라 평범한 자신의 보통 샷을 계속 하는 일이다. 다시 말하자면 자신의 일정한 리듬과 평소 때의 템포대로 나가면서 당연한 샷을 되풀이해 게임을 하는 것이 보다 더 좋은 스코어를 낼 수가 있는 것이다. 즉, 꾸준한 노력으로 일정한 샷을 반복하는 것을 말한다.
    골프에서 아이언 샷이 차지하는 비중은 상당히 크다. 드라이브가 차지

하는 비중은 약 25%가 되고 퍼팅과 샷이 차지하는 비중이 43%이다. 그렇다면 그 나머지는 아이언 샷이 차지하는 비중이 되는데, 약 32% 정도가 된다. 여기 32% 중에서 가장 큰 비중을 차지하는 아이언은 역시 미들 아이언들이 된다. 즉 5번, 6번, 7번 아이언이 되는 것이다.

5번 아이언의 경우 일반 골퍼들의 평균 거리는 150yards가 되며, 6번 아이언은 140yards, 7번 아이언은 130yards가 된다. 여기에서도 한 클럽의 비거리 차이는 10yards씩 다르게 나타나는데, 이것 역시 장타를 치는 골퍼들은 더 큰 차이가 나게 되고, 그렇지 못한 골퍼들은 더 좁은 폭의 차이가 나게 된다. 대부분의 경우에는 약 10yards씩 차이를 보이게 되므로 참조하기 바란다.

요즘은 장비의 발전으로 인해 더 많은 비거리를 내는 것도 사실이다. 위의 도표를 보면서 어떤 이는 130yards면 나는 7번 아이언이 아니라 피칭 웨지로 친다고 말할 수도 있을 것이다. 그러나 앞의 기준은 일반 골퍼, 즉 주말 골퍼들의 평균치인 것이다. 그리고 앞의 비거리는 일반 골퍼들에게 가장 적합한 비거리도 된다. 즉, 이 말은 공을 멀리 치는 것도 중요하지만 항상 일정한 비거리와 정확한 방향으로 공을 보내는 일이 보다 더 중요한 것라는 말이다.

그래서 서두에서도 말했듯이 기막힌 샷이 스코어를 내는 데 차지하는 비중은 크지만, 그것보다는 평범한 일반적인 샷이 계속되면서 게임을 하는 것이 나중에는 더 좋은 스코어를 만들어내게 되는 것이다. 프로 골퍼들은 4라운드를 해야 하므로 보다 더 일정한 샷이 필요하게 되며, 첫 라운드에서는 잘했다가 마지막 라운드에서 게임을 망치게 되면 아무런 소용이 없게 된다.

총정리편
골프 용구

샤프트의 종류와 강도

샤프트의 강도

 골프가 좋아서 즐기는 일반 골퍼들은 골프를 즐기는 가운데 자신의 인생까지도 풍요롭게 된다. 즉, 자기 승부를 위해 남을 불쾌하게 하는 골퍼가 되어서는 안 된다는 뜻이다. "이기든 지든 저 친구와 함께 골프를 쳐서 참 기분이 좋다."라고 남들이 생각할 수 있는 골퍼가 되어야 한다. 그렇게 되면 골프도 즐겁고 자신의 인생도 풍요로워지지 않겠는가?
 골프 클럽의 구성은 크게 3가지로 나눈다. 그것은 클럽의 헤드, 클럽의 샤프트 그리고 손잡이(그립)이다.
 그중에서 샤프트의 종류는 크게 2가지로 구분할 수 있다. 즉 스틸

(Steel) 샤프트와 카본(Carbon) 샤프트이다. 원래 클럽의 샤프트는 우드 (나무)로 만들어 사용을 하기 시작했다. 그러다가 스틸 샤프트가 개발되었고, 요즘은 화학 섬유를 복합해서 만든 카본(Carbon) 샤프트에까지 이르게 되었다.

요즘 주종을 이루는 샤프트의 종류는 스틸 샤프트와 카본 샤프트이다. 대부분의 프로 골퍼들은 스틸 샤프트를 사용하기를 원하고 있다. 이는 샤프트의 무게가 약간 무거우면서 끈기가 있기 때문에 공을 맞히는 순간 샤프트의 휘는 폭이 좁아서 공을 보다 더 일정하게 칠 수 있기 때문이다. 카본 샤프트는 가벼우면서 샤프트의 휘는 폭이 크다. 그래서 일반 골퍼들의 경우 비거리를 내는 데는 적합하다.

또 위의 2가지 샤프트의 종류에서 샤프트의 강도에 따라서 6가지 종류로 나누게 된다. 강도가 가장 강한 샤프트의 표시를 (X)라고 한다. 이는 엑스트라 스티프를 뜻하는 것이다. 그 다음은 (S)스티프, (R)레귤러, (A)에버리지, (L)레이디, (W)위크로 표시한다. (S)스티프나 (X)엑스트라 스티프의 샤프트는 프로 골퍼들이 사용하는 것이므로 일반 골퍼들은 피하는 것이 좋다. (A)에버리지, (L)레이디, (W)위크 샤프트는 고령자나 일반 여성 골퍼들에게 적합한 샤프트의 강도가 된다.

요즘 시중의 샤프트 강도는 미국 사람의 신장이나 몸무게 또는 힘의 평균치를 기준해서 만들어졌기 때문에 사실상 (R)레귤러 샤프트를 사용한다 하더라도 몸집이 작은 동양인들에게는 오히려 약간 (S)스티프할 수 있다. 그러므로 클럽을 구입할 때 참조하기 바란다.

총정리편
골프 용구

스윙 웨이트(Swing Weight)

 "골프의 클럽은 공을 치기 위해서 있는 것이다."라고 어떤 이가 말했다. 그러나 다른 이는 "아니다. 골프의 클럽은 스윙을 하기 위해 있는 것이다."라고 반격했다.
 이 두 가지 의견을 가만히 생각해 보면 언뜻 생각하기에는 전자의 말이 맞는 듯하다. 그러나 실제 골프는 클럽을 휘두르기 위해서 있는 것이 맞다. 그래서 우리는 골프 스윙(Swing)이라고 하지 않는가?
 이렇게 휘두르기 위해서는 클럽의 무게와 사람의 힘과의 적당한 비율이 있어야 한다. 클럽의 무게는 각 클럽마다 조금씩 다르다. 보통 7번 아이언의 경우 남자가 420g인 경우가 대부분이다. 그리고 번호가 높을수록

조금씩 무거워지며, 번호가 낮을수록 조금씩 가벼워진다. 그래서 클럽 중에 가장 가벼운 클럽은 드라이브가 되며, 가장 무거운 클럽은 샌드 웨지이다. 또 각 클럽의 전체 무게도 중요하지만 클럽 샤프트를 중심으로 손잡이 쪽의 무게와 클럽헤드 쪽의 무게의 비율도 상당히 중요하다.

스윙 웨이트(Swing Weight)란 말이 바로 위의 비율을 말하는 것이다. 가령 클럽헤드의 끝이 너무 무겁게 되면 클럽을 휘두르기가 어려우면서 컨트롤이 어렵게 된다. 반대로 클럽헤드가 너무 가볍게 되면 휘두르기는 쉬우면서 컨트롤 역시 쉬워진다. 하지만 클럽헤드의 무게가 너무 없으면 비거리를 낼 수 없게 된다. 이것을 적당한 비율로 맞추는 것을 스윙 웨이트(Swing Weight)라고 하는 것이다. 일반적인 클럽의 스윙 웨이트는 D_0를 기본으로 한다. 약간씩 헤드 쪽이 무거워지면서 D_1, D_2 ……라고 표현하며, 약간씩 헤드 쪽이 가벼워지면서 C_9, C_8, C_7 …… 등으로 표시한다. 종전에는 클럽들의 스윙 웨이트가 대체적으로 약간 무거운 D_1, D_2를 사용해 왔었는데, 요즘은 가벼운 것이 스윙하기에 유리하다고 해서 C_9, C_8, C_7 ……까지 내려서 사용하기도 한다. 일반 골퍼들에게는 아무래도 약간 가벼운 클럽이 휘두르기에도 유리할 뿐 아니라 컨트롤도 쉬워지므로 가벼운 헤드를 사용하는 것이 좋다.

위의 스윙 웨이트 역시 사람의 신체적인 조건에 따라서 많은 차이가 있다. 가령 체격이 좋은 사람이 너무 가벼운 클럽을 사용한다는 것은 이치에 맞지 않는다. 그래서 자신의 스윙 스피드와 체격 등에 알맞는 클럽을 선택하는 것이 바람직하다.

총정리편
골프 용구

공(Ball)

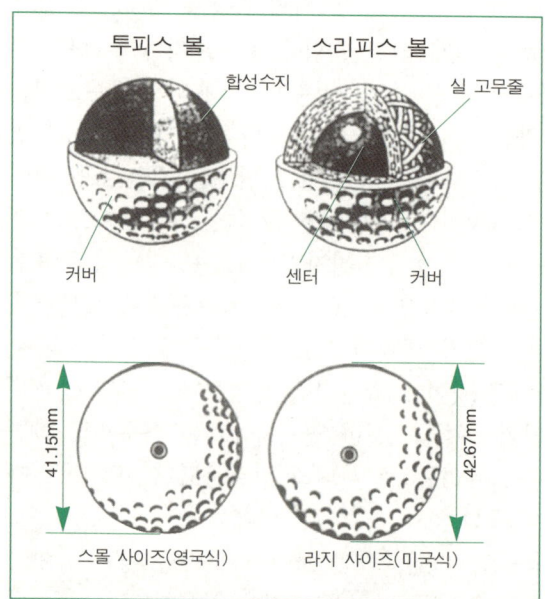

공의 종류와 크기

"골프에는 향상의 지름길은 없다."라는 스코틀랜드의 유명한 속언이 있다. 처음부터 기초를 잘 쌓아올려야만이 좋은 골퍼가 될 수 있다.

골프에서 사용되는 공은 시대의 변천에 따라 상당한 변화를 가져오고 있다. 처음에는 초원에 있는 작은 돌멩이를 사용하다가 19세기부터 20세기 초에는 구타 페르카(Gutta Percha) 볼을 사용하였다. 현재에는 다양한 고성능의 공들이 개발되었으며, 요즘은 티타늄 소재의 공까지 나왔다고 한다.

골프공에는 크게 2가지 종류가 있다. 영국 사이즈(Small Size)와 미국

사이즈(Large Size)인데, 두 공의 크기는 약간 다르지만 무게는 똑같다. 영국의 스몰 사이즈는 지름이 41.15mm이고 무게는 45.93g이다. 또 미국의 라지 사이즈는 지름이 42.67mm이며 무게는 역시 45.93g이다. 종전에 유럽에서는 스몰 사이즈 공을 사용했으나 요즘은 전 세계적으로 라지 사이즈 공을 사용하는 추세이다.

또 공을 만드는 과정에서 딱딱하게 만들거나 약간 부드럽게 만들어 달리 사용하기도 한다. 가령 조그만 고무공에다가 실 고무줄을 감고 그 위에 합성고무를 씌운 스리피스(Three Piece) 공이 있으며, 전체를 합성수지로 만든 투피스(Two Piece) 공이 있다. 스리피스 공은 약간 부드럽게 만들어졌기 때문에 비거리는 약간 줄지만 숏게임이나 숏아이언 샷에서 스핀이 많이 걸리게 되므로 프로 골퍼들이 가장 선호하고 있다.

또 투피스 공은 약간 딱딱하므로 공의 런이 많아서 비거리가 좋다. 하지만 스핀이 잘 걸리지 않으므로 일반 골퍼들이 사용하기에 좋다. 스리피스 공은 공이 부드럽기 때문에 약간의 미스 샷에도 공이 쉽게 망가지게 된다. 그러나 투피스 공은 웬만큼 미스 샷을 해도 공이 망가지지 않으므로 수명이 길다. 초보자의 경우에는 아무래도 튼튼한 투피스 공을 사용하는 것이 좋다.

또 같은 스리피스 공이나 투피스 공 중에서도 그 딱딱한 정도를 다르게 하는데, 이것을 컴프레션이라고 한다. 딱딱한 것을 100컴프레션이라고 하고 약간 부드러운 것을 90컴프레션이라고 한다. 초보자의 경우에는 약간 부드러운 90컴프레션을 사용하는 것이 유리하며, 상급자일수록 약간 딱딱한 100컴프레션을 사용하는 것이 좋다. 이를 표기하는 글자는 100컴프레션의 경우 검정색, 90컴프레션의 경우에는 빨강색으로 표시하기도 한다.

Part 3

골프 매너

골프란? ▶ 354
골프장에 갈 수 있는 수준은? ▶ 356
골프장에서의 진행 요령 ▶ 358
골프장에서의 에티켓 ▶ 360
예약 매너 ▶ 362

총정리편
골프 매너

골프란?

　골프는 자연과의 싸움이다. 자연은 달아나거나 피하거나 숨지도 않는다. 만반의 준비만 하고 플레이어의 도전을 기다리고 있다. 플레이어는 자신의 지력과 기술, 그리고 힘을 구사해서 자연에 도전하게 되는 것이다. 작전을 세우는 일이나 실제로 그 일을 행하는 일 등의 모든 일은 플레이어가 하는 일들이다. 그래서 골프는 자신과 자연과의 싸움이 되는 것이다. 골프를 알지 못하는 대부분의 사람들은 가만히 놓여 있는 공을 치는데 무엇이 어려우냐? 라고 반문한다. 그러나 막상 시작해 보면 가만히

조영복의 실전골프

 움직이지 않고 있는 볼을 치는 것이 얼마나 어렵고 힘든가 하는 것을 금방 알 수 있게 된다. 어떤 때는 마치 볼에게 바보 취급을 받는 느낌을 갖게 되기도 한다. 그렇게 바보 취급 당하는 것이 억울해서 "요것 봐라?", "그럴 리가!", "어쭈?" 하는 말을 되풀이하면서 공을 향해 도전하게 되는데, 그러면서 슬슬 골프의 매력에 사로잡히게 되는 것이다.
 이렇게 해서 골프에 한 번 사로잡히게 되면 거기에서 빠져 나오기는 힘들게 된다. 그러나 그 다음 문제는 골프는 하면 할수록 더 어렵다는 것이다. 처음 친 볼이 나이스 샷이라고 하는 경우는 거의 없다. 가령 나이스 샷이었다 하더라도 그 다음 샷부터는 더 많은 어려움을 알게 되는 게임이다. 그래서 그 깊은 곳에 도전하기 위해서 많은 시간을 보내고 노력을 하는 것이다.
 또 골프는 후회뿐인 게임이다. 아무리 정확한 판단을 해서 샷을 했다 하더라도 생각같이 잘 되지 않는 것이 골프이기도 한다. 또 골프는 변명의 게임이다. 무엇 때문에, 바람 때문에, 나무 때문에, 스파이크 마크 때문에, 상대 선수 때문에…… 등등 이렇게 'OO 때문에'라는 말을 많이 사용하게 된다.
 그래서 골프는 그 사람의 인품을 잘 나타내 준다. 작은 일에 구애받지 않는 자유스런 성격의 사람은 그 성격대로 느긋한 플레이를 한다. 그러나 교활한 사람은 자신도 모르는 사이에 교활함이 플레이할 때 배어나오게 된다. 이런 현상은 본인은 느끼지 못하겠지만, 상대 선수는 금방 알게 되는 것이다. 골프를 통해 우리는 인간 관계를 배우게 된다. 골프는 하루 종일 녹음이 무성한 자연 속에서 교제하는 것이다. 그러면서 인간 상호간의 접촉을 통해 서로 친해지거나 나빠지거나 하는 것이다. 이런 싸움에서 자신을 이길 수 있고, 남에게 존경받는 멋진 골퍼가 되길 바란다.

총정리편
골프 매너

골프장에 갈 수 있는 수준은?

골프 수준은?

　처음 한국에서 미국으로 왔을 때 가장 인상 깊게 느껴졌던 것 중에 하나는 어디를 가든 줄을 잘 서는 일이다. 가까운 예로 은행에 간다 하더라도 이미 줄을 만들어 놓고 오는 순서대로 줄을 서게 한다. 그렇다면 한국의 은행에도 그런 줄이 있는가 하는 것이다. 게다가 한국 사람들은 미국 사람들에 비해 성격이 상당히 급한 편이다. 그래서 가급적이면 새치기를 한다거나 아는 사람을 찾아 빠른 길을 찾으려고 한다.
　요즘은 골프 인구의 갑작스런 증강으로 인해 많은 문제점들이 일고 있다. 그러나 각자 개인 한 사람 한 사람이 질서를 잘 지킨다면 아무리 많

아도 그러한 문제들이 비교적 쉽게 해결될 수 있을 것이다. 어느 정도의 실력이 있어야 골프장에 갈 수 있는지에 대한 기준은 없다. 하지만 골프는 기본적으로 반드시 공을 앞쪽으로 날려보낼 수 있는 기본 실력을 갖춘 후에 골프장을 찾는 것이 좋다.

  골프장을 찾을 때 초보자의 경우 언제쯤, 즉 어느 정도의 실력을 가지고 있어야 하는가? 하는 것을 크게 2가지로 말할 수 있다. 첫번째는 너무 서두르지 않으면서 게임이 늦어지게 해서는 안 될 수준이어야 한다. 즉, 다른 플레이어들을 방해해서는 안 된다는 뜻이다. 두 번째는 공을 앞쪽으로 날려보내서 정상적인 속도에 맞추어 플레이할 수 있는 수준이 되어야 한다는 것이다. 가령 샷을 했을 때 목표 방향으로 정확하게 날려보내지는 못한다 하더라도 진행 속도에 맞추어 갈 수 있는 비슷한 실력은 갖추어야 한다는 것이다.

  이것을 숫자로 표현하자면 18홀에 120 이하의 스코어를 낼 수 있는 수준은 되어야 한다는 것이다. 그러나 그 이상의 스코어가 나오는 수준이라고 하더라도 같이 플레이하는 동반자의 의견을 잘 따라 주면서 경기를 진행한다면 가능하다. 가령 공을 제대로 맞히지 못하고 계속해서 몇 번이고 헛스윙을 한다거나 공이 엉뚱한 방향으로 날아가서 룰을 적용하여 몇 개의 공이든 상관없이 계속해서 샷을 한다거나 하는 것은 남을 방해하는 플레이가 되므로 조금 조심해야 할 일이다.

  그리고 가장 중요한 것은 꼭 질서를 지키는 것이다. 티타임 없이 골프장에 갑자기 나타나 급히 공을 치고 나가려고 하면 반드시 그에 따른 문제가 일게 된다. 서로 주의하는 것이 골프도 즐기고, 인생도 풍요로워지게 하는 지름길이 아닐까 생각한다.

총정리편
골프 매너

골프장에서의 진행 요령

골프 매너와 진행 요령

　골프를 즐기기 위해서는 우선 골퍼로서의 올바른 자세가 있어야 한다. 여기에서 말하는 올바른 자세란 플레이하는 도중이나 그 이전이다. 그리고 모두 끝난 후에까지 꼭 지켜야 할 것들을 지키는 것을 말한다. 가령 자신의 티타임에 맞추어 미리 와서 티켓팅을 한다거나 끝난 후에 사용했던 카트를 반납하는 일까지, 전체를 통해 해야 할 것들을 말하는 것이다.

조영복의

골프를 제대로 즐기기 위해서 꼭 해야 할 일들을 알아보도록 하자.
먼저 반드시 예약을 해야 한다. 그리고 예약 시간 30분 전에 도착하여 티켓을 사서 모든 준비를 끝낸 후 퍼팅 그린에서 퍼팅 연습을 하면서 차례를 기다리는 것이 좋다. 차례가 되면 티박스에 올라가서 먼저 순서를 정하고 순서가 정해지면 순서에 따라 티 샷을 해야 하는데, 이때 다른 사람이 티 샷을 할 때는 조용히 해야 하며, 스윙을 하는 데 방해가 되지 않게 약간 옆쪽으로 피해 주어야 한다. 즉, 너무 정면에 서 있다거나 시야에 방해되는 위치에 서 있어서는 안 된다.
그런 후 그 다음 샷부터는 홀에서 멀리 위치한 공부터 순서대로 샷을 해야 한다. 그리고 필드를 걸을 때는 가능하면 뛰어다녀서는 안 된다. 물론 경기가 지연되면 그때는 예외이다. 큰 소리로 말을 하거나 몸을 빠르게 움직이는 일은 피하는 것이 좋다. 만약 샷을 한 공이 엉뚱한 방향으로 날아가 다른 경기자 쪽으로 날아간다면 반드시 "포어(Fore)."라고 소리를 질러 주어야 한다. 또 그린 주위 벙커나 페어웨이 벙커에 공이 들어갔을 경우에는 먼저 벙커의 턱이 낮은 쪽을 찾아 벙커 안으로 들어가야 하며, 샷을 한 후에는 반드시 모래를 잘 정리해 놓고 들어갔던 곳으로 다시 나와야 한다. 그린에 공이 올라갔을 때는 반드시 마크를 한 후 공을 집어 올린다. 그리고 가장 가까운데 있는 공의 경기자가 깃발을 잡아 주든지 아니면 뽑아 한쪽 코너에 놓아야 한다. 그리고 가장 먼 곳에서부터 퍼팅을 해야 하며, 제일 먼저 홀 아웃을 한 사람이 깃발을 들고 서 있어야 하며, 모두 홀 아웃이 끝난 후 홀컵에다 다시 꽂아 놓아야 한다. 그리고 곧바로 그린을 빠져 나와 다음 홀로 가야 하는 것이다. 이렇게 질서를 지키면서 게임을 이끌어 나가면 즐거운 골프를 즐길 수 있다.

총정리편
골프 매너

골프장에서의 에티켓

  필자가 처음에 미국에 와서 있었던 일 중에 하나이다.
  친지 중에 한 분이 세탁소를 경영하고 있어서 그곳에 인사도 할 겸해서 찾아갔다. 필자도 경상도 출신, 그분도 경상도 출신이어서 사투리를 심하게 쓰면서 반가운 인사를 나누고 이것저것 많은 이야기를 나누었다. 그랬는데 얼마 후 경찰이 달려왔다. 경찰이 하는 말이 "너희들 왜 싸우느냐?" 하는 것이었다. 서로 큰 목소리로 이야기를 했던 것이 지나가던 손님이 듣고 경찰에 신고를 했던 것이다. 아무런 일이야 없었지만, 그냥 웃고 지나칠 일이 아니었다. 남의 나라에 와서 다른 나라 말로 큰 소리로

이야기했더니 그만 그들이 듣기에 이상하게 들렸던 모양이다. 그 이후로 필자는 최대한으로 목소리를 낮추어 살려고 노력한다.

골프장에서도 예외는 아니다. 한국 사람들의 목소리는 다른 나라 사람들의 목소리보다 우렁차다. 떳떳하게 큰소리치는 것이야 어떠하리오……. 하지만 다른 나라 사람들과 같이 있으면서 큰 소리로 한국말을 한다면 그들의 귀에는 저들이 싸우는 것처럼 들리게 될지도 모른다. 미국에 와서 살다 보면 영어는 늘 듣고 살기 때문에 그 말투가 귀에 거슬리거나 하는 것을 거의 느낄 수가 없다. 하지만 우리가 전혀 알아듣지 못하는 중국말이나 아프리카 말을 큰 소리로 이야기하는 사람들이 우리와 함께 있다면 우리는 상당한 거부감을 느끼게 된다. 그래서 어떤 때는 그들을 욕하거나 하면서 그 자리를 피하기도 한다.

이와 마찬가지로 외국 사람들은 우리 한국말을 전혀 알아듣지 못한다. 그래서 한국 사람들끼리 큰 소리로 이야기하게 되면 그들은 상당한 거부감을 느끼리라 생각한다.

질서는 누가 하라고 해서 지켜질 수는 없다. 각자 개인 한 사람 한 사람이 잘 지키려고 함으로써 완벽해지는 것이 아니겠는가?

**총정리편
골프 매너**

예약 매너

신사의 게임인 골프

골프는 신사의 게임이다. 그래서 신사들이 지켜야 할 매너들을 꼭 지키는 사람이 진정 멋있는 골퍼가 아니겠는가?

날을 거듭할수록 골퍼의 인구는 급성장하고 있다. 그에 비례해서 한국 사람들의 골프 인구는 더 급하게 성장하고 있다고 말할 수 있다. 특히 뉴욕 뉴저지 일대의 골프 연습장의 대부분을 한국 사람들이 소유하고 있기도 하고 근교의 많은 골프장 역시 한국 사람들이 소유하고 있기도 하다.

조영복의

예년에 필자가 텔레비전에서 골프 레슨을 한 경험이 있다. 그때 야외촬영, 즉 필드 촬영을 하기 위해 한국 분들이 소유하고 있는 골프장 몇 곳에 전화를 걸어, 가서 촬영해도 좋겠느냐고 문의를 했었는데 그때 어느 골프장에서 이런 말을 해서 상당한 충격을 받은 일이 있었다.

"우리는 한국 사람들하고는 아무 것도 하지 않겠습니다. 그러니 다른 곳을 찾아보세요." 하는 것이었다. 그래서 왜 그러시냐고 물어 보았다. 대답하는 말이 처음 한국 사람으로서 골프장을 소유하게 되면서 한국 사람들에게 걸었던 기대가 컸다고 했다. 그러나 세월이 지나면서 많은 것을 느꼈다고 한다. 즉, 주말에 많은 사람들이 예약을 해서 접수를 받았고, 그 후에는 접수를 받지 않았는데, 당일에 예약자들이 나타나지 않아서 주말을 완전히 허탕치고 말았다고 한다. 그래도 참고 계속했는데, 계속해서 그런 일이 반복되자 그 다음부터는 아예 한국 사람들에게는 예약 접수를 받지 않았다고 한다. 그래서 주말에 다른 사람들로 가득 예약을 받아 정상적으로 잘 진행하고 있는데 느닷없이 나타나서 티타임을 달라고 사정을 한다는 것이다. 물론 거절을 할 수가 없어서 늦은 시간에 내보내기는 했지만 어떤 때는 텅텅 비는 주말이 되고, 어떤 때는 발 딛을 틈이 없을 만큼 붐비는 주말을 보내는 일이 괴롭다는 것이다.

이같은 말을 듣고 우리는 많은 것을 느껴야 할 것이다. 지금까지는 예약문화가 제대로 정착되어 있지 않았다 하더라도 이제는 제대로 예약하고 그 예약을 잘 지킴으로써 일등 국민의 본을 보여야 할 것이다. 일반 골프장에서 뒷돈으로 공을 치는 사람이 되어서야 어디 일등 국민이라고 할 수 있으며, 신사의 게임을 즐길 자격이 있다 할 수 있겠는가? 잘 치는 것도 중요하지만 질서를 지키는 것이 우선이 되어야 한다고 생각한다.

Golf

꼭 알아두어야 할

골프 용어(Golf Terms)

갤러리(Gallery) 골프 경기의 구경꾼.

골프 위도우(Golf Widow) 남편이 골프에 열중하여 자주 집을 비우게 되면서 부인이 홀로 되어 마치 미망인과 같다고 해서 나온 말이다.

그로스(Gross) 핸디캡을 빼지 않는 라운드의 총 스트로크 수.

그린(Green) 볼이 들어가는 구멍(홀)이 있는 지역.

그린 피(Green Fee) 골프 코스 사용료.

그립(Grip) ① 클럽을 쥐는 부분. ② 클럽을 쥐는 방법.

나이스 샷(Nice Shot) 좋은 샷을 냈을 때 하는 칭찬의 말.

낫소(Nassau) 경기 방법의 하나. 18홀을 아웃의 성적(9홀), 인의 성적(9홀), 그 양쪽의 합계의 성적을 셋으로 나누어 승패를 결정한다.

내추럴 그립(Natural Grip) '베이스볼 그립' 이라고도 한다. 야구의 배트를 쥘 때처럼 10개의 손가락을 모두 써서 샤프트를 쥐는 방식.

네트(Net) 스트로크 플레이에서 총 타수(그로스)에서 핸디캡을 뺀 수. 네트 스코어라고도 말한다.

넥(Neck) 클럽헤드가 샤프트와 연결되는 부분.

다

다운(Down) 매치 플레이에서 패한 수를 표시하는 말.

다운 블로(Down Blow) 볼을 세게 두들기듯이 클럽을 휘둘러 내리는 것. 일반적으로 스윙의 호(弧)에서 최저점보다 앞단계에서 볼을 히트시키는 것.

다운스윙(Down-Swing) 클럽을 휘둘러 내리는 동작으로 톱에서 임팩트까지를 말한다.

다운힐 라이(Downhill Lie) 그린을 향해 내리막길의 경사면에 볼이 멈춰 있는 것을 말한다.

다이너마이트(Dynamite) 샌드 웨지의 속칭.

더블 보기(Double Boggey) 그 홀의 표준 타수보다 2타 많은 타수로 홀 아웃하는 것.

더프(Duff) 실패한 타격. 볼을 칠 때 실패하여 볼 뒤의 지면을 치는 것. 뒤땅치기라고도 한다.

데드(Dead) 볼이 컵에 가장 가까운 위치에서 멈추는 것.

도그 레그(Dog-Leg) 코스가 개의 뒷발과 같이 왼쪽 또는 오른쪽으로 모양으로 구부러져 있는 것을 말한다.
도미(Dormy) 매치 플레이에서 이긴 홀의 수와 나머지 홀의 수가 같게 되었을 때를 가리킨다.
드라이버(Driver) 우든 클럽의 1번을 말함. 드라이버로 치는 볼을 그래펑이라고도 말한다.
드로 볼(Draw Ball) 일단 오른쪽으로 나간 후 떨어지려고 할 때에 왼쪽으로 휘어져 들어가는 탄도(彈道)를 그리는 타구(오른손잡이의 경우). 훅 볼과는 근본적으로 다르다.
드롭(Drop) 볼이 연못이나 저수지 등에 들어갔을 때 다른 볼(또는 주워올린 볼)을 규칙에 따라 자기의 어깨 너머 뒤편에 떨어뜨리는 것.
딤플(Dimple) 볼의 표면에 파여 있는 곳.

라

라운드(Round) 각 홀을 차례로 플레이하며 도는 것. 보통 18홀을 플레이하며 도는 것을 '라운드', 9홀을 플레이하며 도는 것을 '하프 라운드'라고 한다.
라이(Lie) 낙하한 볼의 위치, 상태.
라인(Line) 볼과 목표를 연결하는 시각선.
래터럴 워터 해저드(Lateral Water Hazard) 플레이의 선과 평행하고 있는 워터 해저드를 말한다. 골프 규칙에는 워터 해저드 또는 그 일부로써 홀과 볼이 해저드의 경계를 최후로 넘은 지점과는 선상 후방에 볼을 드롭하는 것이 불가능한 수역(水域)이라 되어 있다.
러닝 어프로치(Running Approach) 볼을 홀에 접근시키는 어프로치 샷.
러프(Rough) 잡초지대를 말한다. 코스의 페어웨이나 그린 등의 주변에 잡초가 길게 자라 있는 지역.
레귤러 티(Regular Tee) 비공식 경기 등 보통 사용되는 티 그라운드.
런(Run) 볼이 구르는 것.
로스트 볼(Lost Ball) 분실구. 골프 규칙에는 "찾기 시작하여 5분 이내에 발견되지 않거나, 또는 자기의 볼이라고 확인할 수 없을 때 분실구이다."라고 되어 있다.
로프트(Loft) 클럽 페이스의 경사 각도.
롱 아이언(Long Iron) 1번, 2번, 3번의 아이언 클럽.
롱 퍼트(Long Putt) 긴 거리의 퍼팅.
롱 홀(Long Hole) 표준 타수(파) 5 이상의 홀. 거리는 남자는 431m 이상, 여자는 367~526m.

루스 임페디먼트(Loose Impediment) 코스 안에 떨어져 있는 나뭇잎이나 나뭇가지, 잔돌 같은 방해물을 제거할 수 있는 것.

리스트(Wrist) 손목.

리플레이스(Replace) 규칙에 따라 볼을 바꾸어 놓는 것을 말한다. 지금까지 사용해 온 볼이 아니라 새 볼로 바꾸어 놓는 경우도 있다.

마운드(Mound) 벙커나 그린 등의 주변에 있는 작은 언덕이나 흙더미보다 높은 곳.

마커(Marker) 플레이할 때 경기자의 스코어를 기록하는 사람. 이를 선임하는 것은 위원이지만 동반 경기자가 임할 때도 있다.

매치 플레이(Match Play) 홀 매치라고도 한다. 각 홀마다 승부를 결정하여 모든 홀에서의 승자가 나머지의 홀 숫자를 넘었을 경우에 경기는 끝나게 된다.

미들 아이언(Middle Iron) 4번, 5번, 6번의 아이언 클럽.

미들 홀(Middle Hole) 표준 타수(파) 4번의 홀. 거리는 남자의 경우는 230~430m, 여자의 경우는 193~366m.

미스 샷(Miss Shot) 실패한 샷.

백스윙(Back-Swing) 클럽을 뒤편으로 휘둘러 올리는 동작.

백스핀(Back-Spin) 볼이 비구 방향과 반대로 회전하는 것. 볼이 떨어져도 굴러가는 힘이 약하다. 각도가 큰 미들 아이언을 사용하여 친다. 언더 스핀이라고도 한다.

백 티(Back Tee) 가장 뒤쪽에 있는 티 그라운드. 공식 경기에 사용된다.

버디(Birdie) 그 홀의 표준 타수(파)보다 1타 적은 타수로 홀 아웃하는 것.

버피(Buffy) 우든 클럽의 4번을 가리킨다. 지금은 4번 우드, 5번 우드라고 한다.

벙커(Bunker) 벙커에서의 샷.

베스트 그로스(Best Gross) 스트로크 플레이에서 총 타수가 가장 적은 사람.

보기(Boggy) 그 홀의 표준 타수보다 1타 많은 타수로 홀 아웃하는 것.

부비(Booby) 경기 대회에서 최하위가 된 사람의 호칭. 또는 최하위에서 두 번째가 된 사람도 가리키는 말이다.

브러시(Brush) 우든 클럽의 2번을 가리킨다.

블라인드(Blind) 코스에서 지형의 기복이나 숲 등에서 목표 지점이 보이지 않는 것.

비 셰이프(V Shape) 그립을 쥐었을 때 인지와 엄지에 의해 생기는 V자형.
비기너(Beginner) 초보자.
비지터(Visitor) 회원제의 골프장에서 회원은 아니지만 회원의 소개 등으로 코스에서 플레이하는 것이 허용된 플레이어.
비지터 피(Visitor Fee) 비지터가 지불하는 코스의 사용 요금.

사이드 벙커(Side Bunker) 그린 주위에 만들어져 있는 벙커.
사이드 스핀(Side Spin) 볼이 옆으로 회전하는 것을 말한다.
사이드힐 라이(Sidehill Lie) 볼이 비구선과 병행하는 경사면에 멈추어져 있는 상태를 말한다. 즉 오르막 코스와 내리막 코스를 말한다.
샌드 웨지(Sand Wedge) 주로 벙커 전용의 클럽. 속칭 '다이너마이트'라고 한다.
섕크(Shank) 볼이 클럽헤드의 중앙에 맞지 않고 샤프트 쪽에 맞아 급각도로 비스듬히 오른쪽으로 휘는 미스 샷(오른손잡이의 경우).
샤프트(Shaft) 클럽의 손잡이 부분을 가리킨다.
서든 데스(Sudden Death) 연장전(플레이 오프)에서 1홀마다 승부를 정하는 방법.
세미 퍼블릭(Semi Public) 회원제의 코스로 멤버의 소개나 동반자 없이도 플레이할 수 있는 코스.
소켓(Socket) ① 클럽의 헤드와 샤프트의 연결 부분. ② 클럽의 소켓으로 볼을 치는 미스 샷.
솔(Sole) ① 클럽의 바닥면. ② 볼을 치기 위해 클럽의 바닥면을 지면에 대는 것.
쇼트(Short) 타구가 겨냥한 위치에 도달하지 못하고, 그 바로 앞에 떨어지든가 멈추는 것을 말한다.
쇼트 어프로치(Short Approach) 그린 주위의 짧은 어프로치 샷, 즉 그린을 향해 볼을 접근시켜서 치는 것을 말한다.
쇼트 홀(Short Hole) 표준 타수(파) 3의 홀. 남자의 거리는 229m 이하, 여자의 거리는 192m 이하.
숏아이언(Short Iron) 보통은 7번, 8번, 9번의 아이언 클럽을 말한다. 여기에 피칭 웨지와 샌드 웨지를 포함하는 경우도 있다.
스루 더 그린(Through the Green) 티 그라운드와 해저드 및 그린을 제외한 나머지의 전 지역, 즉 페어웨이나 숲을 말한다.
스리섬(Threesome) 1인 대 2인의 매치 플레이. 쌍방 다같이 볼을 1개, 2인조 경우는 하나의 볼을 서로 번갈아 친다.

스웨이(Sway) 스윙할 때 상반신이 좌우로 흔들리는 것을 말한다.

스위트 스폿(Sweet Spot) 클럽 페이스의 중심점.

스윙(Swing) 볼을 치기 위해 클럽을 휘두르는 것, 즉 플레이어가 어드레스하여 클럽을 위쪽으로 끌어 볼을 마지막으로 치기까지의 동작.

스윙 아크(Swing Arc) 스윙할 때 클럽헤드가 그리는 호(弧).

스코어(Score) 플레이어의 타수.

스코어 카드(Score Card) 스코어를 기입하는 카드.

스퀘어(Square) 평행이라는 뜻.

스퀘어 스탠스(Square Stance) 양발을 연결하는 선을 비구선과 평행하게 자리잡는 것. 오픈 스탠스, 클로즈드 스탠스와 더불어 세 가지의 기본 스탠스다.

스크래치(Scratch) 핸디캡을 정하지 않고 동등한 조건으로 하는 경기.

스타이미(Stymie) 비구선상에 나무나 상대방의 볼 등의 장애물이 있는 상태.

스타트(Start) 플레이를 시작하는 것.

스탠스(Stance) 플레이어가 볼을 치기 위해 양발의 위치를 정하는 것.

스트로크(Stroke) 볼을 치는 것. 골프 규칙에는 "볼을 올바르게 칠 생각으로 클럽을 앞으로 움직이는 것을 말한다."라고 되어 있다. 또한 타수의 단위로도 사용된다.

스트로크 플레이(Stroke Play) '메달 플레이'라고 한다. 스트로크 수에 의해 승패를 결정하는 시합 방법. 최소 타수가 승자가 된다.

스트롱 그립(Strong Grip) 훅 그립을 말한다. 강타하는 데 적합하다고 해서 이렇게 불린다.

스틸 샤프트(Steel Shaft) 금속제의 샤프트.

스푼(Spoon) 우든 클럽의 3번을 말한다.

슬라이스(Slice) 타구를 할 때 클럽 페이스가 볼 바깥쪽에 맞아서 오른쪽으로 휘며 나가는 것(오른손잡이의 경우).

슬로 플레이(Slow Play) 경기가 느린 것. 경기에서 고의로 지연시키면 '부당한 지연'으로 간주되어 페널티가 부가된다.

슬로프(Slope) 경사지, 비탈면.

싱글(Single) ① 1단위의 핸디캡, 또는 그 핸디캡을 갖는 플레이어. ② 1대 1의 매치 플레이.

아

아마추어 사이드(Amateur Side) 비탈진 그린에서 컵(홀)에 대해 처음부터 낮은 쪽으로 빗나가게 치는 것. 그런 만큼 컵 인될 가능성이 없다.

아웃 오브 바운즈(Out of Bounds) OB라고도 한다. 코스 외의 플레이 금지 구역으로 표시되어 있다.

아웃사이드 인(Outside In) 샷을 할 때 클럽헤드가 비구선(飛球線)에 대해 바깥쪽에서 안쪽으로 들어가는 것. 즉 슬라이스(Slice)가 생기는 것.

아리손 벙커(Arison Bunker) 호랑이가 입를 벌린 모양으로 그 바닥이 깊은 벙커.

아이언 클럽(Iron Club) 클럽헤드가 금속제로 된 것.

액션(Action) 움직임이나 동작, 스윙할 때 신체 각 부분의 움직임.

앨버트로스(Albertross) 1홀의 표준 타수(파)보다 3개의 적은 타수로 홀 아웃하는 것. 보통은 롱 홀의 2타째가 컵 인되었을 때 사용한다.

야데이지(Yardage) 야드로 측정한 거리. 스코어가 1이 되므로 '에이스(Ace)'라고도 부른다.

야드(Yard) 거리 측정 단위. yd라 약기한다. 1야드는 약 91.4cm.

어겐스트 윈드(Against Wind) 맞바람. 역풍.

어드레스(Address) 스탠스를 잡고 볼에 클럽을 재고 겨누는 일. 골프 규칙에는 "플레이어가 스탠스를 취하고 클럽을 땅 위에 댔을 때, 해저드 안에서는 스탠스를 취했을 때, 어드레스한 것으로 인정한다."라고 되어 있다.

어드바이스(Advice) 골프 규칙에는 "플레이의 결단, 클럽의 선택 또는 스트로크의 방법, 결정 등에 영향을 미치는 조언이나 또는 묻는 것을 말한다. 규칙 또는 로컬 룰에 대해서 가르쳐 주는 것은 어드바이스가 아니다."로 되어 있다.

어퍼 블로(Upper Blow) 클럽헤드가 스윙의 제일 낮은 지점을 지나서 볼을 때리는 타법.

어프로치 샷(Approach Shot) 그린 가까이에서 핀을 향해 모아치는 일. 숏게임이라고 한다.

언더 리페어(Under Repair) 코스 인의 수리지역.

언더 파(Under Par) 타수가 표준 타수보다 적은 스코어.

언쥬레이션(Undulation) 페어웨이나 그린 위에 있는 땅바닥의 여러 가지 기복이나 경사.

언플레이어블(Unplayable) 친 볼이 플레이할 수 없는 지역에 들어갔을 경우. 언플레이어블의 결정은 그 볼의 소유주가 한다.

업(Up) 매치 플레이에서 현재 이기고 있는 홀의 수, 또는 타수.

업 앤드 다운(Up and Down) 구릉(언덕)지대의 코스에서 오르막과 내리막이 연속되어 있는 지형.

업라이트 스윙(Upright Swing) 스윙할 때 클럽헤드의 궤도가 수직에 가까운 타법.
업힐 라이(Uphill Lie) 그린을 향해 오르막 비탈에 볼이 멈추어 있는 것.
에버리지(Average) 평균이라는 뜻. 에버리지 골퍼라고 하면 핸디캡이 29 전후인 사람을 가리킨다.
에이지 슈터(Age Shutter) 18홀을 자기의 나이나 그 이하의 스코어로 끝낸 사람을 가리킨다. 예를 들면 82세의 사람이 81로 홀 아웃했을 때.
에이프런(Apron) 그린 주위의 페어웨이로 에이프런처럼 늘어뜨려져 있는 경사진 면.
에지(Edge) 그린이나 벙커, 홀 등의 주변이나 가장자리 끝을 가리킨다. 클럽 페이스의 밑선도 에지(Edge)라고 한다.
엑스트라 홀(Extra Hole) 연장전의 홀. 규정의 홀에서 승부가 나지 않으면 거기에서 홀을 추가하여 승패를 결정할 때의 그 홀을 말한다.
엔트리 피(Entry Fee) 경기 대회에 참가하는 자격을 얻기 위한 비용.
오너(Honour) 티 샷을 맨 처음에 치는 영예가 주어진 사람. 또는 1홀의 타수가 적은 사람이 다음 티의 오너가 될 때, 첫번째 홀에서는 핸디캡이 적거나 추첨으로 치기 시작한다.
오너러블 멤버(Honourable Member) 명예 회원.
훅(Hook) 타구가 왼쪽으로 크게 휘어져 나는 것(오른손잡이의 경우).
오버(Over) 타구가 겨냥하는 위치를 지난 지점에 떨어지거나 정지하는 것.
오버 드라이브(Over Drive) 드라이브로 친 볼이 다른 사람보다 멀리 나는 것.
오버 스핀(Over Spin) 볼이 비구 방향으로 회전하는 것.
오버 파(Over Par) 타수가 표준 타수보다 많은 것.
오버래핑 그립(Overlapping Grip) 오른손의 새끼손가락을 왼손의 인지 관절 위에 갈고리 모양으로 걸쳐 클럽을 쥐는 방법(오른손잡이의 경우).
오버스윙(Overswing) 스윙을 필요 이상으로 크게 하는 것.
오픈 스탠스(Open Stance) 왼발을 약간 앞으로 당겨서 두 발 끝을 맺는 선이 비구선에 대해서 왼쪽에서 오른쪽으로 크로스시키는 자세. 이외에도 스퀘어 스탠스와 클로즈드 스탠스가 있다.
오픈 페이스(Open Face) 스윙의 정점에서 클럽 페이스가 볼에 대해 열려져 있는 상태. 즉 지면과 수직으로 되는 것을 가리킨다.
오피셜 핸디캡(Official Handicap) 공식 핸디캡. 우리 나라에서는 한국 골프협회에 가입해 있는 클럽이 결정한 것.
온(On) 볼이 그린 위에 오르는 것을 말한다. 원 온이라고 하면 1타로 그린에 오르는 것. 투 온은 2타로.
왜글(Waggle) 스윙의 느낌을 파악하기 위해 백스윙으로 시작하기 전에 클럽헤드를 좌우로 조금 흔드는 예비 동작.

우든 클럽(Wooden Club) 클럽헤드가 나무로 된 것.

워터 해저드(Water Hazard) 코스 안에 개울, 연못, 늪, 고랑 등의 장애물이 있는 수역.

원 볼 투섬(One Ball Twosome) 4인이 2조로 나누어, 각 조가 2개씩의 볼을 번갈아 쳐 가는 경기 방법이다.

원 온(One On) 제1타로 볼이 그린에 오르는 것.

원피스 스윙(One-Piece Swing) 전신이 일체가 되어 스무스하게 이루어지는 스윙.

웨이트(Weight) 체중·중량.

웨이트 시프트(Weight Shift) 스윙의 과정에서 체중의 이동을 말한다.

이글(Eagle) 파(기준 타수)보다 2개 적은 타수로 홀 인하는 것.

이븐(Even) 같다는 뜻. 스트로크 플레이에서는 합계 스코어가 파의 합계와 같을 때 이븐 파라고 한다. 매치 플레이에서는 타수나 승패가 같은 수로 서로 우열을 가릴 수 없는 경우를 말한다.

익스플로전(Explosion) 폭탄이라는 뜻. 벙커 안의 볼을 모래와 함께 쳐내는 샷.

인(In) 코스의 10번 홀에서 18번 홀까지를 가리킨다.

인사이드 아웃(Inside Out) 샷을 했을 때 클럽헤드가 비구선에 대해 안쪽에서 바깥쪽을 향해 나가는 것을 말한다.

인터로킹 그립(Interlocking Grip) 오른손 새끼손가락과 왼손 엄지손가락을 얽혀서 쥐는 방식으로, 손이 작고 손가락이 짧은 사람이 사용하면 스윙 중에도 풀어지지 않는 효과가 있다(오른손잡이의 경우).

인텐셔널 슬라이스(Intentional Slice) 의식적으로 슬라이스하는 것. 그린이 숲 저편에 있거나, 해저드를 피하지 않으면 안 될 경우. 볼을 날리면서 굴려야 될 필요가 있을 때 등에 사용한다.

인텐셔널 훅(Intentional Hook) 의식적으로 훅 볼을 치는 샷.

인플레이(Inplay) 플레이어가 티 그라운드에 제 1 스트로크를 하고, 그 훅을 홀 아웃하기까지를 말한다.

임팩트(Impact) 볼이 클럽헤드에 맞는 것.

카트(Cart) 골프 백을 싣고 운반하는 수레. 플레이어나 캐디도 탈 수 있는 승용 카트도 있다.

캐리(Carry) 볼을 때린 지점에서 그 볼이 지상에 떨어지는 지점까지의 비거리, 그 체공거리(滯空距離).

캐주얼 워터(Casual Water) 비나 물이 넘쳐서 된 일시적인 물 구덩이로 그 자체는 해저드가 아니기 때문에 볼이 그곳에 들어갔을 때는 규칙에 의해 구출된다.

컨트롤 샷(Control Shot) 풀 샷이 아니라 의식적으로 지정하는 샷.

컴플레이션(Completion) 볼의 경도(硬度)를 표시하는 단위를 말한다. 70이라든가 80 또는 90이라는 숫자로 표시한다.

컴피티션(Competition) 경기 대회를 말한다. 일반적으로 컴페라 말한다. 컴피니터는 경기자. 컴피티션 커미트라고 하면 경기 위원.

컵(Cup) ① 그런에 뚫린 구멍(홀). ② 우승배를 가리킨다.

커트 샷(Cut Shot) 볼을 비스듬히 자르듯이 치는 것. 즉 볼에 사이드 스핀을 가하는 방법이다.

코스 레이트(Course Rate) 코스의 난이도를 표시하는 숫자. 파 72에서 코스 레이트가 73이면 어려운 코스이고 69이면 쉬운 코스라고 할 수 있다.

쿡(Cook) 백스윙할 때 손목을 꺾어 구부리는 것.

클럽(Club) ① 볼을 치기 위한 도구. ② 회원에 의해 구성된 조직.

클로스 벙커(Close Bunker) 팁 샷의 볼이 낙하하기 쉬운 페어웨이의 양쪽, 또는 한복판 근처에 가로지른 모양으로 만들어진 벙커.

클로즈드 스탠스(Closed Stance) 오른발을 약간 뒤로 당겨 두 발끝을 맺는 선이 비구선에 대해서 오른쪽에서 왼쪽으로 크로스되도록 서는 자세.

클리크(Cleek) ① 우든 클럽의 5번을 가리킨다. ② 코스 안에서 흐르는 작은 개울을 말한다.

타깃(Target) 표적, 목표.

타이밍(Timing) 스윙에서의 템포, 또는 리듬을 말한다.

터프(Turf) 잔디.

톱(Top) ① 볼의 머리(윗부위)를 두들기는 것. ② 제1위를 말함.

톱 오브 스윙(Top of Swing) 백스윙의 정점(頂點).

투 볼 포섬(Two Ball Foursome) 4인이 2조로 나누고 나서 각조가 1개씩의 볼을 사용하여 번갈아 쳐 나가는 경기 방법으로, 2인 대 2인의 매치 플레이이다.

트리플 보기(Triple Boggy) 그 홀의 표준 타수(파)보다 3타 많은 타수로 홀 아웃하는 것.

티(Tee) ① 티 그라운드의 약칭. 각 호의 제1타를 하는 장소. ② 볼을 얹어 놓는 좌대. 페그(Peg).

티 그라운드(Tee Ground) 각 홀의 제1타를 치는 장소. 약칭 '티'라고 한다.

티 마크(Tee Mark) 티 그라운드의 앞쪽에 놓여 있는 2개의 마크. 레귤러 티는 흰색, 백티는 청색, 레이디스 티는 빨간색으로 칠해져 있다.

티 업(Tee Up) 티(페그)에 볼을 얹는 것. 골프 규칙에는 "지상 또는 지면을 부풀려 올린 곳에 놓거나 또는 지면에서 높게 하기 위해 페그나 기타 다른 것 위에 놓아도 된다."고 되어 있다.

티 포트(Tee Pot) 볼을 칠 때, 클럽에서 잘려진 잔디나 흙을 가리킨다.

팁 샷(Tip Shot) 속칭 러닝 어프로치를 말한다. 즉, 볼을 멀리 굴려서 홀에 접근시키는 것으로 로프트가 적은 클럽을 사용하면 좋다.

팁 인(Tip In) 팁 샷한 볼이 컵에 들어가는 것.

파(Par) 각 홀의 표준 타수.

패스(Pass) 앞서 가는 조가 뒤따르는 조를 먼저 가게 하는 것.

퍼블릭 코스(Public Course) 회원제가 아닌 일반에게 개방되어 있는 코스.

퍼터(Putter) 그린 위에서 볼을 굴리는 데 사용하는 클럽.

퍼트(Putt) 그린 위에서 퍼터를 사용하여 볼을 치는 것.

펀치 샷(Punch Shot) 손목을 최대한으로 구사하여 볼을 튕겨 날리는 샷. 풀 샷이 아닌 하프 샷으로 한다.

페널티(Penalty) 벌타.

페어웨이(Fairway) 티 그라운드에서 그린에 이르는 사이의 잔디를 짧게 손질한 지역.

페이드 볼(Fade Ball) 일단 왼쪽으로 나간 후 떨어질 때쯤에 오른쪽으로 휘는 탄도를 그리는 타구(오른손잡이의 경우).

페이스(Face) 클럽헤드의 때리는 면.

포섬(Foursome) 매치 플레이에서 4인이 2조로 나누어, 각 조가 1개씩의 볼을 번갈아 쳐 가는 경기법.

폴로스루(Follow-Through) 볼을 때린 직후의 (휘둘러 빼는) 동작.

풀 스윙(Full Swing) 충분한 회전을 가하여 힘껏 치는 스윙. 풀 샷과 같다.

플랫 스윙(Flat Swing) 스윙할 때 클럽헤드의 스윙 궤도가 지면에 거의 밋밋하게(평행이 되도록) 치는 타법.

플랫 코스(Flat Course)   평탄한 코스.
플레이 오프(Play Off)   동점이 되었을 때 하는 결승전.
플레이스(Place)   규칙에 따라 주워올린 볼을 다른 위치에 놓는 것.
피니시(Finish)   타구를 끝냈을 때의 자세.
피치 샷(Pitch Shot)   볼이 굴러가지 않게 높은 탄도에서 그린 위에 떨어지면 곧 멈추게 하는 샷.
피치 앤드 런(Pitch and Run)   어프로치 샷에서 가장 많은 편이다. 볼을 일단 올리고, 그린에 떨어진 후에 굴러가는 것을 계산하면서 치는 샷.
피칭 웨지(Pitching Wedge)   피치 샷용의 아이언 클럽.
핀(Pin)   그린 위 홀에 세워진 깃대.
핀 포지션(Pin Position)   핀의 위치.

하프 라운드(Half Round)   9홀을 플레이하는 것. 또는 1홀의 타수가 같은 경우, 하프라고도 말한다.
하프 세트(Half Set)   7개가 세트로 되어 있는 클럽.
하프 스윙(Half Swing)   풀 샷의 절반 크기의 스윙.
해저드(Hazard)   코스 안에 있는 연못, 개울, 벙커 등의 장애 지역.
핸디캡(Handicap)   플레이어의 기량에 상응하여 정해진 표준 타수(파)와의 차이.
헤드(Head)   클럽의 머리 부분.
헤드 업(Head Up)   임팩트 순간에 머리를 올리는 것.
홀 아웃(Hole Out)   볼을 홀에 넣어 1홀의 플레이를 끝내는 것.
홀 인 원(Hole in One)   티 그라운드에서 1타로 홀에 볼을 넣는 것.
홈 코스(Home Course)   자기가 있는 소속 골프 코스.
훅(Hook)   타구가 왼쪽으로 크게 휘어져 나는 것(오른손잡이의 경우).
히팅 에어리어(Hitting Area)   볼을 잡을 수 있는 범위를 가리킨다.
힐 볼(Heel Ball)   클럽헤드의 뒷부분인 힐에 맞는 볼.